Segunda Edição

Estatística Prática para Cientistas de Dados

+50 Conceitos Essenciais Usando R e Python

Segunda Edição

Estatística Prática para Cientistas de Dados

+50 Conceitos Essenciais Usando R e Python

Peter Bruce, Andrew Bruce e Peter Gedeck

ALTA BOOKS
EDITORA
Rio de Janeiro, 2025

Estatística Prática para Cientistas de Dados - 2ª Edição

ISBN: 978-85-508-2651-6

Impresso no Brasil — 2ª Edição, 2025 — Edição revisada conforme o Acordo Ortográfico da Língua Portuguesa de 2009.

Dados Internacionais de Catalogação na Publicação (CIP)

B889e
G293e
2.ed. Bruce, Peter; Bruce, Andrew; Gedeck, Peter
Estatística Prática para Cientistas de Dados: +50 Conceitos Essenciais Usando R e Python/
Peter Bruce, Andrew Bruce, Peter Gedeck; tradução Eveline Machado. - 2.ed. -Rio de Janeiro: Alta Books, 2025.
352 p.; il.; 15,7 x 23 cm.

Título original: Practical statistics for data scientists.
ISBN 978-85-508-2651-6

1. Estatística. 2. Ciência de dados. 3. Aprendizado de máquina. 4. Análise de dados. I. Bruce, Andrew. II. Gedeck, Peter. III. Título.
CDD 519.5

Índice para catálogo sistemático:
1. Estatística : Ciência de dados 519.5

Grupo Editorial Alta Books

Diretor Editorial: Anderson Vieira.
Vendas ao Governo: Cristiane Mutüs.
Gerência Comercial: Claudio Lima.
Gerência Marketing: Viviane Paiva.

Produtora Editorial: Isabella Gibara.
Tradução e Copidesque: Eveline Machado.
Revisão Gramatical: Denise Himpel.
Diagramação: Natalia Curupana.

ALTA BOOKS
GRUPO EDITORIAL

Rua Viúva Cláudio, 291 — Bairro Industrial do Jacaré
CEP: 20.970-031 — Rio de Janeiro (RJ)
Tels.: (21) 3278-8069 / 3278-8419
www.altabooks.com.br — altabooks@altabooks.com.br
Ouvidoria: ouvidoria@altabooks.com.br

Editora **afiliada à:**

ASSOCIADO

Peter Bruce e Andrew Bruce gostariam de dedicar este livro à memória dos pais Victor G. Bruce e Nancy C. Bruce, que nutriam uma grande paixão por matemática e ciência; aos nossos primeiros mentores John W. Tukey e Julian Simon, e ao querido amigo de longa data Geoff Watson, que nos inspirou a seguir carreira em estatística.

Peter Gedeck gostaria de dedicar este livro a Tim Clark e Christian Kramer, com agradecimentos profundos por sua colaboração científica e amizade.

Sumário

PREFÁCIO

Este livro se destina a cientistas de dados que já têm alguma familiaridade com as linguagens de programação *R* e/ou *Python*, além de uma exposição prévia (talvez pontual ou efêmera) à estatística. Nós dois viemos do mundo da estatística para o mundo da ciência de dados, então reconhecemos a contribuição que a estatística pode dar para a arte da ciência de dados. Ao mesmo tempo, sabemos bem das limitações do ensino tradicional de estatística: como disciplina, tem um século e meio de idade, e a maioria dos livros e cursos de estatística é repleta do dinamismo e da inércia de um transatlântico. Todos os métodos neste livro têm alguma conexão — histórica ou metodológica — com a disciplina da estatística. Os métodos que evoluíram principalmente a partir da ciência da computação, como as redes neurais, não estão incluídos.

Dois objetivos fundamentam este livro:

- Expor, de forma digerível, navegável e de fácil referência, conceitos-chave da estatística que são relevantes para a ciência de dados.
- Explicar quais conceitos são importantes e úteis, da perspectiva da ciência de dados, quais são menos importantes e o porquê.

Convenções Usadas Neste Livro

As seguintes convenções tipográficas são utilizadas neste livro:

Itálico

Indica termos novos, URLs, endereços de e-mail, nomes e extensões de arquivo.

`Fonte monoespaçada`

Usada para listagens de programas e também no texto referente a elementos dos programas como variáveis ou nomes de funções, bancos de dados, tipos de dados, variáveis de ambiente, declarações e palavras-chave.

`Fonte monoespaçada em negrito`

Mostra comandos ou outro texto que deve ser digitado literalmente pelo usuário.

> **Termos-chave**
>
> A ciência de dados é uma fusão de múltiplas disciplinas, incluindo estatística, ciências da computação, tecnologia da informação e campos de domínio específico. Consequentemente, podem-se utilizar muitos termos diferentes para se referir a um dado conceito. Os termos-chave e seus sinônimos serão destacados no livro em caixas como esta.

Este elemento simboliza uma dica ou uma sugestão.

Este elemento simboliza um comentário geral.

Este elemento simboliza um aviso ou uma advertência.

Utilizando Exemplos de Código

Em todos os casos, este livro dá exemplos de código primeiro em *R* e depois em *Python*. Para evitar repetições desnecessárias, geralmente mostramos apenas a saída e os gráficos criados pelo código em *R*. Também pulamos o código necessário para carregar os pacotes e os conjuntos de dados necessários. Os materiais complementares (exemplos de código, exercícios etc.) estão disponíveis para download em *https://github.com/gedeck/practical-statistics-for-data-scientists* (em inglês) ou no site da Editora Alta Books; busque pelo ISBN do livro.

Este livro existe para ajudá-lo a fazer o seu trabalho. Em geral, se o código de exemplo é oferecido no livro, você pode usá-lo em seus programas e documentação. Não é preciso entrar em contato conosco para ter permissão, a menos que você esteja reproduzindo uma parte significativa do código. Por exemplo, escrever um programa que usa várias partes do código deste livro não requer permissão. Vender ou distribuir exemplos dos livros não requer permissão. Responder a uma pergunta citando este livro e o código de exemplo não requer permissão. Incorporar uma quantidade significativa do código de exemplo deste livro na documentação do seu produto requer permissão.

Apreciamos, mas não exigimos, a atribuição. Uma atribuição costuma incluir título, autor, editora e ISBN. Por exemplo: "*Estatística Prática para Cientistas de Dados* de Peter Bruce, Andrew Bruce e Peter Gedeck. Copyright 2020 Peter Bruce, Andrew Bruce e Peter Gedeck, 978-85-508-2651-6."

Se você sentir que o uso dos exemplos de código está fora do limite da utilização justa ou da permissão informada antes, entre em contato conosco.

Agradecimentos

Os autores agradecem às muitas pessoas que ajudaram a tornar este livro realidade.

Gerhard Pilcher, CEO da empresa de pesquisa de dados Elder Research, leu os primeiros rascunhos deste livro e fez correções e comentários úteis e detalhados. Da mesma forma, Anya McGuirk e Wei Xiao, estatísticos na SAS, e Jay Hilfiger, autor membro da O'Reilly, forneceram feedbacks úteis sobre os rascunhos iniciais do livro. Toshiaki Kurokawa, que traduziu a primeira edição para o japonês, fez um trabalho abrangente de revisão e correção no processo. Aaron Schumacher e Walter Paczkowski revisaram minuciosamente a segunda edição do livro e deram inúmeras sugestões úteis e valiosas pelas quais somos extremamente gratos. É óbvio que quaisquer erros que permaneceram são nossos apenas.

Na O'Reilly, Shannon Cutt nos conduziu no processo de publicação com bom ânimo e a quantidade certa de estímulos, já Kristen Brown guiou nosso livro suavemente na fase de produção. Rachel Monaghan e Eliahu Sussman corrigiram e melhoraram nossa escrita com cuidado e paciência, enquanto Ellen Troutman-Zaig preparou o índice. Nicole Tache assumiu as rédeas da segunda edição e guiou o processo de forma eficaz, fornecendo muitas boas sugestões editoriais para melhorar a legibilidade do livro para um público amplo. Agradecemos também a Marie Beaugureau, que iniciou nosso projeto na O'Reilly, bem como a Ben Bengfort, autor da O'Reilly e instrutor na Statistics.com, que nos apresentou à O'Reilly.

Nós, e este livro, nos beneficiamos também das muitas conversas que Peter teve ao longo dos anos com Galit Shmueli, coautora em outros livros.

Finalmente, gostaríamos de agradecer especialmente a Elizabeth Bruce e Deborah Donnell, cuja paciência e apoio tornaram esta empreitada possível.

CAPÍTULO 1

Análise Exploratória de Dados

Este capítulo foca o primeiro passo de qualquer projeto de ciência de dados: explorar os dados.

A estatística clássica se concentrava quase que exclusivamente em *inferência*, um conjunto muitas vezes complexo de procedimentos, para tirar conclusões sobre grandes populações com base em pequenas amostras. Em 1962, John W. Tukey (Figura 1-1) sugeriu uma reforma na estatística em seu inovador estudo "The Future of Data Analysis" [Tukey, 1962]. Ele propôs uma nova disciplina científica chamada *análise de dados,* que incluía a inferência estatística como apenas um de seus componentes. Tukey firmou laços com as comunidades de engenharia e ciências da computação (ele criou os termos *bit*, abreviação de binary digit, e *software*), e suas crenças originais são surpreendentemente duráveis e fazem parte dos fundamentos da ciência de dados. O campo da análise de dados exploratórios nasceu com o, agora clássico, livro de Tukey, *Exploratory Data Analysis* [Tukey, 1977]. Tukey apresentou gráficos simples (por exemplo, gráficos de caixa, gráficos de dispersão) que, juntamente com a síntese estatística (média, mediana, quantis etc.), ajudam a pintar o quadro de um conjunto de dados.

Figura 1-1. John Tukey, o ilustre estatístico cujas ideias, apresentadas há mais de 50 anos, fundamentam a ciência de dados.

Com a disponibilidade da capacidade computacional e expressivos softwares de análise de dados, a análise exploratória de dados evoluiu muito além de seu escopo original. As principais características dessa modalidade têm sido o rápido desenvolvimento de novas tecnologias, o acesso a dados maiores e em maior quantidade, e o maior uso de análises quantitativas em diversas modalidades. David Donoho, professor de estatística na Universidade de Stanford e ex-aluno de Tukey na graduação, escreveu um artigo excelente com base em sua palestra no workshop do centenário de Tukey em Princeton, New Jersey [Donoho, 2015]. Donoho traça os primórdios da ciência de dados até o pioneiro trabalho de Tukey em análise de dados.

Elementos dos Dados Estruturados

Os dados vêm de diversas fontes: medições por sensores, eventos, textos, imagens e vídeos. A *Internet das Coisas* (IoT) jorra rios de informação. Muitos desses dados não são estruturados: as imagens são um conjunto de pixels, com cada pixel contendo informações de cor RGB (vermelho, verde, azul); os textos são sequências de palavras e caracteres non-word, geralmente organizados em seções, subseções etc.; os fluxos de cliques são sequências de ações de um usuário interagindo com um aplicativo ou uma página da internet. Na verdade, um dos maiores desafios da ciência de dados é trabalhar nessa torrente de dados brutos e transformá-la em informação prática. Para aplicar os conceitos estatísticos deste livro, os dados brutos não estruturados devem ser processados e manipulados de uma forma estruturada, pois podem vir de um banco de dados relacional ou ser coletados de um estudo.

Termos-chave dos Tipos de Dados

Numéricos

Dados expressos em uma escala numérica.

Contínuos
Dados que podem assumir qualquer valor em um intervalo.
Sinônimos
intervalo, flutuante, numérico

Discretos
Dados que podem assumir apenas valores inteiros, como contagens.
Sinônimos
inteiro, contagem

Categóricos
Dados que podem assumir apenas um conjunto específico de valores representando um conjunto de possíveis categorias.
Sinônimos
enumeração, enumerado, fatores, nominal

Binários
Um caso especial de dados categóricos com apenas duas categorias de valores, por exemplo, 0/1, true/false).
Sinônimos
dicotômico, lógico, indicador, booliano

Ordinais
Dado categórico que tem uma ordem explícita.
Sinônimo
fator ordenado

Existem dois tipos básicos de dados estruturados: numéricos e categóricos. Os dados numéricos aparecem de duas formas: *contínuos*, como a velocidade do vento ou o tempo de duração, e *discretos*, como a contagem de ocorrências de um evento. Os dados *categóricos* requerem apenas um conjunto fixo de valores, como um tipo de tela de TV (plasma, LCD, LED etc.) ou o nome de um estado (Sergipe, Paraná etc.). Os dados *binários* são um importante caso especial de dados categóricos que requerem apenas um de dois valores, como 0/1, sim/não ou true/false. Outro tipo útil de dados categóricos é o dado *ordinal*, no qual as categorias são ordenadas. Um exemplo é a classificação numérica (1, 2, 3, 4 ou 5).
Por que a taxonomia dos tipos de dados é importante? Acontece que, para fins de análise de dados e modelagem preditiva, o tipo de dados é importante para ajudar a determinar a exposição visual, a análise de dados ou o modelo estatístico. Inclusive, os softwares de ciência de dados, como *R* e *Python*, utilizam esses tipos de dados para melhorar seu desempenho computacional. Além disso, o tipo de dados para uma variável determina como o software processará os cálculos para tal variável.
Os engenheiros de software e os programadores de bancos de dados podem se perguntar por que precisamos da noção de dados *categóricos* e *ordinais* para a análise. Afinal, as categorias são meramente um conjunto de valores de texto (ou numéricos) e o banco de dados subjacente processa automaticamente a representação interna. No entanto, a identificação explícita dos dados como categóricos, diferentes de texto, tem algumas vantagens:

- Saber que os dados são categóricos, como um sinal informando ao software como os procedimentos estatísticos — como produzir um gráfico ou ajustar um modelo — devem se comportar. Em particular, os dados ordinais podem ser representados como `ordered.factor` em *R*, preservando uma ordenação especificada pelo usuário em gráficos, tabelas e modelos. Em *Python*, `scikit-learn` suporta dados ordinais com `sklearn.preprocessing.OrdinalEncoder`.

- O armazenamento e a indexação podem ser otimizados (como em um banco de dados relacional).
- Os possíveis valores que uma variável categórica pode requerer são reforçados no software (como uma enumeração).

O terceiro "benefício" pode levar a um comportamento não intencional ou inesperado: o comportamento padrão das funções de importação de dados em *R* (por exemplo, `read.csv`) é converter automaticamente uma coluna de texto em `factor`. As operações subsequentes nessa coluna presumirão que os únicos valores permitidos nela são aqueles importados originalmente, e atribuir um novo valor de texto introduzirá um aviso e produzirá um `NA` (valor ausente). O pacote `pandas` em *Python* não fará tal conversão automaticamente. No entanto, você pode especificar uma coluna como categórica explicitamente na função `read_csv`.

Ideias-chave

- Os dados geralmente são classificados por tipo nos softwares.
- Os tipos de dados incluem numéricos (contínuos, discretos) e categóricos (binários, ordinais).
- A tipagem de dados em um software atua como um sinal para o software de como processar os dados.

Leitura Adicional

- A documentação `pandas` descreve os diferentes tipos de dados e como eles podem ser manipulados em *Python*.
- Os tipos de dados podem ser confusos, pois eles podem se sobrepor, e a taxonomia em um software pode diferir em outro. O site R Tutorial trata da taxonomia para *R*.
- Os bancos de dados são mais detalhados em sua classificação dos tipos de dados, incorporando considerações de níveis de precisão, campos de comprimento fixo ou variável e mais. Consulte o guia W3Schools para SQL.

Dados Retangulares

O quadro de referências típico para uma análise em ciência de dados é um objeto de *dados retangulares*, como uma planilha ou uma tabela do banco de dados.

Termos-chave para Dados Retangulares

Data frame
Os dados retangulares (como uma planilha) são a estrutura básica de dados para os modelos estatísticos e de aprendizado de máquina (machine learning).

Atributo
Uma coluna na tabela costuma ser chamado de *atributo*.

Sinônimos
entrada, preditor, variável

Resultado
Muitos projetos de ciência de dados envolvem a previsão de um *resultado* — geralmente, uma saída sim/não (na Tabela 1-1, é "o leilão foi competitivo ou não"). Os *atributos* por vezes são usados para prever o *resultado* em um experimento ou um estudo.

Sinônimos
variável dependente, resposta, alvo, saída

Registros
Uma linha na tabela costuma ser chamada de *registro*.

Sinônimos
caso, exemplo, instância, observação, padrão, amostra

Dado retangular é o termo geral para uma matriz bidimensional com as linhas indicando os registros (casos) e as colunas indicando os atributos (variáveis); *data frame* é o formato específico em *R* e *Python*. Os dados nem sempre começam dessa forma: os dados não estruturados (por exemplo, texto) devem ser processados e tratados de modo a serem representados como um conjunto de atributos nos dados retangulares (veja "Elementos dos Dados Estruturados", anteriormente neste capítulo). Na maioria das tarefas de análise e modelagem de dados, os dados nos bancos de dados relacionais devem ser extraídos e colocados em uma única tabela.

Na Tabela 1-1 existe um mix de dados medidos ou contados (ex., duração e preço) e dados categóricos (ex., categoria e moeda). Como mencionado antes, uma forma especial de variável categórica é uma variável binária (sim/não ou 0/1), vista na coluna mais à direita na Tabela 1-1 — uma variável indicadora mostrando se um leilão foi competitivo (tinha vários licitantes) ou não. Essa variável indicadora também é uma variável de *saída*, quando o cenário é prever se um leilão é competitivo ou não.

Tabela 1-1. Um formato de dados típico

Categoria	Moeda	ClassVend	Duração	DiaFinal	PreçoFim	PreçoInício	Competitivo?
Música/Filme/Game	US	3249	5	Seg	0.01	0.01	0
Música/Filme/Game	US	3249	5	Seg	0.01	0.01	0
Automotivo	US	3115	7	Ter	0.01	0.01	0
Automotivo	US	3115	7	Ter	0.01	0.01	0
Automotivo	US	3115	7	Ter	0.01	0.01	0
Automotivo	US	3115	7	Ter	0.01	0.01	0
Automotivo	US	3115	7	Ter	0.01	0.01	1
Automotivo	US	3115	7	Ter	0.01	0.01	1

Data Frames e Índices

As tabelas de banco de dados tradicionais têm uma ou mais colunas designadas como índice. Isso pode melhorar muito a eficiência em certas consultas no banco de dados. Em *Python*, com a biblioteca `pandas`, a estrutura básica de dados retangulares é um objeto `DataFrame`. Por padrão, um índice de inteiros automático é criado para um `DataFrame` com base na ordem das linhas. Em `pandas` também é possível definir índices multiníveis/hierárquicos para melhorar a eficiência de certas operações.

Em *R*, a estrutura básica de dados retangulares é um objeto `data.frame`. Um `data.frame` tem também um índice de inteiros implícito baseado na ordem das linhas. Uma chave personalizada pode ser criada com o atributo `row.names`, mas o `data.frame` de *R* nativo não suporta índices especificados pelo usuário ou multiníveis. Para resolver essa deficiência, dois novos pacotes são usados: `data.table` e `dplyr`. Ambos suportam índices multiníveis e oferecem boa aceleração no trabalho com um `data.frame`.

Diferenças de Terminologia

A terminologia para os dados retangulares pode ser confusa. Estatísticos e cientistas de dados utilizam termos diferentes para a mesma coisa. Para um estatístico, *variáveis preditoras* são usadas em um modelo para prever uma *resposta* ou uma *variável dependente*. Para um cientista de dados, *atributos* são usados para prever um *alvo*. Um sinônimo é particularmente confuso: os cientistas da computação utilizam o termo *amostra* para uma única linha; para um estatístico, uma *amostra* significa uma coleção de linhas.

Estruturas de Dados Não Retangulares

Existem outras estruturas além dos dados retangulares.

Os dados de séries temporais registram medições sucessivas da mesma variável. São o material bruto para os métodos de previsão estatística, além de serem um componente-chave dos dados produzidos por dispositivos — a Internet das Coisas (IoT).

As estruturas de dados espaciais, usadas em análises de mapeamento e localização, são mais complexas e variadas do que as estruturas de dados retangulares. Na representação do *objeto*, o foco do dado é um objeto (por exemplo, uma casa) e suas coordenadas espaciais. A exibição do *campo*, por outro lado, foca pequenas unidades de espaço e o valor de uma métrica relevante (brilho do pixel, por exemplo).

As estruturas de dados gráficos (ou de rede) são usadas para representar relacionamentos físicos, sociais e abstratos. Por exemplo, um grafo/gráfico de uma rede social, como Facebook ou LinkedIn, pode representar as conexões entre as pessoas na rede. Centros de distribuição conectados por estradas são um exemplo de rede física. As estruturas gráficas são úteis para certos problemas, como a otimização de redes e os sistemas de recomendação.

Cada um desses dados tem sua metodologia especializada em ciência de dados. O foco deste livro são os dados retangulares, o bloco de construção fundamental para a modelagem preditiva.

Gráficos em Estatística

Em ciências da computação e tecnologia da informação, o termo *grafo* geralmente se refere a uma representação das conexões entre as entidades e as estruturas de dados subjacentes. Em estatística, *gráfico* é usado para se referir a uma variedade de diagramas e *visualizações*, não apenas de conexões entre as entidades, e o termo se aplica apenas à visualização, não à estrutura de dados.

Ideias-chave

- A estrutura básica de dados na ciência de dados é uma matriz retangular, em que as linhas são registros e as colunas são variáveis (atributos).
- A terminologia pode ser confusa. Existem diversos sinônimos resultantes das diferentes disciplinas que contribuem com a ciência de dados (estatística, ciências da computação e tecnologia da informação).

Leitura Adicional

- Documentação sobre data frames em *R*
- Documentação sobre data frames em *Python*

Estimativas de Localização

As variáveis com dados de medição ou contagem podem ter milhares de valores diferentes. Um passo fundamental na exploração dos dados é definir um "valor típico" para cada atributo (variável): uma estimativa de onde a maioria dos dados está localizada (ou seja, sua tendência central).

Termos-chave para Estimativas de Localização

Média
A soma de todos os valores, dividida pelo número de valores.

Sinônimo
média aritmética simples

Média ponderada
A soma de todos os valores, multiplicada por um peso e dividida pela soma dos pesos.

Sinônimo
média aritmética ponderada

Mediana
O valor que ocupa a posição central dos dados antes e depois.

Sinônimo
50° percentil

Percentil
O valor que ocupa a porcentagem *P* dos dados depois.

Sinônimo
quantil

Mediana ponderada
O valor cuja posição está no centro da soma dos pesos, estando metade da soma antes e metade depois desse dado classificado.

Média aparada
A média de todos os valores depois da exclusão de um número fixo de valores atípicos.

Sinônimo

média truncada

Robusto

Não sensível a valores atípicos.

Sinônimo

resistente

Valor atípico

Um valor de dados que é muito diferente da maioria dos dados.

Sinônimo

valor atípico

À primeira vista, resumir os dados pode parecer bem simples: basta tirar a *média* deles. Na verdade, apesar de a média ser fácil de calcular e conveniente de usar, nem sempre é a melhor medida para um valor central. Por isso, os estatísticos desenvolveram e promoveram diversas estimativas alternativas à média.

Métricas e Estimativas

Os estatísticos costumam usar o termo *estimativa* para os valores calculados a partir dos dados em mãos, para traçar uma diferença entre o que vemos dos dados e a verdade teórica ou a situação real. Os cientistas de dados e os analistas de negócios costumam se referir a esses valores como *métrica*. A diferença reflete a abordagem estatística *versus* a ciência de dados: a contabilização de incertezas está no centro da disciplina estatística, enquanto os objetivos concretos corporativos ou organizacionais são o foco da ciência de dados. Portanto, os estatísticos estimam e os cientistas de dados medem.

Média

A estimativa de localização mais básica é a média ou o valor *médio*. A média é a soma de todos os valores, dividida pelo número de valores. Considere o seguinte conjunto de números: {3 5 1 2}. A média é (3 + 5 + 1 + 2) / 4 = 11 / 4 = 2,75. Você encontrará o símbolo $\overline{x}$ (chamado "x barra") para representar a média de uma amostra de população. A fórmula para calcular a média de um conjunto de valores n $x_1, x_2, \ldots, x_n$ é:

$$\text{Média} = \bar{x} = \frac{\sum_{i=1}^{n} x_i}{n}$$

> N (ou n) se refere ao número total de registros ou observações. Em estatística, ele é maiúsculo se é referente a uma população e minúsculo se é referente a uma amostra de população. Em ciência de dados, essa distinção não é vital, então, pode ser visto das duas formas.

Uma variação da média é uma *média aparada*, a qual se calcula excluindo um número fixo de valores selecionados em cada extremidade, então tirando uma média dos valores restantes. Representando esses valores selecionados por $x_{(1)}$, $x_{(2)}$, ..., $x_{(n)}$, em que $x_{(1)}$ é o menor valor e $x_{(n)}$ é o maior, a fórmula para calcular a média aparada com os maiores e os menores valores p omitidos é:

$$\text{Média aparada} = \bar{x} = \frac{\sum_{i=p+1}^{n-p} x_{(i)}}{n-2p}$$

Uma média aparada elimina a influência dos valores atípicos. Por exemplo, em uma competição internacional de mergulho, as notas máxima e mínima dos cinco juízes são descartadas, e a nota final é a média dos três juízes restantes. Isso dificulta a manipulação do placar por um único juiz, talvez em favor do competidor de seu país. As médias aparadas são muito usadas, e em muitos casos são preferíveis à média comum (veja "Mediana e Estimativas Robustas" a seguir para ter mais informações).

Outro tipo de média é a *média ponderada*, a qual se calcula pela multiplicação de cada valor de dado x_i por um peso w_i especificado pelo usuário, dividindo sua somatória pela soma de todos os pesos. A fórmula para a média ponderada é:

$$\text{Média ponderada} = \bar{x}_w = \frac{\sum_{i=1}^{n} w_i x_i}{\sum_{i=1}^{n} w_i}$$

Existem duas razões principais para o uso da média ponderada:

- Alguns valores são intrinsecamente mais variáveis que outros e as observações altamente variáveis recebem um peso menor. Por exemplo, se tiramos a média de diversos sensores e um deles é menos preciso, então devemos diminuir o peso dos dados desse sensor.
- Os dados coletados não representam igualmente os diferentes grupos que estamos interessados em medir. Por exemplo, por causa do modo como um experimento online foi conduzido, podemos não ter um conjunto de dados que reflete precisamente todos os grupos na base de usuários. Para corrigir isso, podemos conferir um peso maior aos valores dos grupos que foram sub-representados.

Mediana e Estimativas Robustas

A *mediana* é o número central em uma lista de dados classificada. Se existe um número par de valores de dados, o valor central é aquele que não está realmente no conjunto de dados, mas sim a média dos dois valores que dividem os valores classificados nas metades superior e inferior. Comparada à média, que usa todas as observações, a mediana depende apenas dos valores no centro dos dados classificados. Ainda que isso pareça uma desvantagem, já que a média é muito mais sensível aos dados, existem muitos casos nos quais a mediana é uma estimativa melhor para a localização. Digamos que queiramos observar as rendas familiares em bairros próximos a Lake Washington, em Seattle. Ao comparar o bairro Medina com o bairro Windermere, usando a média teríamos resultados muito diferentes, pois Bill Gates mora em Medina. Se usarmos a mediana, não importa a fortuna de Bill Gates — a posição da observação central permanecerá a mesma.

Pela mesma razão que se usa uma média ponderada, também é possível calcular uma *mediana ponderada*. Como na mediana, primeiro classificamos os dados, porém cada valor de dado tem um peso associado. Em vez do número central, a mediana ponderada é um valor cuja soma dos pesos é igual para as metades antes e depois na lista classificada. Como a mediana, a mediana ponderada é resistente aos valores atípicos.

Valores atípicos

A mediana é chamada de estimativa *robusta* de localização, pois não é influenciada por *valores atípicos* (casos extremos), que podem enviesar os resultados. Um valor atípico é qualquer valor muito distante dos outros valores em um conjunto de dados. A definição exata de um valor atípico é bastante subjetiva, apesar de algumas convenções serem utilizadas em diversos sumários e gráficos de dados (veja "Percentis e Gráficos de Caixa" adiante neste capítulo). Ser um valor atípico por si só não torna um valor de dado inválido ou errado (como no exemplo anterior com Bill Gates). Ainda assim, os valores atípicos costumam ser resultado dos erros de dados, como misturar dados de unidades diferentes (quilômetros e metros) ou leituras ruins de um sensor. Quando os valores atípicos forem resultado de dados ruins, a média resultará em uma estimativa de localização ruim, mas a mediana ainda será válida. Em qualquer caso, os valores atípicos devem ser identificados e costumam ser dignos de maior investigação.

Detecção de Anomalias

Ao contrário da análise de dados comum, em que os valores atípicos, às vezes, são informativos e outras vezes um empecilho, na *detecção de anomalias*, os pontos de interesse são os valores atípicos e a maior massa de dados serve principalmente para definir o "normal" com o qual as anomalias são medidas.

A mediana não é a única estimativa de localização robusta. Na verdade, a média aparada é muito usada para evitar a influência de valores atípicos. Por exemplo, cortar os 10% iniciais e finais (uma escolha comum) dos dados oferecerá, quase sempre, uma proteção contra os valores atípicos, exceto nos conjuntos de dados menores. A média aparada pode ser vista como um meio-termo entre a mediana e a média: é robusta com valores atípicos nos dados, porém usa mais dados para calcular a estimativa de localização.

Outras Métricas Robustas para a Localização

Os estatísticos desenvolveram uma infinidade de outros estimadores para a localização, principalmente para desenvolver um estimador mais robusto que a média e também mais eficiente (ou seja, mais capaz de discernir pequenas diferenças de localização entre os conjuntos de dados). Esses métodos podem ser muito úteis para os pequenos conjuntos de dados, mas não costumam oferecer maiores benefícios para os conjuntos de dados de tamanho grande ou moderado.

Exemplo: Estimativas de Localização de População e Taxas de Homicídio

A Tabela 1-2 mostra as primeiras linhas do conjunto de dados contendo a população e as taxas de homicídio (em unidades de homicídios a cada 100 mil pessoas por ano) em cada estado nos EUA (censo de 2010).

Tabela 1-2. Algumas linhas de `data.frame` para o estado da população e a taxa de homicídio por estado

	Estado	População	Taxa de homicídios	Abreviação
1	Alabama	4.779.736	5,7	AL
2	Alasca	710.231	5,6	AK
3	Arizona	6.392.017	4,7	AZ
4	Arkansas	2.915.918	5,6	AR
5	Califórnia	37.253.956	4,4	CA
6	Colorado	5.029.196	2,8	CO
7	Connecticut	3.574.097	2,4	CT
8	Delaware	897.934	5,8	DE

Calcule a média, a média aparada e a mediana para a população utilizando *R*:

```
> state <- read.csv('state.csv')
> mean(state[['Population']])
[1] 6162876
> mean(state[['Population']], trim=0.1)
[1] 4783697
> median(state[['Population']])
[1] 4436370
```

Para calcular média e a mediana em *Python*, podemos usar os métodos `pandas` do data frame. A média aparada requer a função `trim_mean` em `scipy.stats`:

```
state =  pd.read_csv ('state.csv')
state['Population'].mean()
trim_mean(state['Population'], 0.1)
state ['Population'].median()
```

A média é maior que a média aparada, que é maior que a mediana.
É porque a média aparada exclui os cinco maiores e cinco menores estados (`trim=0.1` exclui 10% de cada extremidade). Se quisermos calcular a taxa média de homicídios para o país, precisaremos usar uma média ponderada ou uma mediana ponderada para contabilizar as diferentes populações nos estados. Como a base *R* não tem uma função para a mediana ponderada, precisamos instalar um pacote como o `matrixStats`:

```
> weighted.mean(state[['Murder.Rate']], w=state[['Population']])
[1] 4.445834
> library('matrixStats')
> weightedMedian(state[['Murder.Rate']], w=state[['Population']])
[1] 4.4
```

A média ponderada está disponível com `NumPy`. Para a mediana ponderada, podemos usar o pacote especializado wquantiles:

```
np.average(state['Murder.Rate'], weights=state['Population'])
wquantiles.median(state['Murder.Rate'], weights=state['Population'])
```

Nesse caso, a média ponderada e a mediana ponderada são quase iguais.

Ideias-chave

- A estimativa básica para a localização é a média, mas esta pode ser sensível a valores extremos (atípicos).
- Outras estimativas (mediana, média aparada) são menos sensíveis aos valores atípicos e às distribuições incomuns, portanto são mais robustas.

Leitura Adicional

- O artigo da Wikipédia sobre tendência central contém uma extensa discussão das várias medidas de localização.
- O clássico de John Tukey de 1977, *Exploratory Data Analysis*, ainda é muito lido.

Estimativas de Variabilidade

A localização é apenas uma dimensão na sumarização de um atributo. Uma segunda dimensão, *variabilidade*, também chamada de *dispersão*, mede se os valores dos dados estão muito agrupados ou distribuídos. A variabilidade fica no centro da estatística: medindo, reduzindo, distinguindo a variabilidade aleatória e a real, identificando as diversas fontes de variabilidade real e tomando decisões em sua presença.

Termos-chave para Estimativas de Variabilidade

Desvios

A diferença entre os valores observados e a estimativa de localização.

Sinônimos

erros, resíduos

Variância

A soma dos quadrados dos desvios da média, divididos por $n - 1$, em que n é o número dos valores de dados.

Sinônimo

erro médio quadrático

Desvio-padrão

A raiz quadrada da variância.

Desvio absoluto médio

A média do valor absoluto dos desvios da média.

Sinônimos

norma l1, norma Manhattan

Desvio absoluto mediano da mediana

A mediana dos valores absolutos dos desvios da mediana.

Amplitude

A diferença entre o maior e o menor valor no conjunto de dados.

Estatísticas ordinais

Estimativas baseadas nos valores de dados classificados do menor ao maior.

Sinônimo

classificações

Percentil

O valor tal que a porcentagem *P* dos valores assume esse valor ou menos e a porcentagem (100 – P) assume esse valor ou mais.

Sinônimo

quantil

Amplitude interquartílica

A diferença entre o 75° percentil e o 25° percentil.

Sinônimo

IQR

Da mesma forma que há modos diferentes de medir a localização (média, mediana etc.), há também modos diferentes de medir a variabilidade.

Desvio-padrão e Estimativas Relacionadas

As estimativas de variação mais utilizadas são baseadas nas diferenças, ou nos *desvios*, entre a estimativa de localização e o dado observado. Para um conjunto de dados {1, 4, 4}, a média é 3 e a mediana é 4. Os desvios da média são as diferenças: 1 – 3 = –2, 4 – 3 = 1, 4 – 3 = 1. Esses desvios mostram o quanto os dados estão dispersos em torno do valor central.

Um jeito de medir a variabilidade é estimar um valor típico para esses desvios. Ponderar os desvios sozinhos não nos diria muito — os desvios negativos compensam os positivos. Aliás, a soma dos desvios da média é exatamente zero. Em vez disso, uma abordagem simples é tirar a média dos valores absolutos dos desvios a partir da média. No exemplo anterior, o valor absoluto dos desvios é {2 1 1} e sua média é (2 + 1 + 1) / 3 = 1,33. Isso é conhecido como *desvio absoluto médio* e é calculado com a fórmula:

$$\text{Desvio absoluto médio} = \frac{\sum_{i=1}^{n} |x_i - \bar{x}|}{n}$$

em que $\bar{x}$ é a média da amostra.

As estimativas de variabilidade mais conhecidas são a *variância* e o *desvio-padrão*, que são baseados nos desvios quadráticos. A variância é uma média dos desvios quadráticos e o desvio-padrão é a raiz quadrada da variância:

$$\text{Variância} = s^2 = \frac{\sum_i^n = 1(x_i - \bar{x})^2}{n - 1}$$

$$\text{Desvio-padrão} = s = \sqrt{\text{Variância}}$$

O desvio-padrão é mais fácil de interpretar do que a variância, pois está na mesma escala dos dados originais. Ainda assim, com sua fórmula mais complicada e menos intuitiva, pode parecer estranho que o desvio-padrão seja preferido na estatística, em vez do desvio absoluto médio. Ele deve sua preferência à teoria estatística: matematicamente, trabalhar com valores quadráticos é mais conveniente do que com valores absolutos, sobretudo nos modelos estatísticos.

Graus de Liberdade, *n* ou *n* – 1?

Nos livros de estatística, existe sempre a discussão sobre por que temos $n - 1$, em vez de n, no denominador da fórmula de variância, levando ao conceito de *graus de liberdade*. Essa distinção não é importante, pois n costuma ser grande a ponto de não fazer muita diferença se você divide por n ou $n - 1$. Mas, se estiver interessado, o caso é o seguinte. Isso é baseado na premissa de que você quer fazer estimativas de uma população com base em uma amostra.

Se utilizarmos o denominador intuitivo de n na fórmula de variância, subestimaremos o valor real da variância e o desvio-padrão da população. Isso se chama estimativa *enviesada*. No entanto, se dividirmos por $n - 1$, em vez de n, o desvio-padrão se tornará uma estimativa *não enviesada*.

A explicação completa sobre o uso de n levar a uma estimativa enviesada envolve a noção de graus de liberdade, considerando o número de restrições no cálculo de uma estimativa. Nesse caso, existem $n - 1$ graus de liberdade, já que há uma restrição: o desvio-padrão depende do cálculo da média da amostra. Em muitos problemas, os cientistas de dados não precisam se preocupar com os graus de liberdade.

Nem a variância, nem o desvio-padrão, nem o desvio absoluto médio são totalmente robustos frente aos valores atípicos e aos valores extremos (veja em "Mediana e Estimativas Robustas" uma discussão sobre as estimativas robustas para localização). A variância e o desvio-padrão são especialmente sensíveis aos valores atípicos, pois são baseados nos desvios quadráticos.
Uma estimativa de variabilidade robusta é o *desvio absoluto mediano da mediana* ou MAD:

$$\text{Desvio absoluto mediano} = \text{Mediana}\left(|x_1 - m|, |x_2 - m|, ..., |x_N - m|\right)$$

em que m é a mediana. Como a mediana, o MAD não é influenciado pelos valores atípicos. Também é possível calcular um desvio-padrão aparado, análogo à média aparada (veja "Média", anteriormente neste capítulo).

> A variância, o desvio-padrão, o desvio absoluto médio e o desvio absoluto mediano da mediana não são estimativas equivalentes, mesmo nos casos em que os dados vêm de uma distribuição normal. Na verdade, o desvio-padrão é sempre maior do que o desvio absoluto médio, que é maior do que o desvio absoluto mediano. Às vezes, o desvio absoluto mediano é multiplicado por um fator de escala constante para colocar o MAD na mesma escala do desvio-padrão no caso de uma distribuição normal. O fator 1,4826 comumente usado significa que 50% da distribuição normal fica dentro da amplitude ± MAD.

Estimativas Baseadas em Percentis

Uma abordagem diferente para estimar a dispersão é com base na observação da distribuição dos dados classificados. A estatística baseada em dados classificados (ordenados) é chamada de *estatística ordinal*. A medida mais básica é a *amplitude*: a diferença entre o maior e o menor número. É bom conhecer os valores máximos e mínimos, que são úteis na identificação dos valores atípicos, mas a amplitude é extremamente sensível aos valores atípicos e não é muito útil como medida geral da dispersão dos dados.

Para evitar a sensibilidade aos valores atípicos, podemos observar a amplitude dos dados após excluir os valores de cada extremidade. Formalmente, essas estimativas são baseadas nas diferenças entre os *percentis*. Em um conjunto de dados, o percentil P é um valor em que ao menos a porcentagem P dos valores assume esse valor ou menos, e ao menos a porcentagem (100 – P) dos valores assume esse valor ou mais. Por exemplo, para encontrar o 80° percentil, classifique os dados. Então, começando com o menor valor, avance 80% em direção ao maior valor. Note que a mediana é a mesma coisa que o 50° percentil. O percentil é basicamente o mesmo que um *quantil*, com os quantis indexados por frações (então o quantil .8 é igual ao 80° percentil).

Uma medida comum da variabilidade é a diferença entre o 25° percentil e o 75° percentil, chamada de *amplitude interquartil* (ou IQR). Um exemplo simples: {3, 1, 5, 3, 6, 7, 2, 9}. Classificamos então em {1, 2, 3, 3, 5, 6, 7, 9}. O 25° percentil está em 2,5 e o 75° percentil está em 6,5, então a amplitude interquartil é 6,5 – 2,5 = 4. Os softwares podem ter abordagens ligeiramente diferentes que geram respostas diferentes (veja a nota a seguir). Geralmente essas diferenças são menores.

Para os conjuntos de dados muito grandes, calcular os percentis exatos pode ser muito caro computacionalmente, pois exige a classificação de todos os valores dos dados. Os softwares estatísticos e de aprendizado de máquina utilizam algoritmos especiais, como [Zhang-Wang, 2007], para conseguir um percentil aproximado que pode ser calculado muito rapidamente, tendo a certeza de alguma precisão.

Percentil: Definição Precisa

Se temos um número par de dados (*n* é par), então o percentil é ambíguo, conforme a definição anterior. Na verdade, podemos presumir qualquer valor entre as estatísticas ordinais $x_{(j)}$ e $x_{(j+1)}$, em que *j* satisfaz:

$$100 * \frac{j}{n} \leq P < 100 * \frac{j+1}{n}$$

Geralmente, o percentil é a média ponderada:

$$\text{Percentil}(P) = (1 - w)x_{(j)} + wx_{(j+1)}$$

para alguns pesos *w* entre 0 e 1. Os softwares estatísticos têm abordagens ligeiramente diferentes na escolha de *w*. Na realidade, a função `quantile` de R oferece nove alternativas diferentes para calcular o quantil. Exceto nos conjuntos de dados pequenos, não costuma ser necessário se preocupar com o modo específico pelo qual o percentil é calculado. A função `numpy.quantile` de *Python* suporta cinco abordagens, sendo a interpolação linear o padrão.

Exemplo: Estimativas de Variabilidade da População Estadual

A Tabela 1-3 (replicada da Tabela 1-2 anterior por conveniência) mostra as primeiras linhas do conjunto de dados contendo a população e as taxas de homicídio de cada estado.

Tabela 1-3. Algumas linhas de `data.frame` para o estado da população e a taxa de homicídios por estado

	Estado	População	Taxa de homicídios	Abreviação
1	Alabama	4.779.736	5,7	AL
2	Alasca	710.231	5,6	AK
3	Arizona	6.392.017	4,7	AZ
4	Arkansas	2.915.918	5,6	AR
5	Califórnia	37.253.956	4,4	CA
6	Colorado	5.029.196	2,8	CO
7	Connecticut	3.574.097	2,4	CT
8	Delaware	897.934	5,8	DE

Usando as funções predefinidas de *R* para o desvio-padrão, a amplitude interquartil (IQR) e o desvio absoluto mediano da mediana (MAD), podemos calcular estimativas de variabilidade para os dados da população estaduais:

```
> sd(state[['Population']])
[1] 6848235
> IQR(state[['Population']])
[1] 4847308
> mad(state[['Population']])
[1] 3849870
```

O data frame `pandas` fornece métodos para calcular o desvio-padrão e os quantis. Usando os quantis, podemos determinar facilmente o IQR. Para o MAD robusto, usamos a função `robust.scale.mad` do pacote `statsmodels`:

```
state['Population'].std()
state['Population'].quantile(0.75) - state['Population'].quantile(0.25)
robust.scale.mad(state['Population'])
```

O desvio-padrão é quase o dobro de MAD (em *R*, a escala predefinida do MAD é ajustada para ficar na mesma escala da média). Isso não é novidade, já que o desvio-padrão é sensível aos valores atípicos.

Ideias-chave

- A variância e o desvio-padrão são as estatísticas de variabilidade mais difundidas e comumente registradas.
- Ambos são sensíveis aos valores atípicos.
- As estimativas mais robustas incluem os desvios absolutos médio e de mediana da média, e os percentis (quantis).

Leitura Adicional

- O recurso estatístico online de David Lane tem uma seção sobre percentis.
- Kevin Davenport tem uma postagem útil sobre desvios da mediana e suas propriedades robustas no *R*-Bloggers.

Explorando a Distribuição de Dados

Cada uma das estimativas que vimos resume os dados em um único número para descrever a localização ou a variabilidade dos dados. É útil também para explorar como os dados são distribuídos em geral.

Termos-chave para Exploração da Distribuição

Gráfico de caixas
: Um gráfico apresentado por Tukey como um modo rápido de visualizar a distribuição dos dados.

  Sinônimo
  : box e gráfico de bigodes

Tabela de frequências
: Um registro da contagem dos valores numéricos de dados que ficam em um conjunto de intervalos (colunas).

Histograma
: Um gráfico da tabela de frequências com as colunas no eixo x e a contagem (ou a proporção) no eixo y. Embora visualmente semelhantes, os gráficos de barras não devem ser confundidos com histogramas. Veja "Explorando Dados Binários e Categóricos" para saber a diferença.

Gráfico de densidade
: Uma versão simplificada do histograma, muito usado em *estimativas de densidade Kernel.*

Percentis e Gráficos de Caixa

Em "Estimativas Baseadas em Percentis", anteriormente, exploramos como os percentis podem ser usados para medir a dispersão dos dados. Os percentis também são valiosos para resumir toda a distribuição. É comum registrar os quartis (25°, 50° e 75° percentis) e os decis (10°, 20°, ..., 90° percentis). Os percentis são especialmente valiosos para resumir as *caudas* (a amplitude externa) da distribuição. A cultura popular cunhou o termo *um por cento* para se referir às pessoas no 99° percentil superior de riqueza.

A Tabela 1-4 exibe alguns percentis da taxa de homicídios por estado. Em *R*, isso seria produzido pela função `quantile`:

```
quantile(state[['Murder.Rate']], p=c(.05, .25, .5, .75, .95))
   5%   25%   50%   75%   95%
1.600 2.425 4.000 5.550 6.510
```

O método `quantile` do data frame `pandas` fornece-o em *Python*:

```
state['Murder.Rate'].quantile([0.05, 0.25, 0.5, 0.75, 0.95])
```

Tabela 1-4. Percentis da taxa de homicídio por estado

5%	25%	50%	75%	95%
1.60	2.42	4.00	5.55	6.51

A mediana é de 4 homicídios por 100 mil pessoas, porém existe certa variabilidade: o 5° percentil é de apenas 1.6 e o 95° percentil é de 6.51.
Os *gráficos de caixas*, apresentados por Tukey [Tukey, 1977], se baseiam em percentis e são um modo rápido de visualizar a distribuição dos dados. A Figura 1-2 mostra um gráfico de caixas da população por estado produzido por *R*:

```
boxplot(state[['Population']]/1000000, ylab='Population (millions)')
```

O `pandas` fornece alguns gráficos exploratórios básicos para o data frame; um deles é o gráfico de caixas:

```
ax = (state['Population']/1_000_000).plot.box()
ax.set_ylabel('Population (millions)')
```

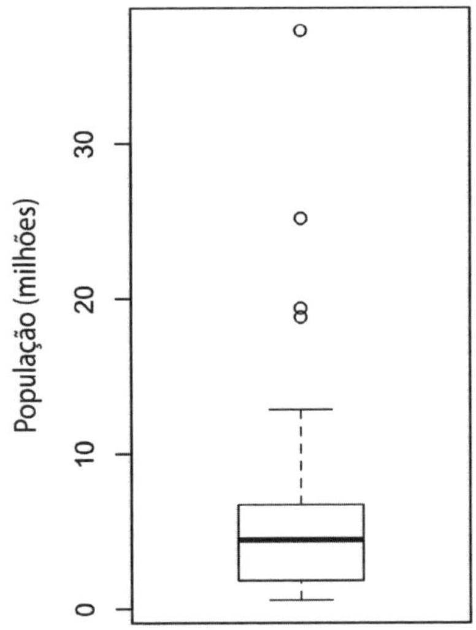

Figura 1-2. Gráfico de caixas das populações por estado

Nesse gráfico de caixas podemos ver de imediato que a população mediana do estado é cerca de 5 milhões, metade dos estados fica em cerca de 2 milhões e 7 milhões, e há alguns valores atípicos altos da população. As partes superior e inferior da caixa são o 75° e o 25° percentis, respectivamente. A mediana é mostrada pela linha horizontal na caixa. As linhas tracejadas, chamadas de *bigodes*, se estendem do topo e da base para indicar a variação da massa de dados. Existem muitas variações de gráficos de caixas. Veja, por exemplo, a documentação da função `boxplot` de *R* [R-base, 2015]. Por padrão, a função *R* estende os bigodes até o ponto mais longe além da caixa, porém não passa de 1,5 vez o IQR. A *Matplotlib* usa a mesma implementação; outros softwares podem ter uma regra diferente.

Quaisquer dados fora dos bigodes são representados como pontos ou círculos únicos (muitas vezes considerados valores atípicos).

Tabelas de Frequência e Histogramas

Uma tabela de frequências de uma variável divide a amplitude variável em segmentos igualmente espaçados e informa quantos valores ficam em cada segmento. A Tabela 1-5 mostra as frequências da população por estado calculadas em *R*:

```
breaks <- seq(from=min(state[['Population']]),
              to=max(state[['Population']]), length=11)
pop_freq <- cut(state[['Population']], breaks=breaks,
              right=TRUE, include.lowest = TRUE)
table(pop_freq)
```

A função `pandas.cut` cria uma série que mapeia os valores para os segmentos. Utilizando o método `value_counts`, obtemos a tabela de frequência:

```
binnedPopulation = pd.cut(state['Population'], 10)
binnedPopulation.value_counts()
```

Tabela 1-5. Uma tabela de frequências da população por estado

NúmCat	AmpCat	Cont	Estados
1	563.626–4.232.658	24	WY,VT,ND,AK,SD,DE,MT,RI,NH,ME,HI,ID,NE,WV,NM,NV,UT,KS,AR,MS,IA,CT,OK,OR
2	4.232.659–7.901.691	14	KY,LA,SC,AL,CO,MN,WI,MD,MO,TN,AZ,IN,MA,WA
3	7.901.692–11.570.724	6	VA,NJ,NC,GA,MI,OH
4	11.570.725–15.239.757	2	PA,IL
5	15.239.758–18.908.790	1	FL
6	18.908.791–22.577.823	1	NY
7	22.577.824–26.246.856	1	TX
8	26.246.857–29.915.889	0	
9	29.915.890–33.584.922	0	
10	33.584.923–37.253.956	1	CA

O estado menos populoso é Wyoming, com 563.626 pessoas e o mais populoso é a Califórnia, com 37.253.956 pessoas. Isso nos dá uma amplitude de 37.253.956 – 563.626 = 36.690.330, que devemos dividir em colunas de mesmo tamanho, digamos, dez colunas. Com dez colunas do mesmo tamanho, cada uma terá uma largura de 3.669.033, logo, a primeira coluna vai de 563.626 a 4.232.658. Em contrapartida, a coluna superior, de 33.584.923 a 37.253.956, tem apenas um estado: a Califórnia. As duas colunas imediatamente abaixo da Califórnia estão vazias, até chegarmos ao Texas. É importante incluir as colunas vazias. O fato de não haver valores nelas é uma informação útil. Pode ser útil também experimentar diferentes tamanhos de colunas. Se forem muito grandes, os atributos importantes da distribuição poderão ficar escondidos. Se forem muito pequenos, o resultado será muito granular, e a capacidade de ver um panorama maior se perderá.

> Tanto as tabelas de frequência quanto os percentis resumem os dados por meio da criação de colunas. Em geral, os quartis e os decis terão a mesma contagem em cada coluna (colunas de mesma contagem), mas os tamanhos das colunas serão diferentes. Já a tabela de frequências terá contagens diferentes nas colunas (colunas de mesmo tamanho) e os tamanhos delas serão iguais.

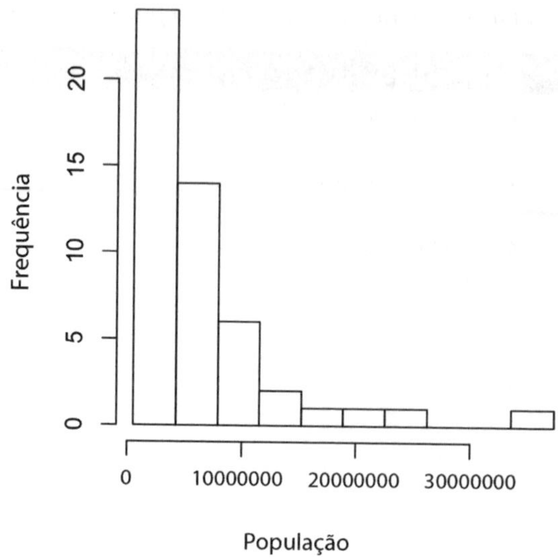

Figura 1-3. Histograma de populações por estado

Histograma é um jeito de visualizar uma tabela de frequências, com as colunas no eixo x e a contagem de dados no eixo y. Na Figura 1-3, por exemplo, a coluna centrada em 10 milhões vai de aproximadamente 8 milhões a 12 milhões, e há seis estados nessa coluna. Para criar um histograma correspondente à Tabela 1-5 em *R*, use a função `hist` com o argumento `breaks`:

```
hist(state[['Population']], breaks=breaks)
```

O `pandas` suporta histogramas para os data frames com o método `DataFrame.plot.hist`. Use o argumento de palavra-chave `bins` para definir o número de colunas. Os vários métodos de gráfico retornam um objeto de eixo que permite ajustar ainda mais a visualização usando `Matplotlib`:

```
ax = (state['Population'] / 1_000_000).plot.hist(figsize=(4, 4))
ax.set_xlabel('Population (millions)')
```

O histograma está na Figura 1-3. Em geral, os histogramas são representados de modo que:

- As colunas vazias sejam incluídas no gráfico.
- As colunas tenham largura igual.
- O número de colunas (ou o tamanho delas equivalente) seja uma escolha do usuário.
- As barras sejam contínuas — sem espaços vazios entre elas, a menos que seja uma coluna vazia.

Momentos Estatísticos

Na teoria estatística, a localização e a variabilidade são chamadas de primeiro e segundo *momentos* de uma distribuição. O terceiro e o quarto momentos são chamados de *assimetria* e *curtose*. A assimetria indica se um dado está inclinado a valores maiores ou menores, e a curtose indica a propensão dos dados a terem valores atípicos. Em geral, as estimativas não são usadas para medir a assimetria e a curtose. Em vez disso, elas são descobertas com visualizações, como as Figuras 1-2 e 1-3.

Gráficos de Densidade e Estimativas

Relacionado ao histograma, existe um gráfico de densidade que mostra a distribuição dos valores dos dados como uma linha contínua. Um gráfico de densidade pode ser visto como um histograma simplificado, apesar de ser calculado diretamente a partir dos dados por meio de uma *estimativa de densidade de Kernel* (veja em [Duong, 2001] um pequeno tutorial). A Figura 1-4 mostra uma estimativa de densidade sobreposta em um histograma. Em *R*, pode-se calcular a estimativa de densidade com a função `density`:

```
hist(state[['Murder.Rate']], freq=FALSE)
lines(density(state[['Murder.Rate']]), lwd=3, col='blue')
```

O `pandas` fornece o método `density` para criar um gráfico de densidade. Use o argumento `bw_method` para controlar a suavidade da curva de densidade:

```
ax = state['Murder.Rate'].plot.hist(density=True, xlim=[0,12], bins=range(1,12))
state['Murder.Rate'].plot.density(ax=ax) ❶
ax.set_xlabel('Murder Rate (per 100,000)')
```

❶ As funções do gráfico geralmente têm um argumento opcional do eixo (`ax`), que fará a representação ser adicionada ao mesmo gráfico.

A principal diferença do histograma exibido na Figura 1-3 é a escala do eixo y: um gráfico de densidade corresponde à representação do histograma como uma proporção, em vez de contagens (especifica-se isso em *R* utilizando o argumento `freq=FALSE`). Note que a área total sob a curva de densidade = 1, e em vez das contagens nas colunas, você calcula as áreas sob a curva entre dois pontos quaisquer no eixo x, que correspondem à proporção da distribuição entre esses dois pontos.

Estimativa de Densidade

A estimativa de densidade é um tópico avançado com uma longa história na literatura estatística. Na verdade, mais de 20 pacotes *R* publicados oferecem funções para a estimativa de densidade. [Deng-Wickham, 2011] faz uma revisão abrangente dos pacotes *R*, com uma recomendação específica para `ASH` ou `KernSmooth`. Os métodos de estimativa da densidade em `pandas` e `scikit-learn` também oferecem boas implementações. Para muitos problemas da ciência de dados, não há a necessidade de se preocupar com os muitos tipos de estimativas de densidade. É suficiente utilizar as funções básicas.

Ideias-chave

- Um histograma de frequências registra as contagens de frequência no eixo y e os valores variáveis no eixo x. Isso dá uma ideia rápida da distribuição dos dados.
- Uma tabela de frequências é uma versão tabular das contagens de frequência encontradas em um histograma.
- Um gráfico de caixas — com o topo e a base da caixa no 75° e no 25° percentis, respectivamente — também dá uma ideia rápida da distribuição dos dados. Costuma ser usado em exibições lado a lado para comparar as distribuições.
- Um gráfico de densidade é a versão simplificada de um histograma. Precisa de uma função para estimar um gráfico com base nos dados (é possível fazer múltiplas estimativas, claro).

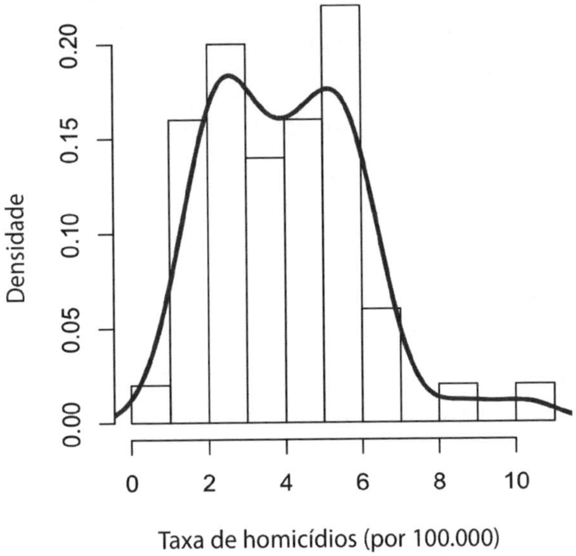

Figura 1-4. Densidade das taxas de homicídio por estado

Leitura Adicional

- Um professor da SUNY Oswego oferece um guia passo a passo para criar um gráfico de caixas.
- A estimativa de densidade em *R* é vista na publicação de mesmo nome de Henry Deng e Hadley Wickham.
- O *R*-Bloggers tem uma postagem útil sobre histogramas em *R*, incluindo elementos de personalização, como compartimentações (intervalos).
- O *R*-Bloggers tem também uma postagem similar sobre gráficos de caixas em *R*.
- Matthew Conlen publicou uma apresentação interativa que demonstra o efeito de escolher kernels e largura de banda diferentes nas estimativas de densidade do Kernel.

Explorando Dados Binários e Categóricos

Para dados categóricos, proporções simples ou porcentagens, conte a história dos dados.

Termos-chave para a Exploração de Dados Categóricos

Moda
: A categoria, ou o valor, de maior ocorrência em um conjunto de dados.

Valor esperado
: Quando as categorias podem ser associadas a um valor numérico, isso nos dá um valor médio com base na probabilidade de ocorrência de uma categoria.

Gráficos de barras
: A frequência ou a proporção de cada categoria representada por barras.

Gráficos de pizza
: A frequência ou a proporção de cada categoria representada por fatias de uma pizza.

Obter o resumo de uma variável binária, ou de uma variável categórica com poucas categorias, é bem fácil: apenas encontramos a proporção de 1s ou das categorias importantes. Por exemplo, a Tabela 1-6 mostra a porcentagem de voos atrasados no aeroporto de Dallas/Fort Worth desde 2010. Os atrasos são categorizados como sendo devidos a fatores de controle da companhia aérea, atrasos no sistema do controle de tráfego aéreo (CTA), clima, segurança ou entrada tardia na aeronave.

Tabela 1-6. Porcentagem de atrasos no aeroporto Dallas/Fort Worth

Cia.	CTA	Clima	Segurança	Entrada
23.02	30.40	4.03	0.12	42.43

Os gráficos de barra são uma ferramenta visual comum para exibir uma única variável categórica, e costumam ser vistos na mídia. As categorias são listadas no eixo x, as frequências ou as proporções no eixo y. A Figura 1-5 mostra os atrasos a cada ano no aeroporto de Dallas/Fort Worth e foi produzida com a função `barplot` de *R*:

```
barplot(as.matrix(dfw) / 6, cex.axis=0.8, cex.names=0.7,
        xlab='Cause of delay', ylab='Count')
```

O `pandas` também suporta gráficos de barra para os data frames:

```
ax = dfw.transpose().plot.bar(figsize=(4, 4), legend=False)
ax.set_xlabel('Cause of delay')
ax.set_ylabel('Count')
```

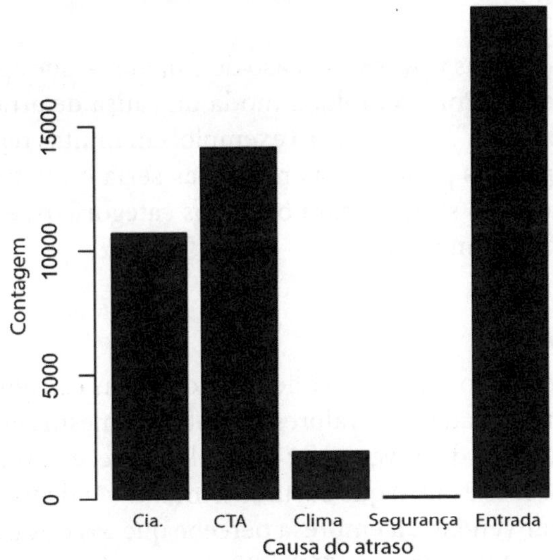

Figura 1-5. Gráfico de barras dos atrasos aéreos no DFW

Note que um gráfico de barras lembra um histograma. Em um gráfico de barras, o eixo x representa as diferentes categorias da variável de um fator, enquanto em um histograma o eixo x representa os valores de uma única variável em uma escala numérica. Em um histograma, as barras geralmente são exibidas tocando umas nas outras, com os vãos indicando os valores que não ocorreram nos dados. Em um gráfico de barras, as barras aparecem separadas umas das outras.

Os gráficos de pizza são uma alternativa aos gráficos de barras, porém estatísticos e especialistas em visualização de dados costumam evitar os gráficos de pizza por serem menos informativos visualmente (veja [Few, 2007]).

Dados Numéricos como Dados Categóricos

Em "Tabelas de Frequência e Histogramas", antes neste capítulo, vimos tabelas de frequência com base na compartimentação dos dados. Isso converte implicitamente os dados numéricos em um fator ordenado. Nesse sentido, os histogramas e os gráficos de barras são semelhantes, com exceção das categorias no eixo x do gráfico de barras, que não são ordenadas. A conversão de um dado numérico em dado categórico é um passo importante e muito usado na análise de dados, pois reduz a complexidade (e o tamanho) dos dados. Isso auxilia na descoberta de relações entre os atributos, sobretudo nas etapas iniciais de uma análise.

Moda

A moda é o valor — ou os valores, em caso de empate — que aparece com maior frequência nos dados. Por exemplo, a moda da causa de atraso no aeroporto Dallas/Fort é a "Entrada". Como outro exemplo, em muitas regiões dos Estados Unidos, a moda para as preferências religiosas seria o cristianismo. A moda é um resumo estatístico simples para os dados categóricos, e não costuma ser usada para os dados numéricos.

Valor Esperado

Um tipo especial de dado categórico é aquele no qual as categorias representam, ou podem ser transformadas em, valores distintos na mesma escala. O vendedor de uma nova tecnologia de nuvem, por exemplo, oferece dois níveis de serviço, um que custa $300/mês e outro que custa $50/mês. O vendedor oferece webinars gratuitos para gerar vendas e a empresa percebe que 5% dos participantes assinarão o serviço de $300, 15% o de $50 e 80% não assinarão nada. Esses dados podem ser resumidos, para fins financeiros, em um único "valor esperado", que é uma forma de média ponderada em que os pesos são as probabilidades. O valor esperado é calculado da seguinte forma:

1. Multiplique cada resultado por sua probabilidade de ocorrer.
2. Some os valores.

No exemplo do serviço de nuvem, o valor esperado de um participante de webinar é US$22,50 por mês, calculado da seguinte forma:

$$VE = (0.05)(300) + (0.15)(50) + (0.80)(0) = 22.5$$

O valor esperado é, na verdade, uma forma de média ponderada: ele soma as ideias das expectativas futuras e os pesos das probabilidades, geralmente com base em julgamentos subjetivos. O valor esperado é um conceito fundamental na avaliação de negócios e nos orçamentos de capital — por exemplo, o valor esperado de cinco anos de lucros com uma nova aquisição ou a economia esperada de um novo software de gerenciamento de pacientes em uma clínica.

Probabilidade

Referimos anteriormente a *probabilidade* de um valor ocorrer. A maioria das pessoas tem uma compreensão intuitiva da probabilidade, encontrando o conceito frequentemente nas previsões climáticas (a chance de chuva) ou na análise esportiva (a probabilidade de ganhar). Esportes e jogos costumam ser expressos como possibilidades, que são facilmente convertidas em probabilidades (se as chances de um time vencer forem de 2 para 1, sua probabilidade de ganhar é de 2/(2+1) = 2/3). Curiosamente, o conceito de probabilidade pode ser fonte de profunda discussão filosófica quando se trata de defini-lo. Por sorte, não precisamos de uma definição formal matemática ou filosófica aqui. Para nossos propósitos, a probabilidade de que um evento aconteça é a proporção de vezes que ele ocorrerá se a situação puder ser repetida inúmeras vezes. Na maioria, esta é uma construção imaginária, mas é uma compreensão operacional adequada da probabilidade.

Ideias-chave

- Os dados categóricos costumam ser resumidos em proporções e podem ser visualizados em um gráfico de barras.
- As categorias podem representar coisas distintas (maçãs e laranjas, homem e mulher), os níveis de uma variável de fator (baixo, médio e alto) ou os dados numéricos que foram compartimentados.
- O valor esperado é a soma dos valores vezes sua probabilidade de ocorrência e costuma ser usado para resumir os níveis de uma variável de fator.

Leitura Adicional

Nenhum curso de estatística está completo sem uma lição sobre gráficos enganosos, que costuma envolver gráficos de barras e de pizza.

Correlação

A análise exploratória de dados, em muitos projetos de modelagem (em ciências de dados ou pesquisa), envolve o estudo da correlação de preditores e entre preditores e uma variável-alvo. As variáveis X e Y (cada uma com dados medidos) são tidas como positivamente correlacionadas se os valores altos de X acompanham os valores altos de Y, e os valores baixos de X acompanham os valores baixos de Y. Se os valores altos de X acompanham os valores baixos de Y, e vice-versa, as variáveis são negativamente correlacionadas.

Termos-chave para Correlação

Coeficiente de correlação

Uma estimativa que mede o nível em que as variáveis numéricas estão associadas umas às outras (varia de –1 a +1).

Matriz de correlação

Uma tabela na qual as variáveis são mostradas em linhas e colunas, e os valores das células são a correlação entre as variáveis.

Diagrama de Dispersão

Um gráfico no qual o eixo x é o valor de uma variável e o eixo y é o valor de outra.

Considere estas duas variáveis, perfeitamente correlacionadas no sentido de que cada uma vai de baixa a alta:

v1: {1, 2, 3}
v2: {4, 5, 6}

A soma vetorial dos produtos é $1 \cdot 4 + 2 \cdot 5 + 3 \cdot 6 = 32$. Agora tente embaralhar uma delas e recalcular — a soma vetorial dos produtos nunca será maior que 32. Então, essa soma dos produtos pode ser usada como uma estimativa, ou seja, a soma observada de 32 pode ser comparada a muitos embaralhamentos aleatórios (na realidade, essa ideia se relaciona a uma estimativa baseada em reamostragem; veja "Teste de Permutação" no Capítulo 3). Mas os valores produzidos por essa estimativa não são tão significativos, a não ser para referência na distribuição de reamostragem.

Uma variante padronizada é mais útil: o *coeficiente de correlação*, que oferece uma estimativa da correlação entre duas variáveis que sempre ficam na mesma escala. Para calcular o *coeficiente de correlação de Pearson*, multiplicamos os desvios da média da variável 1 pelos da variável 2 e dividimos pelo produto do desvio-padrão:

$$r = \frac{\sum_{i=1}^{n}(x_i - \bar{x})(y_i - \bar{y})}{(n - 1)s_x s_y}$$

Note que dividimos por $n - 1$, em vez de n; veja mais detalhes em "Graus de Liberdade, n ou $n - 1$?", anteriormente neste capítulo. O coeficiente de correlação sempre fica entre +1 (correlação positiva perfeita) e –1 (correlação negativa perfeita). O 0 indica ausência de correlação.

As variáveis podem ter uma associação que não é linear, e nesse caso o coeficiente de correlação pode não ser uma estimativa útil. Um exemplo é o relacionamento entre alíquotas fiscais e arrecadação: conforme as alíquotas fiscais sobem de 0, a arrecadação também sobe. No entanto, uma vez que as alíquotas fiscais atingem um alto nível e se aproximam de 100%, a evasão fiscal também aumenta e a arrecadação acaba caindo.

A Tabela 1-7, chamada de *matriz de correlação*, mostra a correlação entre os retornos diários das ações de telecomunicação de julho de 2012 a junho de 2015. Na tabela, pode-se ver que Verizon (VZ) e ATT (T) têm a maior correlação. Level 3 (LVLT), que é uma empresa de infraestrutura, tem a menor correlação. Observe a diagonal de 1s (a correlação de uma ação consigo mesma é 1) e a redundância das informações acima e abaixo da diagonal.

Tabela 1-7. Correlação entre os retornos das ações de telecomunicação

	T	CTL	FTR	VZ	LVLT
T	1.000	0.475	0.328	0.678	0.279
CTL	0.475	1.000	0.420	0.417	0.287
FTR	0.328	0.420	1.000	0.287	0.260
VZ	0.678	0.417	0.287	1.000	0.242
LVLT	0.279	0.287	0.260	0.242	1.000

Uma tabela de correlações, como a Tabela 1-7, é comumente representada para expor visualmente o relacionamento entre múltiplas variáveis. A Figura 1-6 mostra a correlação entre os retornos diários dos maiores fundos de índice (ETFs). Em *R*, podemos criar isso facilmente utilizando o pacote `corrplot`:

```
etfs <- sp500_px[row.names(sp500_px) > '2012-07-01',
                 sp500_sym[sp500_sym$sector == 'etf', 'symbol']]
library(corrplot)
corrplot(cor(etfs), method='ellipse')
```

É possível criar o mesmo gráfico em *Python*, mas não há uma implementação nos pacotes comuns. No entanto, a maioria suporta a visualização de matrizes de correlação usando mapas de calor. O código a seguir demonstra isso usando o pacote `seaborn.heatmap`. No repositório de código-fonte correspondente, incluímos o código *Python* para gerar uma visualização mais completa:

```
etfs = sp500_px.loc[sp500_px.index > '2012-07-01',
                    sp500_sym[sp500_sym['sector'] == 'etf']['symbol']]
sns.heatmap(etfs.corr(), vmin=-1, vmax=1,
        cmap=sns.diverging_palette(20, 220, as_cmap=True))
```

Os ETFs da S&P 500 (SPY) e o índice Dow Jones (DIA) têm alta correlação. Da mesma forma, QQQ e XLK, compostas principalmente por empresas de tecnologia, são positivamente correlacionadas. As ETFs defensivas, como aquelas que monitoram o preço do ouro (GLD), do petróleo (USO) ou a volatilidade do mercado (VXX), tendem a ser pouco ou negativamente correlacionadas às outras ETFs. A orientação da elipse indica se duas variáveis são positivamente correlacionadas (a elipse aponta para a direita superior) ou negativamente (a elipse aponta para a esquerda inferior). O sombreamento e a largura da elipse indicam a força da associação: elipses mais finas e escuras correspondem a relacionamentos mais fortes.

Como a média e o desvio-padrão, o coeficiente de correlação é sensível aos valores atípicos nos dados. Os pacotes de software oferecem alternativas robustas ao coeficiente de correlação clássico. Por exemplo, o pacote `robust` de *R* usa a função `covRob` para calcular uma estimativa de correção robusta. Os métodos no módulo *sklearn.covariance* de `scikit-learn` implementam diversas abordagens.

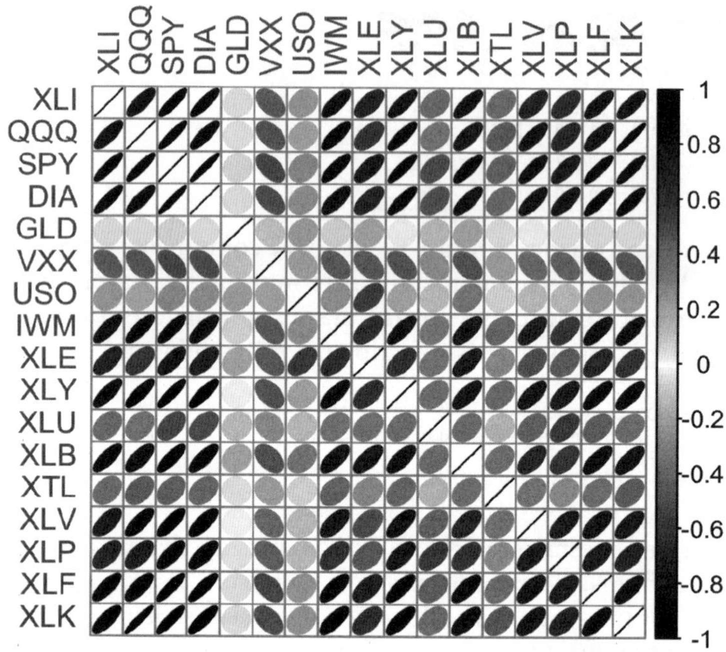

Figura 1-6. Correlação entre os retornos de ETF

Outras Estimativas de Correlação

Os estatísticos propuseram, há muito tempo, outros coeficientes de correlação, tais como, *rho de Spearman* ou *tau de Kendall*. São coeficientes de correlação baseados na classificação dos dados. Como trabalham com classificações, em vez de valores, essas estimativas são robustas contra os valores atípicos e podem lidar com certas faltas de linearidades. No entanto, os cientistas de dados geralmente continuam usando o coeficiente de correlação de Pearson, e suas alternativas robustas, para as análises exploratórias. O apelo de estimativas baseadas em classificação é mais voltado a conjuntos de dados menores e testes de hipóteses específicos.

Gráficos de Dispersão

O modo padrão de visualizar o relacionamento entre duas variáveis de dados mensuradas é com um gráfico de dispersão. O eixo x representa uma variável, o eixo y, outra e cada ponto no gráfico é um registro. Veja na Figura 1-7 um gráfico da correlação entre os retornos diários das empresas ATT e Verizon. Isso foi produzido em *R* com o comando:

```
plot(telecom$T, telecom$VZ, xlab='ATT (T)', ylab='Verizon (VZ)')
```

O mesmo gráfico pode ser gerado em *Python* usando o método de dispersão do pandas:

```
ax = telecom.plot.scatter(x='T', y='VZ', figsize=(4, 4), marker='$\u25EF$')
ax.set_xlabel('ATT (T)')
ax.set_ylabel('Verizon (VZ)')
ax.axhline(0, color='grey', lw=1)
ax.axvline(0, color='grey', lw=1)
```

Os retornos têm uma relação positiva: conforme eles se agrupam em torno de zero, na maioria dos dias, as ações sobem ou descem junto (quadrantes superior direito e inferior esquerdo). Há menos dias em que uma ação cai significativamente enquanto a outra sobe, ou vice-versa (quadrantes inferior direito e superior esquerdo).

Embora o gráfico da Figura 1-7 exiba apenas 754 pontos de dados, já é óbvia a dificuldade de identificar os detalhes no meio da representação. Veremos mais tarde como adicionar transparência aos pontos ou usar compartimentações hexagonais e gráficos de densidade pode ajudar a encontrar uma estrutura adicional nos dados.

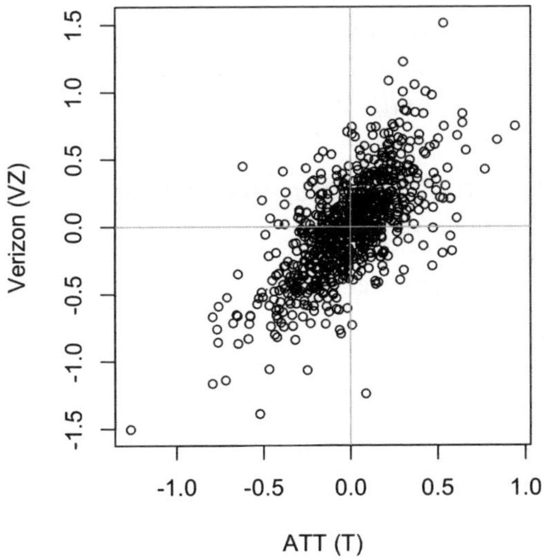

Figura 1-7. Gráfico de dispersão da correlação entre os retornos da ATT e da Verizon

Ideias-chave

- O coeficiente de correlação mede o nível em que duas variáveis estão associadas uma à outra (ex.: altura e peso dos indivíduos).
- Quando os valores altos de v1 acompanham os valores altos de v2, v1 e v2 estão associados positivamente.
- Quando os valores altos de v1 acompanham os valores baixos de v2, v1 e v2 estão associados negativamente.
- O coeficiente de correlação é uma estimativa padronizada, então sempre varia de –1 (correlação negativa perfeita) a +1 (correlação positiva perfeita).
- Um coeficiente de correlação 0 indica ausência de correlação. Mas fique atento, às vezes os arranjos aleatórios de dados produzirão valores positivos e negativos para o coeficiente de correlação.

Leitura Adicional

Statistics, 4ª edição, de David Freedman, Robert Pisani e Roger Purves (W. W. Norton, 2007), tem uma excelente abordagem sobre correlação.

Explorando Duas ou Mais Variáveis

Os estimadores conhecidos, como média e variância, examinam uma variável por vez (*análise univariada*). A análise de correlação (veja "Correlação", antes neste capítulo) é um método importante que compara duas variáveis (*análise bivariada*). Nesta seção veremos estimativas e gráficos adicionais e com mais de duas variáveis (*análise multivariada*).

Termos-chave para Exploração de Duas ou Mais Variáveis

Tabela de contingências
Um registro das contagens entre duas ou mais variáveis categóricas.

Compartimentação hexagonal
O gráfico de duas variáveis estimativas com os registros compartimentados em hexágonos.

Gráficos de contorno
: Um gráfico mostrando a densidade de duas variáveis numéricas como um mapa topográfico.

Gráficos violino
: Semelhante a um gráfico de caixas, mas mostrando a estimativa de densidade.

Como a análise univariada, a análise bivariada envolve o cálculo de estatísticas resumidas e a produção de representações visuais. O tipo adequado de análise bivariada ou multivariada depende da natureza dos dados: numéricos versus categóricos.

Compartimentação Hexagonal e Contornos (Representação Numérica versus Dados Numéricos)

Os gráficos de dispersão são bons quando há um número relativamente pequeno de valores de dados. O gráfico de retorno de ações na Figura 1-7 envolve apenas uns 750 pontos. Para os conjuntos de dados com centenas de milhares, ou milhões, de registros, um gráfico de dispersão seria muito denso, então precisamos de um modo diferente de visualizar o relacionamento. Para ilustrar, considere o conjunto de dados `kc_tax`, que contém os valores dos impostos de propriedades residenciais em King County, Washington. Para focar a parte central dos dados, retiramos as residências muito caras e muito pequenas ou grandes usando a função `subset`:

```
kc_tax0 <- subset(kc_tax,TaxAssessedValue < 750000 &
                  SqFtTotLiving > 100 &
                  SqFtTotLiving < 3500)

nrow(kc_tax0)
432693
```

No `pandas`, filtramos o conjunto de dados assim:

```
kc_tax0 = kc_tax.loc[(kc_tax.TaxAssessedValue < 750000) &
                     (kc_tax.SqFtTotLiving > 100) &
                     (kc_tax.SqFtTotLiving < 3500), :]

kc_tax0.shape
(432693, 3)
```

A Figura 1-8 é um gráfico de *compartimentação hexagonal* do relacionamento entre o valor do metro quadrado acabado versus o valor do imposto residencial em King County. Em vez de representar pontos, o que pareceria uma nuvem monolítica escura, agrupamos os registros em compartimentos hexagonais e representamos os hexágonos com uma cor indicando o número de registros naquele compartimento. Neste gráfico, o relacionamento positivo entre metro quadrado e valor do imposto é claro. Uma característica interessante é o indício de uma segunda nuvem sobre a nuvem principal (mais escura) no fundo, indicando residências que têm a mesma metragem quadrada daquelas na nuvem principal, mas com um valor de imposto maior.

A Figura 1-8 foi gerada pelo potente pacote `ggplot2` de *R*, desenvolvido por Hadley Wickham [ggplot2]. `ggplot2` é uma das muitas bibliotecas de software novas para análises visuais exploratórias de dados avançadas. Veja "Visualizando Variáveis Múltiplas", mais à frente neste capítulo.

```
ggplot(kc_tax0, (aes(x=SqFtTotLiving, y=TaxAssessedValue))) +
  stat_binhex(color='white') +
  theme_bw() +
  scale_fill_gradient(low='white', high='black') +
  labs(x='Finished Square Feet', y='Tax-Assessed Value')
```

Em *Python*, os gráficos de compartimentação hexagonais estão disponíveis usando o método do data frame `hexbin` do `pandas`:

```
ax = kc_tax0.plot.hexbin(x='SqFtTotLiving', y='TaxAssessedValue',
                         gridsize=30, sharex=False, figsize=(5, 4))
ax.set_xlabel('Finished Square Feet')
ax.set_ylabel('Tax-Assessed Value')
```

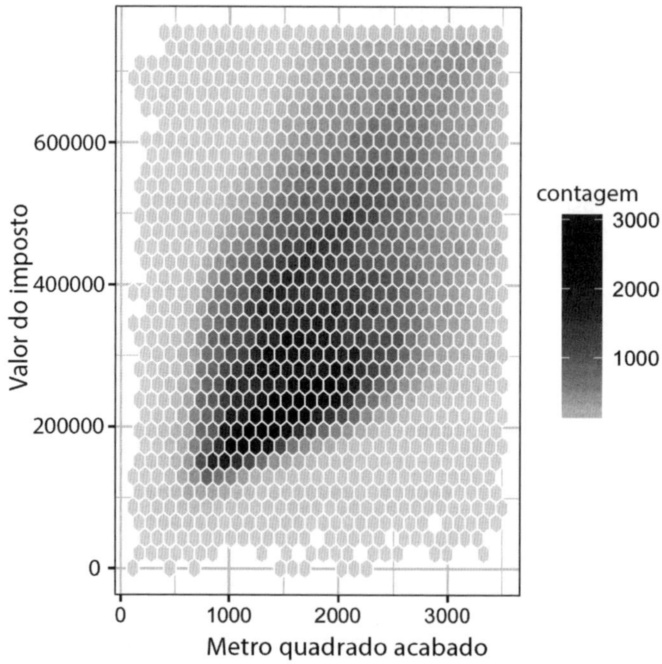

Figura 1-8. Compartimentação hexagonal para valores do imposto versus metro quadrado acabado

A Figura 1-9 usa contornos sobrepostos em um gráfico de dispersão para visualizar o relacionamento entre duas variáveis numéricas. Os contornos são basicamente um mapa topográfico de duas variáveis. Cada faixa do contorno representa uma densidade de pontos específica, aumentando conforme se aproxima de um "pico". Esse gráfico mostra uma história semelhante à da Figura 1-8: existe um pico secundário ao "norte" do pico principal. Esse gráfico também foi criado usando `ggplot2` com a função predefinida `geom_density2d`.

```
ggplot(kc_tax0, aes(SqFtTotLiving, TaxAssessedValue)) +
  theme_bw() +
  geom_point(alpha=0.1) +
  geom_density2d(color='white') +
  labs(x='Finished Square Feet', y='Tax-Assessed Value')
```

A função `kdeplot` de `seaborn` em *Python* cria uma representação de contorno:

```
ax = sns.kdeplot(kc_tax0.SqFtTotLiving, kc_tax0.TaxAssessedValue, ax=ax)
ax.set_xlabel('Finished Square Feet')
ax.set_ylabel('Tax-Assessed Value')
```

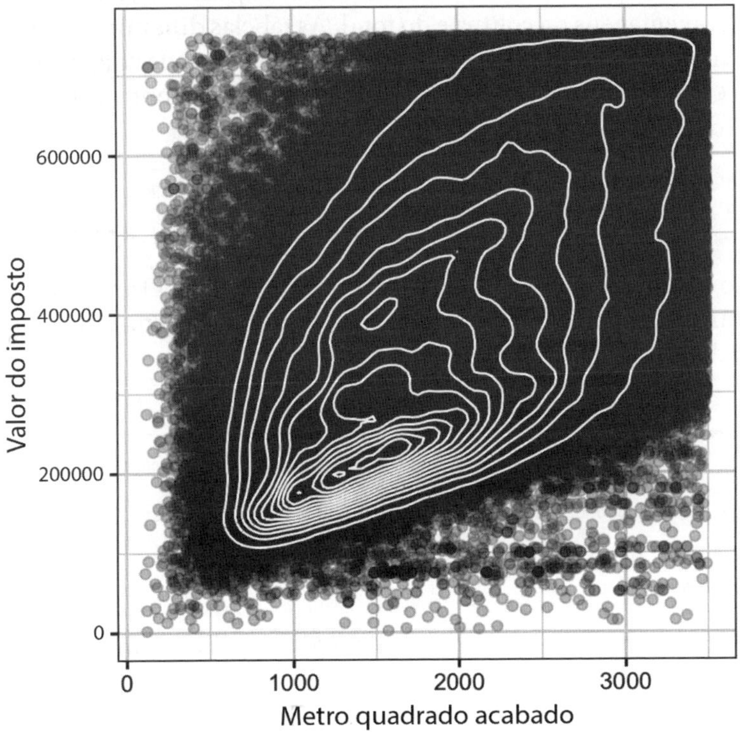

Figura 1-9. Gráfico de contorno para valor do imposto versus metro quadrado acabado

Outros tipos de gráficos são usados para mostrar o relacionamento entre duas variáveis numéricas, incluindo *mapas de calor*. Os mapas de calor, a compartimentação hexagonal e os gráficos de contorno oferecem uma representação visual de uma densidade bidimensional. Assim, são naturalmente análogos a histogramas e gráficos de densidade.

Duas Variáveis Categóricas

Um jeito útil de resumir duas variáveis categóricas é a tabela de contingências — uma tabela de contagens por categoria. A Tabela 1-8 mostra a tabela de contingências entre a nota de um empréstimo pessoal e o resultado desse empréstimo. Isso é retirado dos dados fornecidos pelo Lending Club, um líder no negócio de empréstimos pessoais. A nota vai de A (alta) a G (baixa). O resultado pode ser pago, corrente, atrasado ou revertido (não se espera receber o saldo do empréstimo). Essa tabela mostra as porcentagens de contagem e linha. Empréstimos com nota alta têm porcentagem bem baixa de atraso/reversão, se comparados aos empréstimos de nota baixa.
As tabelas de contingência conseguem examinar apenas as contagens ou incluir também porcentagens da coluna e do total. As tabelas dinâmicas no Excel talvez sejam a ferramenta mais utilizada na criação de tabelas de contingência. Em *R*, a função `CrossTable` no pacote `descr` produz tabelas de contingência e o código a seguir foi usado para criar a Tabela 1-8:

```
library(descr)
x_tab <- CrossTable(lc_loans$grade, lc_loans$status,
                    prop.c=FALSE, prop.chisq=FALSE, prop.t=FALSE)
```

O método `pivot_table` cria a tabela dinâmica em *Python*. O argumento `aggfunc` nos permite obter as contagens. Calcular as porcentagens é um pouco mais complicado:

```
crosstab = lc_loans.pivot_table(index='grade', columns='status',
                                aggfunc=lambda x: len(x), margins=True) ❶
df = crosstab.loc['A':'G',:].copy() ❷
df.loc[:,'Charged Off':'Late'] = df.loc[:,'Charged Off':'Late'].div(df['All'],
                                                                    axis=0) ❸
df['All'] = df['All'] / sum(df['All']) ❹
perc_crosstab = df
```

❶ O argumento da palavra-chave `margins` fará as somas da coluna e da linha.
❷ Criamos uma cópia da tabela dinâmica, ignorando as somas das colunas.
❸ Dividimos as linhas pela soma das linhas.
❹ Dividimos a coluna `'All'` por sua soma.

Tabela 1-8. Tabela de contingências para notas e status de empréstimos

Nota	Revertido	Corrente	Totalmente pago	Atrasado	Total
A	1562	50051	20408	469	72490
	0.022	0.690	0.282	0.006	0.161
B	5302	93852	31160	2056	132370
	0.040	0.709	0.235	0.016	0.294
C	6023	88928	23147	2777	120875
	0.050	0.736	0.191	0.023	0.268
D	5007	53281	13681	2308	74277
	0.067	0.717	0.184	0.031	0.165
E	2842	24639	5949	1374	34804
	0.082	0.708	0.171	0.039	0.077
F	1526	8444	2328	606	12904
	0.118	0.654	0.180	0.047	0.029
G	409	1990	643	199	3241
	0.126	0.614	0.198	0.061	0.007
Total	22671	321185	97316	9789	450961

Dados Categóricos e Numéricos

Os gráficos de caixa (veja "Percentis e Gráficos de Caixa" antes neste capítulo) são um jeito simples de comparar visualmente as distribuições de uma variável numérica agrupada segundo uma variável categórica. Por exemplo, queremos comparar como a porcentagem de atrasos de voos varia entre as companhias aéreas. A Figura 1-10 mostra a porcentagem de voos que sofreu atrasos em um mês, sendo o atraso no controle da companhia:

```
boxplot(pct_carrier_delay ~ airline, data=airline_stats, ylim=c(0, 50))
```

O método `boxplot` do `pandas` requer o argumento `by` que divide o conjunto de dados em grupos e cria gráficos de caixa individuais:

```
ax = airline_stats.boxplot(by='airline', column='pct_carrier_delay')
ax.set_xlabel('')
ax.set_ylabel('Daily % of Delayed Flights')
plt.suptitle('')
```

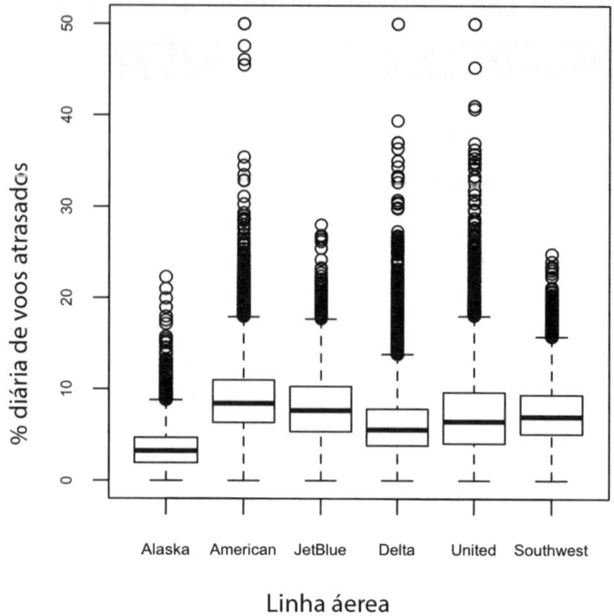

Figura 1-10. Gráfico de caixas da porcentagem de atrasos aéreos por companhia

A Alaska se destaca por ter menos atrasos, já a American tem a maioria deles: o quartil inferior da American é maior que o quartil superior da Alaska.

Um *gráfico violino*, apresentado por [Hintze-Nelson, 1998], é uma melhoria no gráfico de caixas e representa a estimativa de densidade com a densidade no eixo y. A densidade é espelhada e invertida, então o formato resultante é preenchido, criando uma imagem que lembra um violino. A vantagem de um gráfico violino é que ele pode mostrar nuanças na distribuição que não seriam perceptíveis em um gráfico de caixas. Por outro lado, o gráfico de caixas mostra mais claramente os valores atípicos dos dados. Em `ggplot2`, a função `geom_violin` pode ser usada para criar um gráfico violino da seguinte forma:

```
ggplot(data=airline_stats, aes(airline, pct_carrier_delay)) +
  ylim(0, 50) +
  geom_violin() +
  labs(x='', y='Daily % of Delayed Flights')
```

Os gráficos violinos estão disponíveis com o método `violinplot` do pacote `seaborn`:

```
ax = sns.violinplot(airline_stats.airline, airline_stats.pct_carrier_delay,
                    inner='quartile', color='white')
ax.set_xlabel('')
ax.set_ylabel('Daily % of Delayed Flights')
```

O gráfico correspondente aparece na Figura 1-11. O gráfico violino mostra uma concentração na distribuição próxima a zero para a Alaska e, em menor grau, a Delta. Esse fenômeno não é tão óbvio no gráfico de caixas. Pode-se combinar um gráfico violino com um gráfico de caixas adicionando `geom_boxplot` à representação (porém fica melhor quando se usam cores).

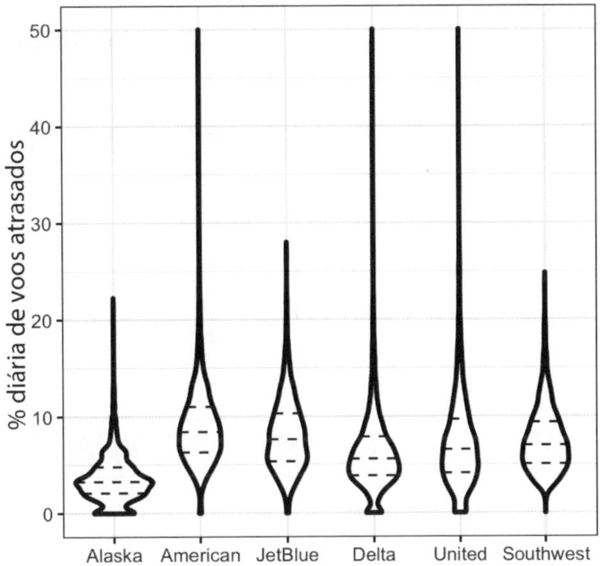

Figura 1-11. Gráfico violino da porcentagem de atrasos aéreos por companhia

Visualizando Variáveis Múltiplas

Os gráficos usados para comparar duas variáveis — gráficos de dispersão, compartimentação hexagonal e gráficos de caixas — são facilmente extensíveis para mais variáveis com a noção de *condicionamento*. Por exemplo, volte à Figura 1-8, que mostrou o relacionamento entre os valores de metros quadrados acabados e impostos residenciais. Observamos que parece haver uma concentração de casas que têm maior valor de imposto por metro quadrado. Indo mais a fundo, a Figura 1-12 contabiliza os efeitos da localização representando os dados para um conjunto de códigos postais. Agora a imagem está mais clara: o valor do imposto é maior em alguns códigos postais (98112, 98105) do que em outros (98108, 98057). Essa disparidade dá origem aos agrupamentos observados na Figura 1-8.

Criamos a Figura 1-12 usando `ggplot2` e a ideia de *facetas* ou uma variável condicionante (neste caso, o código postal):

```
ggplot(subset(kc_tax0, ZipCode %in% c(98188, 98105, 98108, 98126)),
         aes(x=SqFtTotLiving, y=TaxAssessedValue)) +
  stat_binhex(colour="white") +
  theme_bw() +
  scale_fill_gradient( low='white', high='blue') +
  labs(x='Finished Square Feet', y='Tax Assessed Value') +
  facet_wrap('ZipCode') ❶
```

❶ Use as funções `facet_wrap` e `facet_grid` de `ggplot` para especificar a variável condicionante.

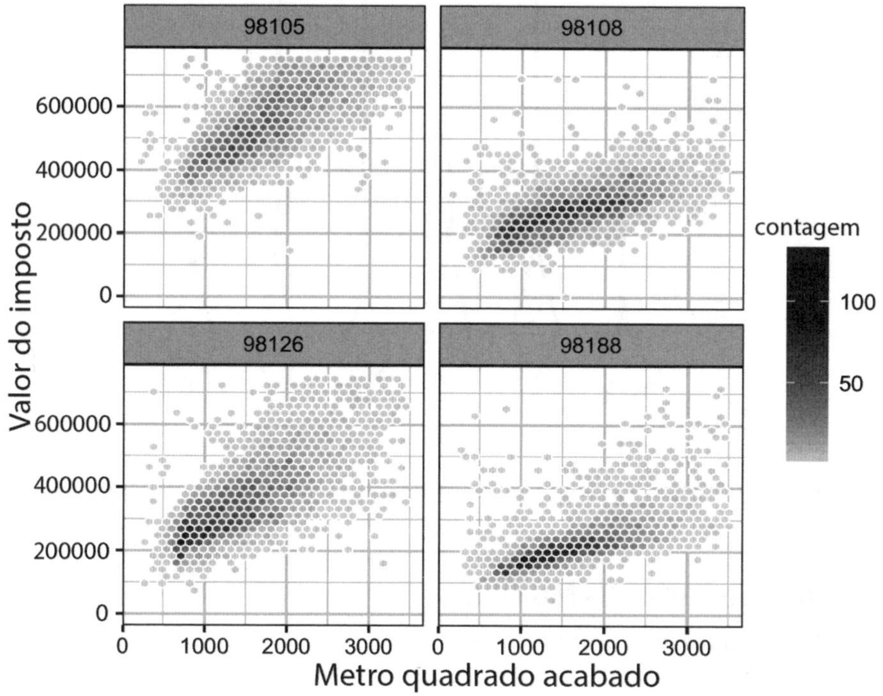

Figura 1-12. Valor do imposto versus metro quadrado acabado por código postal

A maioria dos pacotes *Python* baseia suas visualizações em `Matplotlib`. Embora seja, em princípio, possível criar gráficos facetados usando `Matplotlib`, o código pode complicar. Por sorte, `seaborn` tem uma forma relativamente simples de criar esses gráficos:

```
zip_codes = [98188, 98105, 98108, 98126]
kc_tax_zip = kc_tax0.loc[kc_tax0.ZipCode.isin(zip_codes),:]
kc_tax_zip

def hexbin(x, y, color, **kwargs):
        cmap = sns.light_palette(color, as_cmap=True)
        plt.hexbin(x, y, gridsize=25, cmap=cmap, **kwargs)

g = sns.FacetGrid(kc_tax_zip, col='ZipCode', col_wrap=2) ❶
g.map(hexbin, 'SqFtTotLiving', 'TaxAssessedValue',
      extent=[0, 3500, 0, 700000]) ❷
g.set_axis_labels('Finished Square Feet', 'Tax-Assessed Value')
g.set_titles('Zip code {col_name:.0f}')
```

❶ Use os argumentos `col` e `row` para especificar as variáveis condicionantes. Para uma única variável condicionante, use `col` junto com `col_wrap` para colocar os gráficos facetados em várias linhas.

❷ O método `map` chama a função `hexbin` com subconjuntos do conjunto de dados original para os diferentes códigos postais. `extent` define os limites dos eixos x e y.

O conceito de variáveis condicionantes em um sistema gráfico foi iniciado com os *gráficos Trellis*, desenvolvidos por Rick Becker, Bill Cleveland e outros no Bell Labs [Trellis-Graphics]. Essa ideia se propagou em vários sistemas gráficos modernos, tais como, os pacotes `lattice` e `ggplot2` em *R* e os módulos `Seaborn` [seaborn] e `Bokeh` [bokeh] em *Python*. As variáveis condicionantes também fazem parte das plataformas de business intelligence como Tableau e Spotfire. Com o advento da grande capacidade computacional, as plataformas modernas de visualização já ultrapassaram bastante os humildes primórdios da análise exploratória de dados. No entanto, os principais conceitos e ferramentas desenvolvidos meio século atrás (ex., gráficos de caixas simples) ainda são os fundamentos desses sistemas.

Ideias-chave

- Compartimentação hexagonal e gráficos de contorno são ferramentas úteis que permitem o estudo gráfico de duas variáveis numéricas por vez, sem a sobrecarga com quantidades enormes de dados.
- Tabelas de contingência são a ferramenta padrão para a observação de contagens de duas variáveis categóricas.
- Gráficos de caixas e gráficos violinos permitem a representação de uma variável numérica mediante uma variável categórica.

Leitura Adicional

- *Modern Data Science with R*, de Benjamin Baumer, Daniel Kaplan e Nicholas Horton (2017), tem uma apresentação excelente de "gramática para gráficos" (o "gg" em `ggplot`).
- *ggplot2: Elegant Graphics for Data Analysis*, de Hadley Wickham, é um excelente recurso do criador do `ggplot2` (2009).
- Josef Fruehwald tem um tutorial online sobre `ggplot2`.

Resumo

A análise exploratória de dados (AED), iniciada por John Tukey, definiu a base para o campo da ciência de dados. A ideia-chave do AED é que o primeiro, e mais importante, passo em qualquer projeto baseado em dados é *olhar os dados*. Com a sumarização e a visualização dos dados, pode-se ter uma ideia e uma compreensão valiosas do projeto.

Este capítulo revisou os conceitos que abrangeram desde estimativas simples, como estimativas de localização e variabilidade, até representações visuais avançadas para explorar os relacionamentos entre múltiplas variáveis, como na Figura 1-12. O conjunto diverso de ferramentas e técnicas desenvolvidas pela comunidade de software livre, junto com a expressividade das linguagens *R* e *Python*, criou uma infinidade de meios de explorar e analisar os dados. A análise exploratória deveria ser o fundamento de qualquer projeto de ciência de dados.

CAPÍTULO 2

Distribuições de Dados e Amostras

Um equívoco comum é pensar que a era do big data significa o fim da necessidade de amostragem. Na verdade, a proliferação de dados de qualidade e relevâncias variáveis reforça a necessidade da amostragem como ferramenta para trabalhar bem com uma variedade de dados e minimizar o viés. Mesmo em um projeto de big data, os modelos preditivos costumam ser desenvolvidos e conduzidos com amostras, que são usadas também em testes de diversos tipos (por exemplo, comparar o efeito dos designs de páginas web em cliques).

A Figura 2-1 mostra um esquema que fundamenta os conceitos deste capítulo: distribuições de dados e amostras. O lado esquerdo representa a população que, na estatística, presume-se seguir uma distribuição subjacente, mas *desconhecida*. A única coisa disponível são os dados de *amostra* e sua distribuição empírica, mostrada do lado direito. Para passar do lado esquerdo para o direito, usamos um procedimento de *amostragem* (representado por setas). A estatística tradicional se concentrou muito no lado esquerdo, utilizando teorias baseadas em fortes suposições sobre a população. A estatística moderna passou para o lado direito, em que tais suposições não são necessárias.

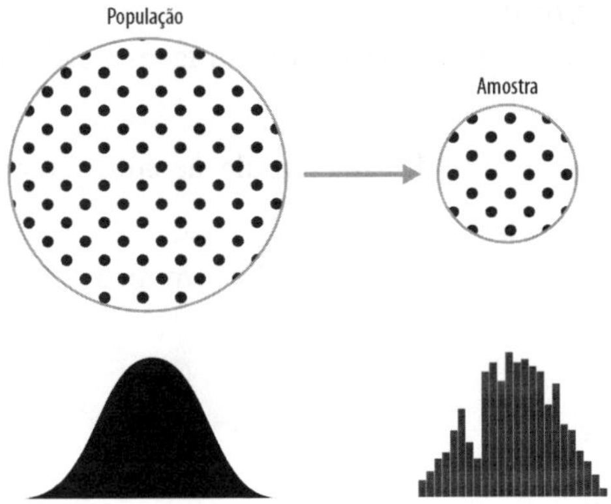

Figura 2-1. População versus amostra

Em geral, os cientistas de dados não precisam se preocupar com a natureza teórica do lado esquerdo. Em vez disso, devem se concentrar nos procedimentos de amostragem e nos dados em mãos. Existem algumas exceções notáveis. Às vezes, os dados são gerados de um processo físico que pode ser modelado. O exemplo mais simples é jogar uma moeda, o que segue uma distribuição binomial. Qualquer situação binomial real (comprar ou não, fraudar ou não, clicar ou não) pode ser eficientemente modelada por uma moeda (com a probabilidade modificada de resultados de faces, é claro). Nesses casos, podemos ter uma ideia melhor usando nosso conhecimento da população.

Amostragem Aleatória e Viés de Amostra

Amostra é um subconjunto de um conjunto maior de dados. Os estatísticos chamam esse conjunto maior de dados de *população*. Uma população, em estatística, não é a mesma coisa que em biologia — é um conjunto de dados grande, definido, mas algumas vezes teórico ou imaginário.

Termos-chave para Amostragem Aleatória

Amostra
Um subconjunto de um conjunto maior de dados.

População
O conjunto maior de dados ou a ideia de um conjunto de dados.

N (n)
O tamanho da população (amostra).

Amostragem aleatória
Elementos aleatoriamente obtidos para uma amostra.

Amostragem estratificada
Divide a população em estratos e faz amostragens aleatórias em cada estrato.

Estrato
Um subgrupo homogêneo de uma população com características comuns

Amostra aleatória simples
A amostra que resulta de uma amostragem aleatória sem estratificar a população.

Viés
Erro sistemático.

Viés de amostragem
Uma amostra que não representa a população.

Amostragem aleatória é um processo no qual cada membro disponível da população sendo amostrada tem chances iguais de ser escolhido para a amostra em cada extração. A amostra resultante é chamada de *amostra aleatória simples.*

A amostragem pode ser feita *com reposição,* na qual as observações são devolvidas à população depois de cada extração, para que tenham a possibilidade de ser escolhidas novamente. Ou pode ser feita *sem reposição,* na qual, uma vez que as observações sejam selecionadas, ficam indisponíveis para as futuras extrações.

A qualidade dos dados costuma ser mais importante do que sua quantidade ao fazer uma estimativa ou um modelo com base em amostra. A qualidade dos dados em ciência de dados envolve a integralidade, a consistência do formato, a pureza e a precisão dos dados pontuais individuais. A estatística inclui a noção de *representatividade.*

O exemplo clássico é a pesquisa do *Literary Digest* de 1936, que previu a vitória de Alf Landon sobre Franklin Roosevelt. O *Literary Digest,* um grande periódico da época, aplicou a pesquisa em toda sua base de assinantes, além de listas adicionais de indivíduos, um total de mais de 10 milhões, e previu uma vitória esmagadora para Landon. George Gallup, fundador da Gallup Poll, realizou pesquisas quinzenais com apenas 2 mil indivíduos e previu precisamente a vitória de Roosevelt. A diferença está na seleção das pessoas entrevistadas.

O *Literary Digest* optou por quantidade, prestando pouca atenção ao método de seleção. Eles acabaram selecionando pessoas com nível socioeconômico relativamente alto (seus próprios assinantes, mais aqueles que, por possuírem luxos como telefones e automóveis, apareciam em suas listas comerciais). O resultado foi um *viés de amostragem,* ou seja, a amostra era diferente, de modos importantes e não aleatórios, da grande população que deveria representar.

O termo *não aleatório* é importante — dificilmente uma amostra, inclusive aleatória, será exatamente representativa da população. O viés de amostragem ocorre quando a diferença é significativa e pode se propagar em outras amostras extraídas da mesma forma que a primeira.

Viés de Autosseleção de Amostragem

As avaliações de restaurantes, hotéis, cafés e afins que você lê nas redes sociais, como Yelp, tendem ao viés, porque as pessoas que escrevem ali não são selecionadas aleatoriamente. Em vez disso, elas mesmas tomam a iniciativa de escrever. Isso leva ao viés de autosseleção — as pessoas motivadas a escrever avaliações podem ser aquelas que tiveram experiências ruins, podem ter algum tipo de relação com o estabelecimento ou podem simplesmente ser um tipo de pessoa diferente daquelas que não escrevem. Observe que, mesmo que as amostras autosselecionadas possam ser indicadores não confiáveis da situação real, elas podem ser mais confiáveis para a simples comparação de um estabelecimento com outro semelhante a ele. O mesmo viés de autosseleção pode se aplicar a cada um.

Viés

O viés estatístico se refere a erros de medição ou amostragem que são sistemáticos e produzidos pelo processo de medição ou amostragem. Deve-se fazer uma distinção importante entre erros devidos ao acaso e erros devidos ao viés. Considere o processo físico de uma arma atirando em um alvo. A arma não atingirá o centro exato do alvo todas as vezes, nem mesmo a maioria das vezes. Um processo não enviesado produzirá um erro, mas é aleatório e não tende muito em nenhuma direção (veja a Figura 2-2). Os resultados mostrados na Figura 2-3 mostram um processo enviesado — ainda existe erro aleatório na direção x e na direção y, mas há também um viés. Os tiros tendem a atingir o quadrante superior direito.

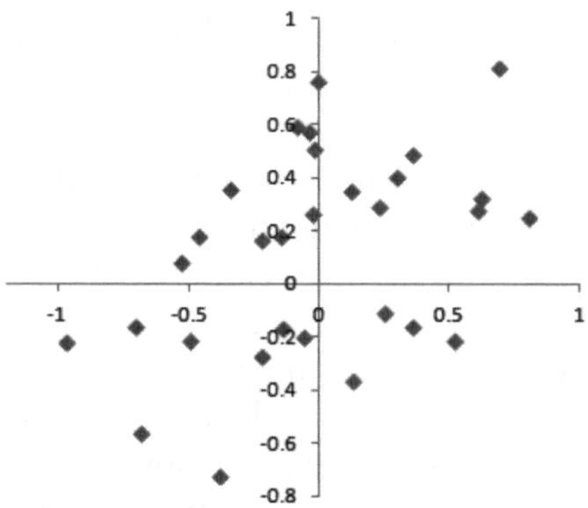

Figura 2-2. Gráfico de dispersão de tiros de uma arma com alvo real

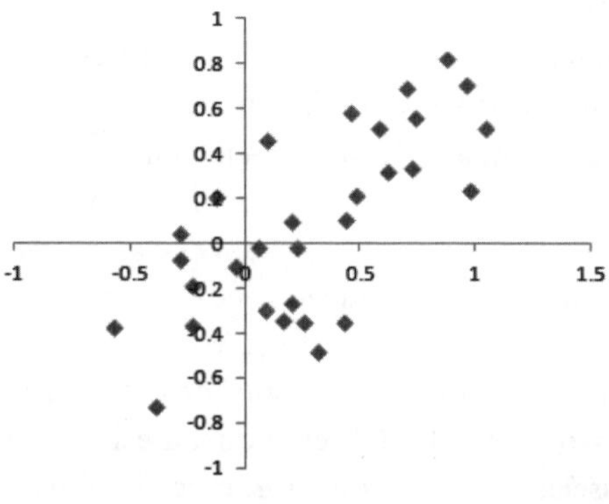

Figura 2-3. Gráfico de dispersão de tiros de uma arma com alvo enviesado

O viés aparece de diferentes formas e pode ser observável ou invisível. Quando um resultado sugere um viés (por exemplo, por referência a um padrão ou a valores reais), costuma ser um indicador de que um modelo estatístico ou de aprendizado de máquina contém erros de especificação ou que alguma variável importante foi omitida.

Seleção Aleatória

Para evitar o problema do viés de amostragem que levou o *Literary Digest* a prever Landon, em vez de Roosevelt, George Gallup (mostrado na Figura 2-4) optou por métodos mais cientificamente escolhidos para conseguir uma amostra que fosse mais representativa do eleitor dos Estados Unidos. Existem hoje diversos métodos para atingir a representatividade, mas no coração de todos eles reside a *amostragem aleatória*.

Figura 2-4. George Gallup, alavancado à fama pela falha de "big data" do Literary Digest

A amostragem aleatória nem sempre é fácil. A definição adequada de uma população acessível é o segredo. Suponha que queiramos gerar um perfil representativo de clientes e precisamos realizar um estudo-piloto deles. A pesquisa precisa ser representativa, mas é muito trabalhosa.

Primeiro, precisamos definir quem é o cliente. Podemos selecionar todos os registros de clientes nos quais a quantia de compra é > 0. Incluiremos todos os clientes antigos? Incluiremos as devoluções? Testes de compra internos? Revendedores? Agentes de cobrança e clientes?

Depois, precisamos especificar um procedimento de amostragem. Poderia ser "selecionar 100 clientes aleatoriamente". No que estiver incluída uma amostragem de um fluxo (por exemplo, clientes físicos ou clientes virtuais), considerações de horário podem ser importantes (por exemplo, um cliente virtual às 10h da manhã em um dia útil pode ser diferente de um cliente virtual às 10h da noite no fim de semana).

Na *amostragem estratificada*, a população é dividida em *estratos* e são extraídas amostras aleatórias de cada estrato. Pesquisadores políticos podem tentar conhecer as preferências eleitorais de brancos, negros e hispânicos. Uma simples amostra aleatória da população resultaria em pouquíssimos negros e hispânicos, então esses estratos podem ser enfatizados em amostragens estratificadas para produzir amostras de tamanhos equivalentes.

Tamanho versus Qualidade: Quando o Tamanho Importa?

Na era do big data, muitas vezes é surpreendente que menos seja mais. O tempo e o esforço gastos em amostragens aleatórias não apenas reduzem o viés, mas também permitem maior atenção à exploração e à qualidade dos dados. Por exemplo, dados faltantes e valores atípicos podem conter informações úteis. Pode ser extremamente caro rastrear os valores faltantes ou avaliar os valores atípicos em milhões de registros, mas fazer isso em uma amostra de diversos milhares de registros pode ser viável. A representação dos dados e a inspeção manual ficam prejudicadas se há dados em excesso.

Então, quando quantidades massivas de dados *são* necessárias?

O cenário clássico para o valor do big data é quando os dados não são apenas grandes, mas também esparsos. Considere as solicitações de pesquisa recebidas pelo Google, em que as colunas são termos, as linhas são as pesquisas individuais e os valores das células são 0 ou 1, dependendo de a pesquisa conter um termo. O objetivo é determinar o melhor destino previsto para a pesquisa de determinada consulta. Existem mais de 150 mil palavras na língua inglesa e o Google processa mais de 1 trilhão de pesquisas por ano. Isso resulta em uma matriz enorme, e a grande maioria desses registros é "0".

Este é um problema real de big data — apenas quando tais quantidades enormes de dados são acumuladas é que os resultados de pesquisa efetivos podem ser retornados para a maioria das consultas. E quanto mais os dados se acumulam, melhores são os resultados. Para as pesquisas populares, isso não é um problema — dados eficazes são encontrados com certa rapidez para alguns tópicos extremamente populares em um período específico. O valor real da tecnologia moderna de pesquisa é a capacidade de retornar resultados detalhados e úteis para uma enorme variedade de consultas, inclusive aquelas que ocorrem com uma frequência, digamos, de uma em um milhão.

Considere a frase de pesquisa "Ricky Ricardo e Chapeuzinho Vermelho". Nos primórdios da internet, essa pesquisa provavelmente retornaria resultados sobre Ricky Ricardo líder de banda, o programa de TV *I Love Lucy,* do qual ele fez parte, e a história infantil *Chapeuzinho Vermelho.* Ambos os itens individuais teriam tido muitas pesquisas para consultar, mas a combinação teria sido bem pouca. Mais tarde, quando trilhões de pesquisas se acumularam, essa pesquisa retornaria o episódio exato de *I Love Lucy* no qual Ricky narra, de forma dramática, a história de Chapeuzinho Vermelho para seu filho em uma mistura cômica de inglês e espanhol.

Tenha em mente que o número de registros realmente *pertinentes* — aqueles em que essa pesquisa exata, ou algo bastante parecido, aparece (junto com informações sobre em quais links a pessoa escolheu clicar) — pode ter eficiência ao atingir a marca de milhares. No entanto, muitos trilhões de pontos de dados são necessários para obter esses registros pertinentes (e a amostragem aleatória, claro, não ajudará). Veja também "Distribuições de Cauda Longa", adiante neste capítulo.

Média Amostral versus Média Populacional

O símbolo $\bar{x}$ (chamado "x barra") é usado para representar a média da amostra de uma população, já μ é usado para representar a média de uma população. Por que fazemos essa distinção? As informações sobre amostras são observadas e as informações sobre grandes populações costumam ser inferidas de amostras menores. Os estatísticos gostam de manter as duas coisas separadas na simbologia.

Ideias-chave

- Mesmo na era do big data, a amostragem aleatória continua sendo uma flecha importante da aljava do cientista de dados.
- O viés ocorre quando as medições ou as observações estão sistematicamente em erro por não serem representativas da população total.
- A qualidade dos dados costuma ser mais importante do que sua quantidade, e a amostragem aleatória pode reduzir o viés e facilitar a melhoria da qualidade que seria extremamente cara.

Leitura Adicional

- Uma análise útil dos procedimentos de amostragem pode ser encontrada no capítulo "Sampling Methods for Online Surveys" do livro *SAGE Handbook of Online Research Methods*, de Ronald Fricker. Tal capítulo inclui uma explicação das modificações na amostragem aleatória que costumam ser utilizadas por razões práticas de custo ou viabilidade.
- A história da falha de pesquisa do *Literary Digest* pode ser encontrada no site Capital Century (em inglês).

Viés de Seleção

Para parafrasear Yogi Berra: "Se você não sabe o que está procurando, procure bastante e encontrará."

O viés de seleção se refere à prática de escolher os dados de forma seletiva — consciente ou não —, de modo que isso leva a uma conclusão que é enganosa ou efêmera.

Termos-chave para Viés de Seleção

Viés de seleção
Viés resultante da forma como as observações são selecionadas.

Bisbilhotagem de dados
Pesquisa extensa nos dados em busca de algo interessante.

Efeito de busca vasta
Viés ou não representabilidade resultante da modelagem repetitiva de dados ou modelagem de dados com um grande número de variáveis preditoras.

Se você especifica uma hipótese e realiza um experimento bem planejado para testá-la, pode ter alta confiança na conclusão. Mas nem sempre é assim. Geralmente, a pessoa observa os dados disponíveis e tenta identificar padrões. Mas será que o padrão é real ou apenas produto da *bisbilhotagem de dados*, isto é, pesquisa extensiva nos dados até que algo interessante apareça? Existe um ditado entre os estatísticos: "Se você torturar os dados o bastante, cedo ou tarde eles confessarão".

A diferença entre um fenômeno que você verifica ao testar uma hipótese utilizando um experimento versus um fenômeno que você descobre examinando os dados disponíveis pode ser iluminada com um experimento mental.

Imagine que alguém diz que pode jogar uma moeda e fazer com que caia em cara nos próximos dez lançamentos. Você o desafia (o equivalente a um experimento), então ele joga as dez vezes, todas caindo em cara. É claro que você atribui algum talento especial a tal pessoa — a probabilidade de dez lançamentos de moeda darem cara, apenas ao acaso, é de uma em mil.

Agora imagine que o locutor em um estádio esportivo pede a cada uma das 20 mil pessoas presentes para que joguem uma moeda dez vezes e informem a um atendente se conseguiram dez caras seguidas. A chance de *alguém* no estádio conseguir as dez caras é extremamente alta (mais de 99% — é um menos a probabilidade de ninguém conseguir as dez caras). Obviamente que, depois do fato, escolher a pessoa (ou pessoas) que conseguiu as dez caras no estádio não indica que ela tenha qualquer talento especial — é mais provável que seja sorte.

Já que a análise repetitiva de grandes conjuntos de dados é uma premissa de valor-chave em ciência de dados, o viés de seleção é algo com o que se preocupar. Uma forma de viés de seleção de especial preocupação para os cientistas de dados é o que John Elder (fundador da Elder Research, uma respeitada consultoria de pesquisa de dados) chama de *efeito de busca vasta*. Se você aplica modelos e faz perguntas diferentes repetitivamente com um grande conjunto de dados, está sujeito a encontrar algo interessante. O resultado que você encontrou é realmente interessante ou é talvez um valor atípico?

Podemos nos proteger disso usando um conjunto de validação e, às vezes, até mais de um, com o qual validar o desempenho. Elder também defende o uso daquilo que ele chama de *embaralhamento de alvos* (um teste de permutação, basicamente) para testar a validade de associações preditivas que o modelo de pesquisa de dados sugere.

As formas de viés de seleção típicas em estatística, além do efeito de busca vasta, incluem amostragem não aleatória (veja "Amostragem Aleatória e Viés de Amostra, antes no capítulo), dados selecionados a dedo, seleção de intervalos de tempo que acentuam um efeito estatístico específico e parar um experimento quando os resultados parecem "interessantes".

Regressão à Média

Regressão à média se refere a um fenômeno envolvendo sucessivas medições em certa variável: observações extremas tendem a ser seguidas pelas mais centrais. Conferir foco e significado especiais a valores extremos pode levar a uma forma de viés de seleção.

Fãs de esportes estão acostumados com o fenômeno "novato do ano, segundanista decadente". Entre os atletas que começam sua carreira em certa temporada (a classe dos novatos), sempre há um que tem um desempenho melhor que todos os outros. Geralmente esse "novato do ano" não tem um desempenho tão bom no segundo ano. Por que não?

Em quase todos os grandes esportes, ao menos naqueles jogados com bolas ou discos, existem dois elementos que têm um papel fundamental no desempenho geral:

- Habilidade
- Sorte

A regressão à média é uma consequência de uma forma específica de viés de seleção. Quando escolhemos o novato com o melhor desempenho, é provável que a habilidade e a sorte estejam contribuindo. Na próxima temporada, a habilidade ainda estará presente, mas, em muitos casos, a sorte não, então seu desempenho diminuirá — regredirá. O fenômeno foi observado primeiro por Francis Galton, em 1886, que escreveu a respeito disso em conexão com tendências genéticas. Por exemplo, os filhos de homens extremamente altos tendem a não ser tão altos quanto seus pais (veja a Figura 2-5).

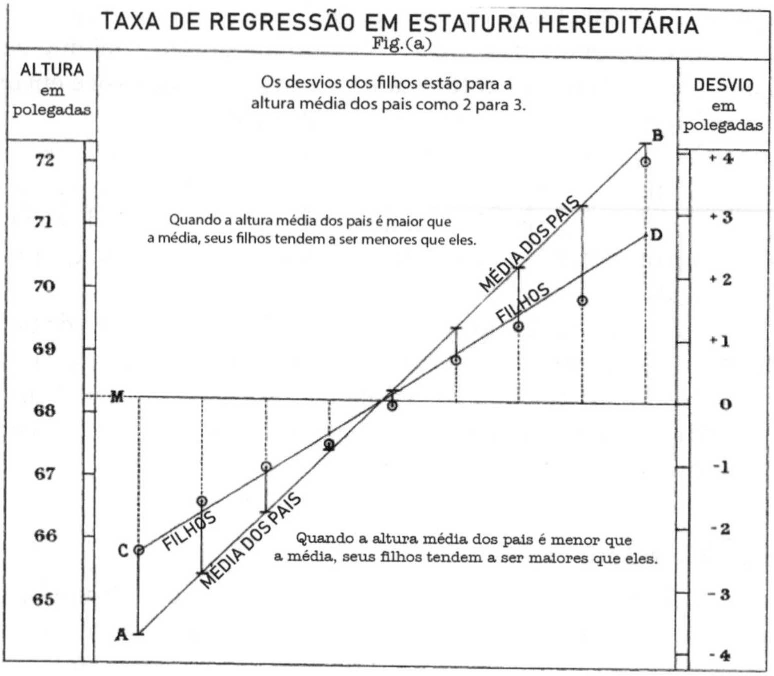

Figura 2-5. Estudo de Galton que identificou o fenômeno de regressão à média

Regressão à média, no sentido de "retornar", é diferente do método de modelagem estatística de regressão linear, no qual uma relação linear é estimada entre as variáveis preditoras e uma variável resultante.

Ideias-chave

- Especificar uma hipótese e coletar dados seguindo os princípios de aleatoriedade e amostragem aleatória protege os dados contra o viés.
- Todas as outras formas de análise de dados correm o risco de viés resultante do processo de coleta/análise de dados (aplicação repetitiva de modelos em mineração de dados, bisbilhotagem de dados em pesquisas e seleção pós-fato de eventos interessantes).

Leitura Adicional

- O artigo de Christopher J. Pannucci e Edwin G. Wilkins, "Identifying and Avoiding Bias in Research", (surpreendentemente) na revista *Plastic and Reconstructive Surgery* (agosto de 2010) apresenta uma análise excelente de diversos tipos de viés que podem entrar na pesquisa, incluindo o viés de seleção.

- O artigo de Michael Harris, "Fooled by Randomness Through Selection Bias", tem uma análise interessante das considerações sobre viés de seleção em esquemas de negociação no mercado de ações, da perspectiva dos traders.

Distribuição de Amostragem de uma Estatística

O termo *distribuição de amostragem* de uma estatística se refere à distribuição de alguma amostra estatística dentre muitas amostras extraídas de uma mesma população. Boa parte das estatísticas clássicas se preocupa em fazer inferências de amostras (pequenas) para populações (muito grandes).

Termos-chave para Distribuição de Amostragem

Estatística amostral
: Uma métrica calculada para uma amostra de dados extraída de uma população maior.

Distribuição de dados
: A distribuição de frequências dos *valores* individuais em um conjunto de dados.

Distribuição amostral
: A distribuição de frequências de uma *amostra estatística* sobre muitas amostras ou reamostras.

Teorema de limite central
: A tendência da distribuição amostral de assumir uma forma normal conforme o tamanho da amostra cresce.

Erro-padrão
: A variabilidade (desvio-padrão) de uma *estatística* amostral sobre muitas amostras (não deve ser confundida com desvio-padrão, o qual, por si mesmo, se refere à variabilidade dos *valores* de dados individuais).

Em geral, uma amostra é extraída com o intuito de medir algo (com uma *estatística amostral*) ou modelar algo (com um modelo estatístico ou de aprendizado de máquina). Como nossa estimativa ou modelo se baseia em uma amostra, pode ser um erro. Poderia ser diferente se extraíssemos uma amostra diferente.

Estamos, portanto, interessados em quão diferente poderia ser — uma preocupação importante é a *variabilidade amostral*. Se tivéssemos muitos dados, poderíamos extrair amostras adicionais e observar diretamente a distribuição de uma estatística amostral. Normalmente calculamos nossa estimativa ou modelo usando a maior quantidade de dados que estiver facilmente disponível, então a opção de extrair amostras adicionais de uma população não está disponível.

É importante distinguir a distribuição de pontos de dados individuais, conhecida como *distribuição dos dados*, e a distribuição de uma estatística amostral, conhecida como *distribuição amostral*.

A distribuição de uma estatística amostral como a média costuma ser mais regular e campanular do que a distribuição dos próprios dados. Quanto maior a amostra em que a estatística se baseia, mais isso é verdade. Além disso, quanto maior a amostra, mais estreita é a distribuição da estatística amostral.
Isso está ilustrado em um exemplo utilizando os rendimentos anuais de candidatos a empréstimo no Lending Club (veja em "Um Pequeno Exemplo: Prevendo Inadimplência em Empréstimos", no Capítulo 6, para uma ter uma descrição dos dados). Extraia três amostras desses dados: uma amostra de 1.000 valores, uma amostra de 1.000 médias de 5 valores e uma amostra de 1.000 médias de 20 valores. Então faça um histograma de cada amostra para produzir a Figura 2-6.

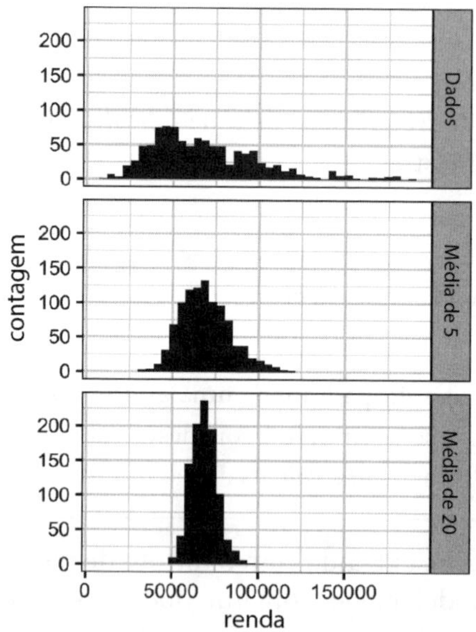

Figura 2-6. Histograma dos rendimentos anuais de 1.000 candidatos a empréstimo (superior), 1.000 médias de n = 5 candidatos (meio) e n = 20 (inferior)

O histograma dos valores individuais de dados é amplamente espalhado e inclinado para valores mais altos, como se espera nos dados de rendimento. Os histogramas das médias de 5 e 20 são cada vez mais compactos e campanulares. Veja o código em *R* para gerar esses histogramas usando o pacote de visualização `ggplot2`.

```
library(ggplot2)
# extrair uma amostra aleatório simples
samp_data <- data.frame(income=sample(loans_income, 1000),
                        type='data_dist')
# extrair uma amostra das médias de 5 valores
samp_mean_05 <- data.frame(
  income = tapply(sample(loans_income, 1000*5),
                  rep(1:1000, rep(5, 1000)), FUN=mean),
  type = 'mean_of_5')
# extrair uma amostra das médias de 20 valores
samp_mean_20 <- data.frame(
  income = tapply(sample(loans_income, 1000*20),
                  rep(1:1000, rep(20, 1000)), FUN=mean),
  type = 'mean_of_20')
# vincular data.frames e converter o tipo em um fator
income <- rbind(samp_data, samp_mean_05, samp_mean_20)
income$type = factor(income$type,
                     levels=c('data_dist', 'mean_of_5', 'mean_of_20'),
                     labels=c('Data', 'Mean of 5', 'Mean of 20'))
# representar os histogramas
ggplot(income, aes(x=income)) +
  geom_histogram(bins=40) +
  facet_grid(type ~ .)
```

O código em *Python* usa `FacetGrid` do `seaborn` para mostrar os três histogramas:

```
import pandas as pd
import seaborn as sns
sample_data = pd.DataFrame({
'income': loans_income.sample(1000),
'type': 'Data',
})
sample_mean_05 = pd.DataFrame({
'income': [loans_income.sample(5).mean() for _ in range(1000)],
'type': 'Mean of 5',
})
sample_mean_20 = pd.DataFrame({
'income': [loans_income.sample(20).mean() for _ in range(1000)],
'type': 'Mean of 20',
})
results = pd.concat([sample_data, sample_mean_05, sample_mean_20])

g = sns.FacetGrid(results, col='type', col_wrap=1, height=2, aspect=2)
g.map(plt.hist, 'income', range=[0, 200000], bins=40)
g.set_axis_labels('Income', 'Count')
g.set_titles('{col_name}')
```

Teorema de Limite Central

O fenômeno que acabamos de descrever se chama *teorema de limite central*. Ele informa que as médias extraídas de múltiplas amostras serão semelhantes à conhecida curva normal companular (veja "Distribuição Normal", mais adiante neste capítulo), mesmo se a população fonte não é normalmente distribuída, contanto que o tamanho da amostra seja grande o bastante e o desvio dos dados da normalidade não seja muito grande. O teorema de limite central permite que fórmulas de aproximação normal, como a distribuição t, sejam usadas no cálculo de distribuições de amostra para inferência, ou seja, intervalos de confiança e testes de hipótese.

O teorema de limite central recebe muita atenção nos textos de estatística tradicional, pois fundamenta os mecanismos de testes de hipótese e intervalos de confiança, os quais, por si só, consomem metade do espaço de tais textos. Cientistas de dados devem estar cientes desse papel, mas já que os testes de hipótese formais e os intervalos de confiança têm um pequeno papel na ciência de dados, e o *bootstrap* (veja "Bootstrap" adiante) está disponível de qualquer forma, o teorema de limite central não é tão central na prática da ciência de dados.

Erro-padrão

O *erro-padrão* é uma métrica única que resume a variabilidade na distribuição de amostragem para uma estatística. Ele pode ser estimado utilizando uma estatística baseada no desvio-padrão *s* dos valores da amostra e no tamanho da amostra *n*:

$$\text{Erro-padrão} = EP = \frac{s}{\sqrt{n}}$$

Conforme o tamanho da amostra cresce, o erro-padrão diminui, como foi observado na Figura 2-6. O relacionamento entre o erro-padrão e o tamanho da amostra às vezes é chamado de regra da *raiz quadrada de n*: a fim de reduzir o erro-padrão em um fator de 2, o tamanho da amostra deve ser elevado a um fator de 4.

A validade da fórmula do erro-padrão tem origem no teorema de limite central. Na verdade, você não precisa depender desse teorema para entender o erro-padrão. Considere a abordagem a seguir para medir o erro-padrão:

1. Colete um número de amostras novas de uma população.
2. Para cada nova amostra, calcule a estatística (por exemplo, a média).
3. Calcule o desvio-padrão da estatística calculada no passo 2 e use-o como sua estimativa de erro-padrão.

Na prática, essa abordagem de coletar novas amostras para estimar o erro--padrão não costuma ser viável (além de ser um desperdício estatístico). Por sorte, acontece que não é necessário extrair novas amostras. Em vez disso, você pode usar reamostras *bootstrap*. Na estatística moderna, o bootstrap se tornou o modo padrão de estimar o erro-padrão. Pode ser usado para praticamente qualquer estatística e não se baseia no teorema de limite central ou em outras suposições distribucionais.

Desvio-padrão versus Erro-padrão

Não confunda desvio-padrão (que mede a variabilidade dos pontos de dados individuais) com erro-padrão (que mede a variabilidade da métrica de uma amostra).

Ideias-chave

- A distribuição de frequências de uma estatística amostral informa como a métrica seria diferente de uma amostra para outra.
- Essa distribuição de amostragem pode ser estimada via bootstrap ou fórmulas baseadas no teorema de limite central.
- Uma métrica importante que resume a variabilidade de uma estatística amostral é seu erro-padrão.

Leitura Adicional

No recurso multimídia online de David Lane sobre estatística, há uma simulação útil que permite selecionar uma estatística amostral, um tamanho de amostra e o número de iterações, além de visualizar um histograma da distribuição de frequências resultante (em inglês).

Bootstrap

Um jeito fácil e eficaz de estimar a distribuição amostral de uma estatística ou dos parâmetros do modelo é extrair amostras adicionais, com reposição da própria amostra, e recalcular a estatística ou o modelo para cada reamostra. Esse procedimento é chamado de *bootstrap* e não envolve necessariamente nenhuma suposição sobre os dados ou a estatística amostral sendo normalmente distribuída.

> ### Termos-chave para Bootstrap
>
> *Amostra bootstrap*
>
> Uma amostra extraída com reposição de um conjunto de dados observado.
>
> *Reamostragem*
>
> O processo de extrair repetidas amostras dos dados observados. Inclui os procedimentos de bootstrap e permutação (embaralhamento).

Conceitualmente, pode-se imaginar o bootstrap como a replicação da amostra original milhares ou milhões de vezes, de modo a ter uma população hipotética que representa todo o conhecimento da amostra original (só que maior). Pode-se, então, extrair amostras dessa população hipotética a fim de estimar uma distribuição amostral; veja a Figura 2-7.

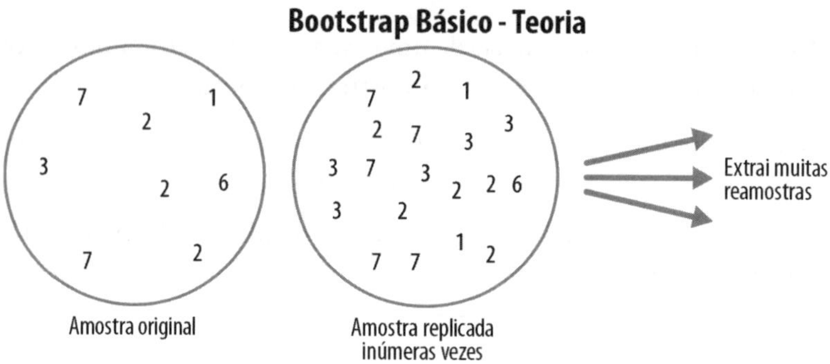

Figura 2-7. A ideia do bootstrap

Na prática, não é necessário realmente replicar a amostra um número exorbitante de vezes. Simplesmente substituímos cada observação depois de cada extração, ou seja, *amostramos com reposição*. Dessa forma, criamos efetivamente uma população infinita na qual a probabilidade de um elemento ser extraído continua a mesma de extração em extração. O algoritmo para uma reamostragem bootstrap da média é o seguinte, para uma amostra de tamanho *n*:

1. Extraia um valor de amostra, registre e reponha.
2. Repita *n* vezes.
3. Registre a média dos *n* valores reamostrados.
4. Repita os passos de 1 a 3 *R* vezes.
5. Use os *R* resultados para:
   a. Calcular seu desvio-padrão (isso estima o erro-padrão da média da amostra).

b. Produzir um histograma ou um gráfico de caixas.
c. Encontrar um intervalo de confiança.

R, o número de iterações do bootstrap, é definido de forma arbitrária. Quanto mais iterações são feitas, mais precisa é a estimativa do erro-padrão ou o intervalo de confiança. O resultado desse procedimento é um conjunto bootstrap de estatísticas amostrais ou parâmetros de modelo estimados, os quais então podem ser examinados para encontrar o quão variáveis são.

O pacote boot de R combina esses passos em uma função. Por exemplo, o código a seguir aplica o bootstrap nos rendimentos de pessoas pedindo empréstimos:

```
library(boot)
stat_fun <- function(x, idx) median(x[idx])
boot_obj <- boot(loans_income, R = 1000, statistic=stat_fun)
```

A função `stat_fun` calcula a mediana para certa amostra especificada pelo índice `idx`. O resultado é o seguinte:

```
Bootstrap Statistics :
    original   bias    std. error
t1*    62000 -70.5595    209.1515
```

A estimativa original mediana é de US$62.000. A distribuição bootstrap indica que a estimativa possui um *viés* de cerca de –US$70 e um erro-padrão de US$209. Os resultados irão variar um pouco entre as execuções consecutivas do algoritmo.

Os principais pacotes *Python* não fornecem implementações da abordagem de bootstrap. É possível implementar usando o método `resample` de `scikit-learn`:

```
results = []
for nrepeat in range(1000):
   sample = resample(loans_income)
   results.append(sample.median())
results = pd.Series(results)
print('Bootstrap Statistics:')
print(f'original: {loans_income.median()}')
print(f'bias: {results.mean() - loans_income.median()}')
print(f'std. error: {results.std()}')
```

O bootstrap pode ser usado com dados multivariados, em que as linhas são amostradas como unidades (veja a Figura 2-8). Um modelo pode então ser aplicado nos dados com bootstrap, por exemplo, para estimar a estabilidade (variabilidade) dos parâmetros do modelo ou aumentar o poder preditivo. Com árvores de classificação e regressão (também chamadas de *árvores de decisão*), executar múltiplas árvores nas amostras bootstrap e tirar a média de suas previsões (ou, com a classificação, fazer uma votação da maioria) geralmente traz resultados melhores do que usar uma única árvore. Esse processo é chamado de *bagging* (abreviação de "bootstrap aggregating"; veja "Bagging e a Floresta Aleatória", no Capítulo 6).

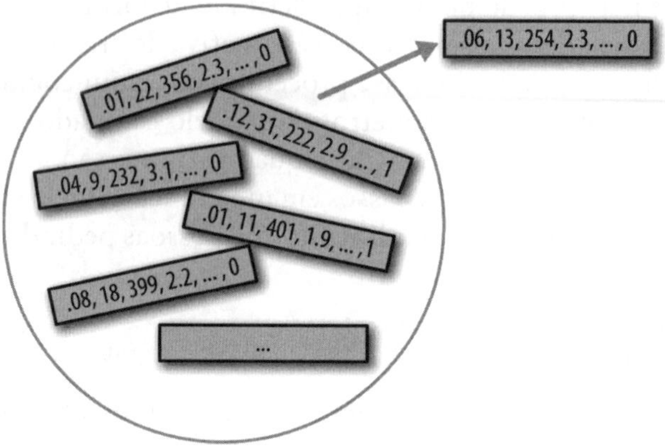

Figura 2-8. Amostragem bootstrap multivariada

A reamostragem repetitiva do bootstrap é conceitualmente simples e Julian Simon, um economista e demógrafo, publicou um compêndio de exemplos de reamostragem, incluindo o bootstrap, em seu texto de 1969, *Basic Research Methods in Social Science*. No entanto, também requer muita computação e não era uma opção viável antes da ampla disponibilidade do poder computacional. A técnica ganhou nome e deslanchou com a publicação de diversos artigos de jornal e de um livro de Bradley Efron, estatístico de Stanford, no final dos anos 1970 e início dos anos 1980. Era particularmente popular entre os pesquisadores que utilizam estatística, mas não são estatísticos, e para o uso com métricas ou modelos em que as aproximações matemáticas não estão disponíveis. A distribuição de amostragem da média se estabeleceu desde 1908, mas a distribuição de amostragem de muitas outras métricas não. O bootstrap pode ser usado para a determinação do tamanho da amostra; experimente com diferentes valores de *n* para ver como a distribuição de amostragem é afetada.

O bootstrap enfrentou considerável ceticismo quando apresentado. Para muitos, parecia querer transformar água em vinho. Esse ceticismo se originou de uma má interpretação do propósito do bootstrap.

O bootstrap não compensa pequenos tamanhos de amostra, não cria novos dados nem preenche buracos no conjunto de dados existente. Apenas mostra como diversas amostras adicionais se comportariam quando extraídas de uma população, como nossa amostra original.

Reamostragem versus Bootstrap

Às vezes, o termo *reamostragem* é usado como sinônimo de *bootstrap*, como já apresentado. Mais comumente, o termo *reamostragem* também inclui procedimentos de permutação (veja "Teste de Permutação", no Capítulo 3), em que múltiplas amostras são combinadas e a amostragem pode ser feita sem reposição. De qualquer forma, o termo *bootstrap* sempre significa amostragem com reposição de um conjunto de dados observado.

Ideias-chave

- O bootstrap (amostragem com reposição a partir de um conjunto de dados) é uma ferramenta poderosa para avaliar a variabilidade de uma estatística amostral.
- O bootstrap pode ser aplicado de forma similar em várias circunstâncias, sem maiores estudos de aproximações matemáticas para as distribuições de amostragem.
- Permite também estimar distribuições de amostragem para estatísticas em que nenhuma aproximação matemática foi desenvolvida.
- Quando aplicado a modelos preditivos, agregando múltiplas previsões de amostra, o bootstrap (bagging) supera o uso de um único modelo.

Leitura Adicional

- *An Introduction to the Bootstrap,* de Bradley Efron e Robert Tibshirani (1993), foi o primeiro tratamento de bootstrap em um livro. E ainda é muito lido.
- A retrospectiva do bootstrap na edição de maio de 2003 da revista *Statistical Science* (v. 18, nº 2) discute (entre outros antecedentes, em "A Short Pre-history of the Bootstrap", de Peter Hall) a primeira publicação de Julian Simon sobre bootstrap em 1969.
- Veja em *An Introduction to Statistical Learning,* de Gareth James, Daniela Witten, Trevor Hastie e Robert Tibshirani (2013), seções sobre bootstrap e, em especial, bagging.

Intervalos de Confiança

Tabelas de frequência, histogramas, gráficos de caixas e erros-padrão são todos meios de entender o potencial erro de uma estimativa de amostra. Intervalos de confiança são outro.

Termos-chave para Intervalos de Confiança

Nível de confiança
: A porcentagem de intervalos de confiança, construída da mesma forma e de uma mesma população, em que se espera haver a estatística de interesse.

Extremidades do intervalo
: O topo e a base do intervalo de confiança.

Os humanos têm uma aversão natural à incerteza. As pessoas (principalmente os especialistas) muito raramente dizem "eu não sei". Analistas e gestores, ao reconhecerem as incertezas, continuam apostando indevidamente em uma estimativa quando esta é apresentada como um único número (uma *estimativa pontual*). Apresentar uma estimativa não como um número único, mas um intervalo, é um modo de contrariar essa tendência. Os intervalos de confiança fazem isso de modo fundamentado nos princípios de amostragem estatística.
Os intervalos de confiança sempre têm um nível de cobertura, expressado como uma (alta) porcentagem, digamos 90% ou 95%. Um jeito de pensar sobre um intervalo de confiança de 90% é o seguinte: é o intervalo que abrange os 90% centrais da distribuição da amostragem bootstrap de uma estatística amostral (veja "Bootstrap", antes neste capítulo). Mais comumente, um intervalo de confiança de x% em torno de uma estimativa amostral deveria, em média, conter estimativas amostrais semelhantes em x% das vezes (quando um procedimento de amostragem semelhante é seguido).
Dada uma amostra de tamanho n e uma estatística amostral de interesse, o algoritmo para um intervalo de confiança do bootstrap é o seguinte:

1. Extraia uma amostra aleatória de tamanho n com reposição de dados (uma reamostragem).
2. Registre as estatísticas de interesse para a reamostra.
3. Repita os passos 1 e 2 muitas (R) vezes.
4. Para um intervalo de confiança de x%, corte $[(100\text{-}x)/2]$% dos resultados da reamostra R de cada extremidade da distribuição.
5. Os pontos cortados são as extremidades de um intervalo de confiança de bootstrap de x%.

A Figura 2-9 mostra um intervalo de confiança de 90% para a renda média anual dos candidatos a empréstimos, com base em uma amostra de 20 para os quais a média foi de US$55,734. Note que é a média do subconjunto de 20 registros, e não a média da análise do bootstrap, US$55,836.

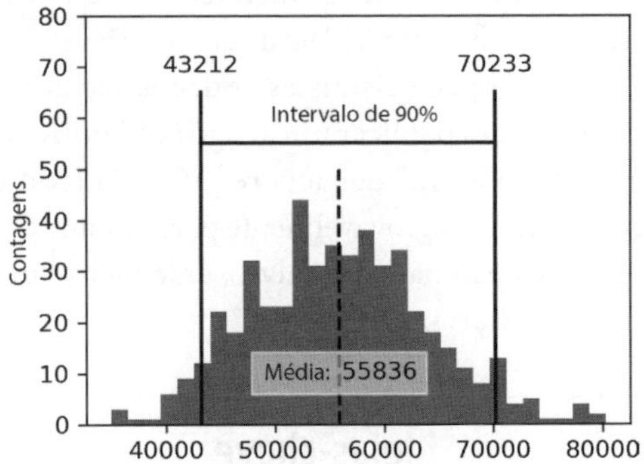

Figura 2-9. Intervalo de confiança de bootstrap para os rendimentos anuais de candidatos a empréstimos, com base em uma amostra de 20

O bootstrap é uma ferramenta geral que pode ser usada para gerar intervalos de confiança para a maioria das estatísticas ou parâmetros de modelo. Os livros e os softwares estatísticos, originados em meio século de análises estatísticas não computadorizadas, também farão referência a intervalos de confiança gerados por fórmulas, especialmente a distribuição t (veja "Distribuição t de Student", adiante neste capítulo).

É claro que o que realmente nos interessa ao obter um resultado de amostra é "qual é a probabilidade de o valor real estar dentro de certo intervalo?" Essa não é realmente a questão à qual um intervalo de confiança responde, mas acaba sendo o modo como a maioria das pessoas interpreta a resposta.

A questão da probabilidade, associada a um intervalo de confiança, começa com: "Dado um procedimento de amostragem e uma população, qual é a probabilidade de..." Na direção contrária, "Dado um resultado de amostra, qual é a probabilidade de (algo ser real sobre a população)", envolve cálculos mais complexos e imponderáveis mais profundos.

A porcentagem associada ao intervalo de confiança é chamada de *nível de confiança*. Quanto maior o nível de confiança, maior o intervalo. Além disso, quanto menor a amostra, maior o intervalo (ou seja, maior a incerteza). Ambos fazem sentido: quanto mais confiante você quer ser e menos dados tem, maior deve ser o intervalo de confiança para ser suficientemente garantida a captura do valor real.

> Para um cientista de dados, um intervalo de confiança é uma ferramenta para ter uma ideia de quão variável o resultado da amostra pode ser. Os cientistas de dados não utilizariam essa informação para publicar um artigo acadêmico ou submeter um resultado a uma agência regulatória (como faria um pesquisador), mas provavelmente para comunicar o possível erro em uma estimativa e, talvez, entender se uma amostra maior é necessária.

Ideias-chave

- Intervalos de confiança são um jeito típico de apresentar estimativas como uma amplitude intervalar.
- Quanto mais dados você tiver, menos variável uma estimativa amostral será.
- Quanto menor o nível de confiança que se pode tolerar, mais estreito o intervalo de confiança será.
- O bootstrap é um jeito eficaz de construir intervalos de confiança.

Leitura Adicional

- Para uma abordagem de bootstrap para os intervalos de confiança, veja *Introductory Statistics and Analytics: A Resampling Perspective*, de Peter Bruce (2014) ou *Statistics: Unlocking the Power of Data*, 2ª ed., de Robin Lock e outros quatro membros da família Lock (2012).
- Os engenheiros, que têm uma necessidade de entender a precisão de suas medições, usam os intervalos de confiança talvez mais do que a maioria das outras disciplinas e o livro *Modern Engineering Statistics*, de Tom Ryan (2007), discute os intervalos de confiança. Ele também analisa uma ferramenta tão útil quanto e recebe menos atenção: os *intervalos de predição* (intervalos em torno de um único valor, opostos a uma média ou outros resumos estatísticos).

Distribuição Normal

A distribuição normal campanular é emblemática na estatística tradicional.[1] O fato de as distribuições de estatísticas amostrais serem geralmente modeladas de forma normal as tornou uma ferramenta poderosa no desenvolvimento de fórmulas matemáticas que aproximam essas distribuições.

Termos-chave para Distribuição Normal

Erro
: A diferença entre um ponto de dado e um valor médio ou previsto.

Padronizar
: Subtrair a média e dividir pelo desvio-padrão.

Escore z
: O resultado da padronização de um ponto de dado individual.

Normal padrão
: Uma distribuição normal com média = 0 e desvio-padrão = 1.

Gráfico QQ
: Um gráfico para visualizar quão próxima uma distribuição amostral está de uma distribuição normal.

Em uma distribuição normal (Figura 2-10), 68% dos dados ficam dentro de um desvio-padrão da média e 95% ficam dentro de dois desvios-padrão.

> Um erro comum é pensar que a distribuição normal tem esse nome porque a maior parte dos dados segue uma distribuição normal, ou seja, é a coisa normal. Muitas das variáveis usadas em um projeto de ciências de dados típico — na verdade, a maioria dos dados brutos integralmente — *não são* normalmente distribuídas (veja "Distribuições de Cauda Longa", adiante neste capítulo). A utilidade da distribuição normal vem do fato de muitas estatísticas *serem* normalmente distribuídas em sua distribuição amostral. Mesmo assim, as hipóteses de normalidade costumam ser o último recurso, usado quando distribuições empíricas de probabilidade, ou distribuições bootstrap, não estão disponíveis.

1 A curva de sino é emblemática, mas talvez seja supervalorizada. George W. Cobb, estatístico de Mount Holyoke reconhecido por sua contribuição para a filosofia de ensino de estatística introdutória, argumentou em um editorial de novembro de 2015 na *American Statistician* que "o curso introdutório padrão, que coloca a distribuição normal no centro, tinha sobrevivido à utilidade de sua centralidade".

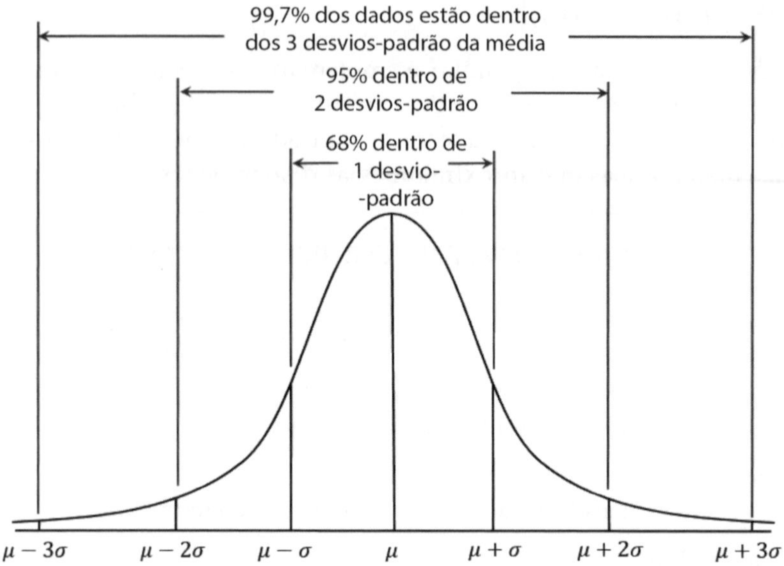

Figura 2-10. Curva normal

A distribuição normal também é chamada de distribuição *gaussiana*, de Carl Friedrich Gauss, um grande matemático alemão do final do século XVIII ao início do século XIX. Outro nome usado anteriormente para a distribuição normal era distribuição de "erro". Falando estatisticamente, um *erro* é a diferença entre um valor real e uma estimativa estatística como a média amostral. Por exemplo, o desvio-padrão (veja "Estimativas de Variabilidade", no Capítulo 1) é baseado nos erros da média dos dados. O desenvolvimento de Gauss da distribuição normal veio de seu estudo sobre os erros das medições astronômicas que eram consideradas normalmente distribuídas.

Normal Padrão e Gráficos QQ

Uma distribuição *normal padrão* é aquela na qual as unidades no eixo x são expressas em termos de desvios-padrão da média. Para comparar os dados com uma distribuição padrão normal deve-se subtrair a média e dividir pelo desvio-padrão. Isso é chamado também de *normalização* ou *padronização* (veja "Padronização (Normalização, Escores Z)", no Capítulo 6). Observe que a "padronização", nesse sentido, não está relacionada à padronização dos registros do banco de dados (conversão para um formato comum). O valor transformado é chamado de *escore z* e a distribuição normal às vezes é chamada de *distribuição z*.

Um *Gráfico QQ* é usado para determinar visualmente quão próxima uma amostra está de uma distribuição especificada; nesse caso, da distribuição normal. O Gráfico QQ ordena os escores z de baixos a altos e representa o escore z de cada valor no eixo y; o eixo x é o quantil correspondente de uma distribuição normal para a posição daquele valor. Como os dados estão normalizados, as unidades correspondem a um número de desvios-padrão da média. Se os pontos dificilmente ficam na linha diagonal, então a distribuição amostral pode ser considerada perto de normal. A Figura 2-11 mostra um Gráfico QQ para uma amostra de 100 valores aleatoriamente gerados de uma distribuição normal. Como esperado, os pontos ficam perto da linha. Essa figura pode ser produzida em *R* com a função `qqnorm`:

```
norm_samp <- rnorm(100)
qqnorm(norm_samp)
abline(a=0, b=1, col='grey')
```

Em *Python*, use o método `scipy.stats.probplot` para criar o Gráfico QQ:

```
fig, ax = plt.subplots(figsize=(4, 4))
norm_sample = stats.norm.rvs(size=100)
stats.probplot(norm_sample, plot=ax)
```

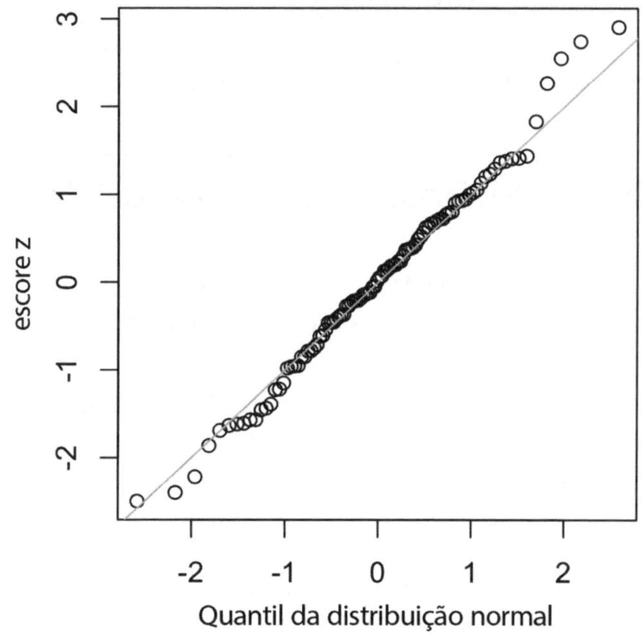

Figura 2-11. Gráfico QQ de uma amostra de 100 valores extraídos de uma distribuição normal padrão

A conversão de dados em escores z (ou seja, padronizar ou normalizar os dados) *não* os torna normalmente distribuídos. Apenas coloca os dados na mesma escala da distribuição normal padrão, muitas vezes para fins de comparação.

Ideias-chave

- A distribuição normal foi essencial para o desenvolvimento histórico da estatística, pois permitiu a aproximação matemática de incertezas e variabilidades.
- Enquanto os dados brutos não costumam ser normalmente distribuídos, os erros costumam ser, bem como as médias e os totais em grandes amostras.
- Para converter os dados em escores z, deve-se subtrair a média dos dados e dividir pelo desvio-padrão. Pode-se então comparar os dados com uma distribuição normal.

Distribuições de Cauda Longa

Apesar da importância histórica da distribuição normal em estatística, e ao contrário do que o nome sugere, os dados não costumam ser normalmente distribuídos.

Termos-chave para Distribuições de Cauda Longa

Cauda
A porção longa e estreita de uma distribuição de frequências, na qual os valores relativamente extremos ocorrem em baixa frequência.

Desequilíbrio
Quando a cauda de uma distribuição é mais longa que outra.

Embora a distribuição normal costume ser apropriada e útil no que diz respeito à distribuição de erros e estatísticas amostrais, geralmente não caracteriza a distribuição de dados brutos. Às vezes, a distribuição é altamente *desequilibrada* (assimétrica), como nos dados de receita, ou a distribuição pode ser discreta, como nos dados binomiais. Ambas as distribuições, simétrica e assimétrica, podem ter *caudas longas*. As caudas de uma distribuição correspondem aos valores extremos (pequenos e grandes). As caudas longas, e a proteção contra elas, são altamente reconhecidas no trabalho prático. Nassim Taleb propôs a teoria do *cisne negro*, que prevê que eventos anormais, como uma queda na bolsa de valores, estão mais propensos a acontecer do que o previsto pela distribuição normal.

Um bom exemplo para ilustrar a natureza da cauda longa dos dados são os retornos de ações. A Figura 2-12 mostra o Gráfico QQ para os retornos diários de ações da Netflix (NFLX). Isso é gerado em *R* por:

```
nflx <- sp500_px[,'NFLX']
nflx <- diff(log(nflx[nflx>0]))
qqnorm(nflx)
abline(a=0, b=1, col='grey')
```

O código em *Python* correspondente é:

```
nflx = sp500_px.NFLX
nflx = np.diff(np.log(nflx[nflx>0]))
fig, ax = plt.subplots(figsize=(4, 4))
stats.probplot(nflx, plot=ax)
```

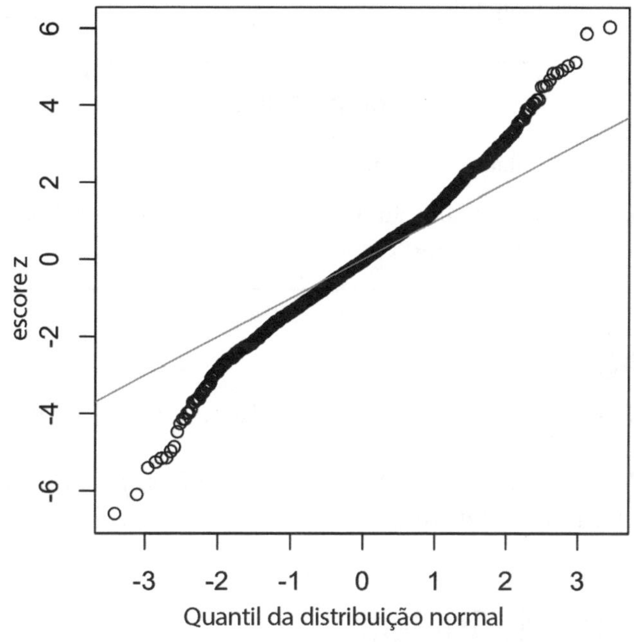

Figura 2-12. Gráfico QQ dos retornos da Netflix (NFLX)

Ao contrário da Figura 2-11, os pontos estão muito abaixo da linha para os valores baixos e muito acima da linha para os valores altos. Isso significa que estamos muito mais propensos a observar valores extremos do que seria esperado se os dados tivessem uma distribuição normal. A Figura 2-12 mostra outro fenômeno comum: os pontos estão próximos da linha para os dados dentro de um desvio-padrão da média. Tukey se refere a esse fenômeno como os dados sendo "normais no meio", mas tendo caudas muito mais longas (veja [Tukey,1987]).

Existe muita literatura estatística sobre a tarefa de ajustar as distribuições estatísticas aos dados observados. Cuidado com uma abordagem excessivamente centrada em dados neste trabalho, que é tão artístico quanto científico. Os dados são variáveis e muitas vezes são consistentes, de cara, com mais de uma forma e tipo de distribuição. Costuma ser o caso em que o domínio e o conhecimento estatístico são trazidos à tona para determinar qual tipo de distribuição é apropriado para modelar certa situação. Por exemplo, podemos ter dados sobre o nível do tráfego de internet em um servidor em muitos períodos consecutivos de cinco segundos. É útil saber que a melhor distribuição para modelar "eventos por período de tempo" é a Poisson (veja "Distribuições Poisson", adiante neste capítulo).

Ideias-chave

- A maioria dos dados não é normalmente distribuída.
- Presumir uma distribuição normal pode levar a subestimar os eventos extremos ("cisnes negros").

Leitura Adicional

- *The Black Swan*, 2ª ed., de Nassim Taleb (2010) [Publicado no Brasil, *A lógica do cisne negro*].
- *Handbook of Statistical Distributions with Applications*, 2ª ed., de K. Krishnamoorthy (2016).

Distribuição t de Student

A *distribuição t* é uma distribuição normalmente modelada, mas um pouco mais espessa e longa nas caudas. É extensivamente usada para representar as distribuições de estatísticas amostrais. As distribuições de médias amostrais costumam ser formadas como uma distribuição t e existe uma família de distribuições t que difere dependendo do tamanho da amostra. Quanto maior a amostra, mais normalmente formada fica a distribuição t.

Termos-chave para Distribuição t de Student

n

Tamanho da amostra.

Graus de liberdade

Um parâmetro que permite que a distribuição t se ajuste a diferentes tamanhos de amostras, estatísticas e números de grupos.

A distribuição t costuma ser chamada de *t de Student* porque foi publicada em 1908 na revista *Biometrika*, por W. S. Gossett, sob o nome "Student". O empregador de Gossett, a cervejaria Guinness, não queria que os concorrentes soubessem que ela estava usando métodos estatísticos, então insistiram para que Gossett não usasse seu nome no artigo.

Gossett queria responder à pergunta: "Qual é a distribuição amostral da média de uma amostra extraída de uma população maior?" Ele começou com um experimento de reamostragem — extraindo amostras aleatórias de 4 de um conjunto de dados de 3 mil medições de altura e comprimento do dedo médio esquerdo de criminosos (sendo aquela a era da eugenia, havia muito interesse em dados sobre criminosos e na descoberta de correlações entre tendências criminais e atributos físicos ou psicológicos). Ele representou em um gráfico os resultados padronizados (os escores z) no eixo x e a frequência no eixo y. Separadamente, ele derivou uma função, hoje conhecida como *t de Student*, e aplicou essa função nos resultados da amostra, representando a comparação (veja a Figura 2-13).

Figura 2-13. Resultados do experimento de reamostragem de Gossett e curva t ajustada (de seu artigo na revista Biometrika, *de 1908)*

Diversas estatísticas diferentes podem ser comparadas, depois da padronização, com a distribuição t, para estimar os intervalos de confiança à luz da variação amostral. Considere uma amostra de tamanho n para a qual a média amostral $\bar{x}$ foi calculada. Se s é o desvio-padrão da amostra, um intervalo de confiança de 90% em torno da média amostral é dado por:

$$\bar{x} \pm t_{n-1}(0.05) \cdot \frac{s}{\sqrt{n}}$$

em que $t_{n-1}(0.05)$ é o valor da estatística t, com $(n - 1)$ graus de liberdade (veja "Graus de Liberdade" no Capítulo 3), e isso "corta" 5% da distribuição t em cada extremidade. A distribuição t tem sido usada como referência para a distribuição de uma média amostral, a diferença entre duas médias amostrais, os parâmetros de regressão e outras estatísticas.

Caso a capacidade computacional estivesse disponível em 1908, a estatística teria, sem dúvida, se baseado muito mais em métodos de reamostragem que requerem muita computação desde o início. Na falta de computadores, os estatísticos se voltaram para a matemática em funções como a distribuição t para aproximar as distribuições amostrais. A capacidade computacional permitiu experimentos práticos de reamostragem na década de 1980, mas na época, o uso da distribuição t e de distribuições semelhantes já estava profundamente incorporado em livros e softwares.

A precisão da distribuição t na representação do comportamento de uma estatística amostral exige que a distribuição de tal estatística para tal amostra seja modelada como uma distribuição normal. E acontece que as estatísticas amostrais *costumam ser* normalmente distribuídas, mesmo quando os dados populacionais subjacentes não o sejam (um fato que levou à vasta aplicação da distribuição t). Isso nos leva ao fenômeno chamado de *teorema de limite central* (veja "Teorema de Limite Central", antes neste capítulo).

> O que os cientistas de dados precisam saber sobre a distribuição t e o teorema de limite central? Não muito. Essas distribuições são usadas em inferências estatísticas clássicas, mas não são tão centrais ao propósito da ciência de dados. O entendimento e a quantificação de incertezas e variações são importantes para os cientistas de dados, mas a amostragem empírica bootstrap pode responder à maioria das perguntas sobre os erros de amostragem. No entanto, os cientistas de dados encontrarão com frequência estatísticas t em resultados de softwares estatísticos e procedimentos estatísticos em *R*, por exemplo, em testes A/B e regressões, então a familiaridade com seu propósito é útil.

Ideias-chave

- A distribuição t é, na verdade, uma família de distribuições que lembram a distribuição normal, mas com caudas mais espessas.
- É muito usada como uma base de referência para a distribuição de médias amostrais, as diferenças entre duas médias amostrais, os parâmetros de regressão etc.

Leitura Adicional

- O artigo original de W. S. Gossett na *Biometrika* de 1908 está disponível em PDF.
- Um tratamento padrão da distribuição t pode ser encontrado no recurso online de David Lane.

Distribuição Binomial

Termos-chave para Distribuição Binomial

Ensaio
Um evento com um resultado discreto (por exemplo, jogar uma moeda).

Sucesso
O resultado de interesse para um ensaio.

Sinônimo
"1" (diferente de "0")

Binomial
Ter dois resultados.

Sinônimos
sim/não, 0/1, binário

Ensaio binomial
Um ensaio com dois resultados.

Sinônimo
ensaio Bernoulli

Distribuição binomial
Distribuição do número de sucessos em *n* ensaios.

Sinônimo
distribuição Bernoulli

Os resultados sim/não (binomiais) estão no centro da análise, já que costumam ser a culminação de uma decisão ou outro processo: comprar/não comprar, clicar/não clicar, sobreviver/morrer e assim por diante. Algo crucial para entender a distribuição binomial é a ideia de um conjunto de *ensaios*, cada um com dois resultados possíveis e probabilidades definidas.

Por exemplo, jogar uma moeda dez vezes é um experimento binomial com dez ensaios, cada ensaio com dois resultados possíveis (cara ou coroa); veja a Figura 2-14. Tais resultados sim/não ou 0/1 são chamados de resultados *binários* e não precisam ter probabilidades 50/50. Quaisquer probabilidades que se resumem a 1.0 são possíveis. Em estatística, é comum chamar o resultado "1" de resultado *sucesso* e é comum também a prática de atribuir "1" ao resultado mais raro. O uso do termo *sucesso* não significa que o resultado seja desejável ou benéfico, mas tem a intenção de indicar o resultado de interesse. Por exemplo, inadimplências ou transações fraudulentas são eventos relativamente incomuns que podemos ter interesse em prever, então são chamados de "1s" ou "sucessos."

Figura 2-14. O lado coroa de uma moeda

A distribuição binomial é a distribuição de frequências do número de sucessos (x) em dado número de ensaios (n) com a probabilidade especificada (p) de sucesso em cada ensaio. Existe uma família de distribuições binomiais, dependendo dos valores de n e p. A distribuição binomial responderia a questões como:

> Se a probabilidade de um clique se converter em venda é de 0.02, qual a probabilidade de se observar 0 venda em 200 cliques?

A função `dbinom` de *R* calcula as probabilidades binomiais. Por exemplo:

```
dbinom(x=2, size=5, p=0.1)
```

retornaria 0.0729, a probabilidade de se observar exatamente $x = 2$ sucessos em $size = 5$ ensaios, em que a probabilidade de sucesso para cada ensaio é $p = 0.1$. Para nosso exemplo anterior, usamos $x = 0$, $size = 200$ e $p = 0.02$. Com esses argumentos, `dbinom` retorna uma probabilidade de 0.0176.

Geralmente estamos interessados em determinar a probabilidade de x sucessos ou menos em n ensaios. Nesse caso, usamos a função `pbinom`:

```
pbinom(2, 5, 0.1)
```

Isso retornaria 0.9914, a probabilidade de se observar dois sucessos ou menos em cinco ensaios, em que a probabilidade de sucesso para cada ensaio é 0.1. O módulo `scipy.stats` implementa uma grande variedade de distribuições estatísticas. Para a distribuição binomial, use as funções `stats.binomices.pmf` e `stats.binomices.cdf`:

```
stats.binom.pmf(2, n=5, p=0.1)
stats.binom.cdf(2, n=5, p=0.1)
```

A média de uma distribuição binomial é $n \times p$. Pode-se também pensar nisso como o número esperado de sucessos em n ensaios para uma probabilidade de sucesso = p.

A variância é $n \times p(1 - p)$. Com um número grande o bastante de ensaios (sobretudo quando p está próximo de 0.50), a distribuição binomial é praticamente idêntica à distribuição normal. Na verdade, calcular probabilidades binomiais com amostras de tamanho grande requer muita computação e a maioria dos procedimentos estatísticos usa a distribuição normal, com média e variância, como aproximação.

Ideias-chave

- Os resultados binomiais são importantes para modelar, já que representam, entre outras coisas, decisões fundamentais (comprar ou não, clicar ou não, sobreviver ou morrer etc.).
- Um ensaio binomial é um experimento com dois resultados possíveis: um com probabilidade p e outro com probabilidade $1 - p$.
- Com n grande, e dado que p não está muito próximo de 0 ou 1, a distribuição binomial pode ser aproximada pela distribuição normal.

Leitura Adicional

- Leia sobre "quincunx", um dispositivo de simulação de pinball para ilustrar a distribuição binomial.
- A distribuição binomial é algo básico em estatística introdutória, e todos os textos de estatística introdutória terão um ou dois capítulos sobre isso.

Distribuição Qui-quadrado

Uma ideia importante em estatística é o *desvio da expectativa*, sobretudo no que diz respeito à contagem de categorias. A expectativa é definida vagamente como "nada incomum ou digno de nota nos dados" (por exemplo, nenhuma correlação entre variáveis ou padrões previsíveis). Isso também é chamado de "hipótese nula" ou "modelo nulo" (veja "Hipótese Nula" no Capítulo 3). Por exemplo, você quer testar se uma variável (digamos, uma variável de linha representando o gênero) é independente de outra (digamos, uma variável de coluna que representa "foi promovido no trabalho"), e tem contagens do número em cada uma das células da tabela de dados. A estatística que mede o quanto os resultados se afastam da expectativa nula de independência é a estatística qui-quadrado. É a diferença entre os valores, observado e esperado, divididos pela raiz quadrada do valor esperado, ao quadrado, então somados em todas as categorias. Esse processo padroniza a estatística de modo a ser comparada com uma distribuição de referência. Uma forma mais geral de explicar isso é notar que a estatística qui-quadrado é uma medida do quanto um conjunto de valores observados "se ajustam" em uma distribuição especificada (um teste de "aderência"). É útil para determinar se vários tratamentos (um "teste A/B/C...") diferem uns dos outros em seus efeitos.

A distribuição qui-quadrado é a distribuição da estatística qui-quadrado sob repetidas reamostragens extraídas do modelo nulo; veja "Teste de Qui-quadrado" no Capítulo 3 para ter um algoritmo detalhado e a fórmula do qui-quadrado para uma tabela de dados. Um valor qui-quadrado baixo para um conjunto de contagens indica que elas seguem de perto a distribuição esperada. Um qui-quadrado alto indica que elas diferem muito do esperado. Há inúmeras distribuições qui-quadrado associadas a diferentes graus de liberdade (ex.: número de observações; veja "Graus de Liberdade" no Capítulo 3).

Ideias-chave

- A distribuição qui-quadrado costuma estar relacionada com as contagens de indivíduos ou itens em categorias.
- A estatística qui-quadrado mede o grau de desvio do que você esperaria em um modelo nulo.

Leitura Adicional

- A distribuição qui-quadrado deve seu lugar na estatística moderna ao grande estatístico Karl Pearson e ao nascimento do teste de hipóteses; leia sobre isso e mais em *The Lady Tasting Tea: How Statistics Revolutionized Science in the Twentieth Century*, de David Salsburg (2001).
- Para uma exposição mais detalhada, veja a seção neste livro sobre o teste qui-quadrado ("Teste Qui-Quadrado" no Capítulo 3).

Distribuição F

Um procedimento comum na experimentação científica é testar diversos tratamentos entre os grupos — digamos, diferentes fertilizantes em diferentes lotes de um campo. Isso é semelhante ao teste A/B/C referido na distribuição qui-quadrado (veja "Distribuição Qui-quadrado" anteriormente), exceto que estamos lidando com valores medidos e contínuos em vez de contagens. Neste caso, estamos interessados em quais diferenças entre as médias do grupo são maiores do que poderíamos esperar sob uma variação aleatória normal. A estatística F mede isso e é a proporção da variabilidade entre as médias do grupo para a variabilidade dentro de cada grupo (também chamada de variabilidade residual). Essa comparação se chama *análise de variância* (veja "ANOVA" no Capítulo 3). A distribuição da estatística F é a distribuição de frequência de todos os valores que seriam produzidos aleatoriamente permutando dados em que todas as médias do grupo são iguais (ou seja, um modelo nulo). Há diversas distribuições F associadas a diferentes graus de liberdade (por exemplo, número de grupos; veja "Graus de Liberdade" no Capítulo 3). O cálculo de F é ilustrado na seção sobre ANOVA. A estatística F também é usada na regressão linear para comparar a variação representada pelo modelo de regressão e a variação total nos dados. As estatísticas F são produzidas automaticamente por *R* e *Python* como parte da regressão e das rotinas ANOVA.

Ideias-chave

- A distribuição F é usada com experimentos e modelos lineares envolvendo os dados medidos.
- A estatística F compara a variação devido a fatores de interesse e a variação geral.

Leitura Adicional

- O livro *Introduction to Design and Analysis of Experiments* (2008) de George Cobb tem uma excelente exposição da separação dos componentes de variância, que ajuda na compreensão da ANOVA e da estatística F.

Poisson e Distribuições Relacionadas

Muitos processos produzem eventos aleatoriamente em certo índice geral — visitantes chegando a um site, carros chegando a uma praça de pedágio (eventos distribuídos ao longo do tempo), imperfeições em um metro quadrado de tecido ou erros de digitação a cada 100 linhas de código (eventos distribuídos no espaço).

Termos-chave para Poisson e Distribuições Relacionadas

Lambda
: A taxa (por unidade de tempo ou espaço) na qual os eventos ocorrem.

Distribuição Poisson
: A distribuição de frequências do número de eventos em unidades amostradas de tempo ou espaço.

Distribuição exponencial
: A distribuição de frequência do tempo ou da distância de um evento e o próximo.

Distribuição Weibull
: Uma versão generalizada da distribuição exponencial, na qual a taxa do evento pode mudar com o tempo.

Distribuições Poisson

A partir dos dados agregados prévios (por exemplo, número de infecções por gripe ao ano), podemos estimar o número médio de eventos por unidade de tempo ou espaço (ex.: infecções por dia ou por unidade do censo). Também podemos saber quão diferente isso pode ser entre as unidades de tempo/espaço. A distribuição Poisson mostra a distribuição dos eventos por unidade de tempo ou espaço quando tiramos muitas amostras de tal unidade. É útil ao abordar questões de enfileiramento: "Qual é a capacidade necessária para ter 95% de certeza de processar totalmente o tráfego de internet que chega a um servidor em qualquer período de cinco segundos?"

O principal parâmetro em uma distribuição Poisson é λ ou lambda. Esse é o número médio de eventos que ocorrem em um intervalo especificado de tempo ou espaço. A variância para uma distribuição Poisson também é λ.

Uma técnica comum é gerar números aleatórios de uma distribuição Poisson como parte de uma simulação de enfileiramento. A função `rpois` em *R* faz isso, admitindo apenas dois argumentos — a quantidade de números aleatórios obtidos e lambda:

```
rpois(100, lambda = 2)
```

A função `scipy` correspondente é `stats.poisson.rvs`:

```
stats.poisson.rvs(2, size=100)
```

Esse código gerará 100 números aleatórios de uma distribuição Poisson com $\lambda = 2$. Por exemplo, se a média de recebimento de chamadas de SAC for de 2 por minuto, esse código simulará 100 minutos, retornando o número de chamadas a cada um desses 100 minutos.

Distribuição Exponencial

Com o mesmo parâmetro λ utilizado na distribuição Poisson, podemos também modelar a distribuição do tempo entre os eventos: o tempo entre as visitas a um site ou entre os carros chegando a uma praça de pedágio. É utilizado também em engenharia para modelar o tempo até a falha e no gerenciamento de processos para modelar, por exemplo, o tempo necessário por chamada de serviço. O código *R* para gerar números aleatórios de uma distribuição exponencial requer dois argumentos: *n* (a quantidade de números a serem gerados) e `rate` (o número de eventos por período de tempo). Por exemplo:

```
rexp(n = 100, rate = .2)
```

A implementação de `scipy` em *Python* especifica a distribuição exponencial usando `scale` em vez de `rate`. Com a escala sendo o inverso da taxa, o comando correspondente em Python é:

```
stats.expon.rvs(0.2, size=100)
```

Esse código geraria 100 números aleatórios de uma distribuição exponencial, em que o número médio de eventos por período de tempo é 2. Então, é possível usar isso para simular 100 intervalos, em minutos, entre as chamadas de serviço, em que a taxa média de chamadas recebidas é de 0.2 por minuto.

Uma suposição importante em qualquer estudo de simulação, para a distribuição Poisson e a exponencial, é a de que a taxa, λ, permanece constante ao longo do período considerado. Isso é pouco razoável, de modo geral. Por exemplo, o tráfego nas estradas ou as redes de dados variam conforme a hora do dia e o dia da semana. No entanto, os períodos de tempo, ou as áreas de espaço, costumam ser divididos em segmentos que são suficientemente homogêneos, de modo que as análises ou as simulações dentro desses períodos sejam válidas.

Estimando a Taxa de Falha

Em muitas aplicações, a taxa de evento, λ, é conhecida ou pode ser estimada a partir de dados anteriores. No entanto, em raros eventos, não é necessariamente assim. As falhas em motores de aeronaves, por exemplo, são tão raras (felizmente) que, para certo tipo de motor, pode haver poucos dados nos quais basear uma estimativa de tempo entre as falhas. Sem dado algum, existe pouca base na qual estimar uma taxa de evento. No entanto, é possível fazer algumas suposições: se não foram observados eventos nas últimas 20 horas, pode-se ter bastante certeza de que a taxa não é a de um por hora. Com uma simulação, ou um cálculo direto das probabilidades, podemos avaliar diferentes taxas de evento hipotéticas e estimar os valores limite abaixo dos quais a taxa raramente ficará. Se existirem dados, mas não o bastante para fornecer uma estimativa de taxa precisa e confiável, será possível aplicar um teste de aderência (veja "Teste de Qui-quadrado", no Capítulo 3) em diversas taxas para determinar quão bem se ajustam aos dados observados.

Distribuição Weibull

Em muitos casos, a taxa de evento não permanece constante ao longo do tempo. Se o período no qual ela muda for muito mais longo do que o intervalo típico entre os eventos, não terá problema; basta subdividir a análise nos segmentos em que a taxa é relativamente constante, conforme mencionado antes. Se, no entanto, a taxa de evento muda ao longo do tempo do intervalo, as distribuições exponenciais (ou Poisson) não são mais úteis. Esse costuma ser o caso das falhas mecânicas — o risco de falha aumenta com o passar do tempo. A distribuição *Weibull* é uma extensão da distribuição exponencial, na qual a taxa de evento pode mudar conforme especificado por um *parâmetro de forma*, β. Se $\beta > 1$, a probabilidade de um evento aumenta com o tempo e se $\beta < 1$, ela diminui. Como a distribuição Weibull é utilizada com análises de tempo até a falha, em vez da taxa de evento, o segundo parâmetro é expresso em termos de vida característica, não em termos da taxa de evento por intervalo. O símbolo usado é η, a letra grega eta. É chamado também de parâmetro de *escala*.
Com Weibull, a tarefa inclui agora a estimação dos dois parâmetros, β e η. O oftware é usado para modelar os dados e produzir uma estimativa da distribuição Weibull mais adequada.
O código *R* para gerar números aleatórios a partir de uma distribuição Weibull requer três argumentos: `n` (a quantidade de números a gerar), `shape` e `scale`. Por exemplo, o código a seguir geraria 100 números aleatórios (tempos de vida) a partir de uma distribuição Weibull com a forma de 1.5 e a vida característica de 5.000:

```
rweibull(100,1.5,5000)
```

Para conseguir o mesmo em *Python*, use a função `stats.weibull_min.rvs`:

```
stats.weibull_min.rvs(1.5, scale=5000, size=100)
```

Ideias-chave

- Para os eventos que ocorrem em uma taxa constante, o número de eventos por unidade de tempo ou espaço pode ser modelado como uma distribuição Poisson.
- Também é possível modelar o tempo ou a distância entre um evento e o próximo como uma distribuição exponencial.
- Uma taxa de evento que muda com o tempo (por exemplo, uma probabilidade crescente de falha do dispositivo) pode ser modelada com a distribuição Weibull.

Leitura Adicional

- O livro *Modern Engineering Statistics*, de Tom Ryan (2007), tem um capítulo dedicado às distribuições de probabilidades usadas em aplicações de engenharia.
- Leia uma perspectiva em engenharia do uso da distribuição Weibull.

Resumo

Na era do big data, os princípios da amostragem aleatória continuam importantes quando são necessárias estimativas precisas. A seleção aleatória de dados pode reduzir o viés e produzir um conjunto de dados de maior qualidade do que os que resultariam apenas usando os dados disponíveis e convenientes. O conhecimento de diversas distribuições de amostragem e a geração de dados nos permite quantificar os possíveis erros em uma estimativa, os quais podem ser causados por variação aleatória. Ao mesmo tempo, o bootstrap (amostragem com reposição de um conjunto de dados observado) é um método "único" e atraente para determinar os possíveis erros nas estimativas amostrais.

CAPÍTULO 3

Experimentos Estatísticos e Teste de Significância

O projeto de experimentos é um dos pilares da prática estatística, com aplicações em praticamente todas as áreas de pesquisa. O objetivo é projetar um experimento a fim de confirmar ou rejeitar uma hipótese. Os cientistas de dados geralmente precisam realizar experimentos contínuos, sobretudo no que diz respeito à interface de usuário e ao marketing do produto. Este capítulo examina o design experimental tradicional e discute alguns desafios comuns na ciência de dados. Cobre também alguns conceitos comumente citados em inferência estatística e explica seu significado e relevância (ou falta dela) para a ciência de dados.

Sempre que você vir referências à significância estatística, testes t ou valores-p, será tipicamente no contexto do "pipeline" clássico de inferência estatística (veja a Figura 3-1). Esse processo começa com uma hipótese ("a droga A é melhor que a droga padrão existente" ou "o preço A é mais lucrativo que o preço B existente"). Um experimento (pode ser um teste A/B) é projetado para testar a hipótese — projetado de modo a, espera-se, trazer resultados conclusivos. Os dados são coletados e analisados, então se tira uma conclusão. O termo *inferência* reflete a intenção de aplicar os resultados do experimento, o que envolve um conjunto limitado de dados, em um processo ou uma população maior.

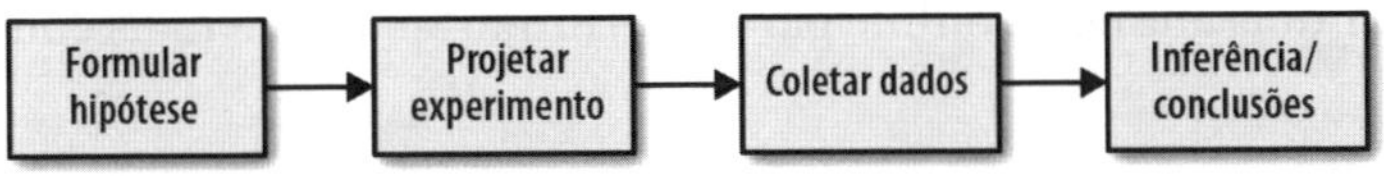

Figura 3-1. Pipeline clássico de inferência estatística

Teste A/B

Um teste A/B é um experimento com dois grupos para determinar qual dos dois tratamentos, produtos, procedimentos ou semelhantes é superior. Geralmente, um dos dois tratamentos é o tratamento padrão existente ou nenhum tratamento. Se um tratamento padrão (ou nenhum) for usado, ele será chamado de *controle*. Uma hipótese típica é a de que o novo tratamento é melhor que o controle.

Termos-chave para Teste A/B

Tratamento
Algo (droga, preço, título do site) ao qual um indivíduo é exposto.

Grupo de tratamento
Um grupo de indivíduos expostos a um tratamento específico.

Grupo de controle
Um grupo de indivíduos expostos a nenhum tratamento (ou padrão).

Randomização
O processo de atribuir aleatoriamente indivíduos a tratamentos.

Indivíduos
Os itens (visitantes de um site, pacientes etc.) que são expostos aos tratamentos.

Estatística do teste
A métrica usada para medir o efeito do tratamento.

Os testes A/B são comuns em web design e marketing, já que os resultados são facilmente mensuráveis. Alguns exemplos de testagem A/B incluem:

- Testar dois tratamentos de solo para determinar qual tem melhor germinação de sementes.
- Testar duas terapias para determinar qual é mais efetiva na supressão do câncer.
- Testar dois preços para determinar qual gera mais lucro líquido.
- Testar dois títulos de site para determinar qual gera mais cliques (Figura 3-2).
- Testar dois anúncios online para determinar qual gera mais conversões.

Figura 3-2. Os marqueteiros sempre testam uma apresentação online com outra

Um teste A/B adequado tem *indivíduos* que podem ser atribuídos a um tratamento ou outro. O indivíduo pode ser uma pessoa, uma semente, um visitante do site; o principal é que o indivíduo seja exposto ao tratamento. O ideal é que os indivíduos sejam *randomizados* (atribuídos aleatoriamente) aos tratamentos. Dessa forma, sabe-se que qualquer diferença entre os grupos de tratamento é devido a um dos seguintes motivos:

- O efeito de diferentes tratamentos.
- O sorteio no qual os indivíduos são atribuídos a quais tratamentos (ou seja, a atribuição aleatória pode resultar na concentração de indivíduos com melhor desempenho em A ou B).

É necessário também prestar atenção à *estatística de teste* ou à métrica usada para comparar os grupos A e B. Talvez a métrica mais comum em ciências de dados seja uma variável binária: clicar ou não, comprar ou não, fraudar ou não, e assim por diante. Esses resultados seriam resumidos em uma tabela 2×2. A Tabela 3-1 é uma tabela 2×2 para um teste de preços real (veja “Significância Estatística e Valores-p” adiante para uma discussão mais aprofundada desses resultados).

Tabela 3-1. Tabela 2×2 para os resultados do experimento de e-commerce

Resultado	Preço A	Preço B
Conversão	200	182
Não conversão	23.539	22.406

Se a métrica é uma variável contínua (quantidade de compra, lucro etc.) ou uma contagem (por exemplo, dias em um hospital, páginas visitadas), o resultado pode ser exibido de modo diferente. Se o interesse não fosse a conversão, mas a receita por visualização de página, os resultados do teste de preço na Tabela 3-1 poderiam ficar assim em um resultado padrão típico do software:

Receita/visualização de página com preço A: média = 3,87, DP = 51,10

Receita/visualização de página com preço B: média = 4,11, DP = 62,98

"DP" se refere ao desvio-padrão dos valores dentro de cada grupo.

> O fato de os softwares estatísticos — inclusive *R* e *Python* — gerarem resultados por padrão não significa que todos os resultados sejam úteis ou relevantes. Pode-se ver que os desvios-padrão anteriores não são tão úteis. Por si só, sugerem que diversos valores podem ser negativos, quando a receita negativa não é viável. Esses dados são compostos de um pequeno conjunto de valores relativamente altos (visualizações de página com conversões) e um número enorme de valores 0 (visualizações de página sem conversão). É difícil resumir a variabilidade de tais dados com um único número, apesar de o desvio médio absoluto da média (7,68 para A e 8,15 para B) ser mais razoável do que o desvio-padrão.

Por que Ter um Grupo de Controle?

Por que não ter um grupo de controle, realizar um experimento aplicando o tratamento de interesse em apenas um grupo e comparar o resultado com as experiências anteriores?

Sem um grupo de controle não existem garantias de que "outras coisas são iguais" e que quaisquer diferenças são realmente devidas ao tratamento (ou ao acaso). Quando se tem um grupo de controle, este está sujeito às mesmas condições (exceto o tratamento de interesse) do grupo de tratamento. Se é feita a simples comparação com uma "linha de base" ou uma experiência anterior, outros fatores, além do tratamento, podem ser diferentes.

Mascaramento nos eestudos

Um *estudo cego* é aquele em que os indivíduos não sabem se estão recebendo o tratamento A ou B. A consciência sobre a recepção de determinado tratamento pode afetar a resposta. Um estudo *duplo cego* é aquele em que investigadores e facilitadores (por exemplo, médicos e enfermeiras em um estudo médico) não sabem quais indivíduos recebem qual tratamento. O mascaramento não é possível quando a natureza do tratamento é transparente — por exemplo, a terapia cognitiva de um computador versus um psicólogo.

O uso do teste A/B em ciência de dados é comum em um contexto da web. Os tratamentos podem ser o design de uma página da web, o preço de um produto, a redação de um título ou algum outro item. É necessário haver certa reflexão a fim de preservar os princípios da randomização. Geralmente, o indivíduo em um experimento é o visitante virtual e os resultados em que estamos interessados em medir são cliques, compras, duração das visitas, número de páginas visitadas, se uma página específica é visitada e afins. Em um experimento A/B padrão, é necessário optar por uma métrica com antecedência. Múltiplas métricas podem ser coletadas e ser de interesse, mas se for esperado que o experimento leve a uma decisão entre o tratamento A e o B, deve-se estabelecer uma única métrica, *estatística de teste*, com antecedência. Escolher uma estatística de teste *após* o experimento ser realizado abre a porta para o viés do pesquisador.

Por que Apenas A/B? Por que Não C, D...?

Os testes A/B são populares no mundo do marketing e do e-commerce, mas estão longe de ser o único tipo de experimento estatístico. Podem ser incluídos tratamentos adicionais. Os indivíduos podem ser medidos repetitivamente. Estudos farmacêuticos, em que os indivíduos são escassos, caros e adquiridos ao longo do tempo, são muitas vezes projetados com múltiplas oportunidades de parar o experimento e chegar a uma conclusão.

Os projetos tradicionais de estatística experimental se concentram em responder a uma pergunta estática sobre a eficácia de tratamentos específicos. Os cientistas de dados estão menos interessados na pergunta:

> A diferença entre o preço A e o preço B é estatisticamente significante?

do que na pergunta:

> Qual, entre múltiplos preços possíveis, é o melhor?

Para isso, é usado um tipo de projeto experimental relativamente novo: o *bandido multibraços* (veja "Algoritmo do Bandido Multibraços", adiante neste capítulo).

Pedindo Autorização

Em pesquisas científicas e médicas envolvendo indivíduos humanos, normalmente é necessário pedir permissão, bem como obter a aprovação de um conselho de ética institucional. Experimentos em negócios, que são feitos como parte das operações em andamento, quase nunca fazem isso. Na maioria dos casos (por exemplo, experimentos de precificação, sobre qual título mostrar ou qual oferta deve ser feita), essa prática é muito aceita. No entanto, o Facebook foi contra essa aceitação geral em 2014, quando fez um experimento com tom emocional no feed de notícias dos usuários. O Facebook usou análises de sentimento para classificar os posts do feed como positivos ou negativos, então alterou o equilíbrio positivo/negativo com o qual os exibia para os usuários. Alguns aleatoriamente selecionados recebiam mais posts positivos, já outros recebiam mais posts negativos. O Facebook descobriu que os usuários que recebiam um feed mais positivo estavam mais propensos a fazer posts positivos e vice-versa. Mas a magnitude do efeito foi pequena e o Facebook enfrentou muitas críticas por conduzir um experimento sem o conhecimento dos usuários. Alguns usuários especularam que o Facebook pode ter forçado a barra com alguns usuários extremamente depressivos, caso tenham recebido a versão negativa do feed.

Ideias-chave

- Os indivíduos são atribuídos a dois (ou mais) grupos que são tratados de formas exatamente iguais, exceto pela diferença no tratamento em estudo entre eles.
- Idealmente, os indivíduos são atribuídos aleatoriamente a grupos.

Leitura Adicional

- Comparações de dois grupos (testes A/B) são o básico na estatística tradicional e quase todos os textos sobre estatística introdutória trarão uma extensa cobertura dos princípios de design e dos procedimentos de inferência. Para uma discussão que coloca os testes A/B em um contexto mais centrado em ciência de dados e reamostragem de usos, veja *Introductory Statistics and Analytics: A Resampling Perspective*, de Peter Bruce (2014).

- Para a testagem da web, os aspectos logísticos do teste podem ser tão desafiadores quanto os estatísticos. Um bom lugar para começar é a seção sobre experimentos do Google Analytics.
- Cuidado com os conselhos encontrados nos guias do teste A/B comuns na web, por exemplo, estas palavras em um deles: "Espere ter cerca de mil visitantes totais e tenha certeza de que pode fazer o teste por uma semana". Tais regras de ouro não são estatisticamente significativas. Para mais detalhes, veja "Potência e Tamanho da Amostra", adiante neste capítulo.

Teste de Hipótese

O teste de hipótese, também chamado de *teste de significância*, é onipresente nas análises estatísticas tradicionais de pesquisas publicadas. Seu propósito é ajudá-lo a descobrir se um acaso aleatório poderia ser responsável por um efeito observado.

Termos-chave para Teste de Hipótese

Hipótese nula
A hipótese cujo acaso é provado.

Hipótese alternativa
Contraponto da nula (o que se espera provar).

Teste unilateral
Teste de hipótese que conta os acasos em apenas uma direção.

Teste bilateral
Teste de hipótese que conta os acasos em duas direções.

Um teste A/B (veja "Teste A/B", antes neste capítulo) costuma ser construído com uma hipótese em mente. Por exemplo, a hipótese pode ser a de que o preço B gera mais lucro. Por que precisamos de uma hipótese? Por que não apenas observar o resultado do experimento e optar pelo tratamento que se sai melhor? A resposta está na tendência da mente humana de subestimar o escopo do comportamento aleatório natural. Uma manifestação disso é a falha em prever eventos extremos, também chamados de "cisnes negros" (veja "Distribuições de Cauda Longa", no Capítulo 2). A outra é a tendência de interpretar eventos aleatórios de forma errada, como se tivessem padrões de alguma significância. A testagem de hipóteses estatísticas foi inventada como uma forma de os pesquisadores não serem enganados pelo acaso aleatório.

> **Interpretando a Aleatoriedade de Forma Errada**
>
> Pode-se observar a tendência humana de subestimar a aleatoriedade neste experimento. Peça para diversos amigos inventarem uma série de 50 lançamentos de moeda: peça para escreverem uma série aleatória de caras e coroas. Então peça para realmente jogarem uma moeda 50 vezes e anotarem os resultados. Peça para colocarem os resultados reais dos lançamentos em uma pilha e os resultados criados em outra. É fácil adivinhar quais resultados são reais: os reais terão séries mais longas de caras ou coroas. Em um conjunto com 50 lançamentos de moeda *reais*, é comum encontrar cinco ou seis caras ou coroas seguidas. No entanto, quando a maioria de nós inventa lançamentos de moeda aleatórios e colocamos três ou quatro caras seguidas, pensamos que, para a série ficar aleatória, seria melhor mudar para coroa.
>
> O outro lado dessa moeda, por assim dizer, é que, quando vemos o equivalente real de seis caras seguidas (por exemplo, quando um título supera outro em 10%), ficamos inclinados a atribuir isso a algo real, e não simplesmente ao acaso.

Em um teste A/B bem projetado são coletados dados sobre os tratamentos A e B, de modo que qualquer diferença observada entre A e B possa ser devido a:

- Acaso aleatório na atribuição de indivíduos.
- Uma diferença real entre A e B.

Um teste de hipótese estatística é uma análise mais aprofundada de um teste A/B, ou qualquer experimento randomizado, para avaliar se o acaso aleatório é uma explicação plausível para a diferença observada entre os grupos A e B.

Hipótese Nula

O teste de hipótese utiliza a seguinte lógica: "Dada a tendência humana a reagir a comportamentos incomuns, mas aleatórios, e interpretá-lo como algo significativo e real, em nossos experimentos exigiremos provas de que a diferença entre os grupos é mais extrema do que aquilo que o acaso poderia produzir aleatoriamente". Isso envolve uma suposição básica de que os tratamentos são equivalentes e qualquer diferença entre os grupos acontece devido ao acaso. Essa suposição básica é chamada de *hipótese nula*. Nossa esperança é poder, de fato, provar que a hipótese nula está *errada* e mostrar que os resultados para os grupos A e B são mais diferentes do que o acaso poderia produzir.

Um modo de fazer isso é com um procedimento de reamostragem e permutação, no qual embaralhamos os resultados dos grupos A e B, lidamos repetidamente com os dados em grupos de tamanhos semelhantes, então observamos com que frequência obtemos uma diferença tão extrema quanto a diferença observada. Os resultados combinados e embaralhados dos grupos A e B, e o procedimento de reamostragem deles, incorporam a hipótese nula dos grupos A e B sendo equivalentes e intercambiáveis, e isso é chamado de modelo nulo. Veja mais detalhes em "Reamostragem", adiante neste capítulo.

Hipótese Alternativa

O teste de hipótese envolve, por natureza, não apenas uma hipótese nula, mas também uma hipótese alternativa contrária. Veja alguns exemplos:

- Nula = "nenhuma diferença entre as médias dos grupos A e B", alternativa = "A é diferente de B" (poderia ser maior ou menor)
- Nula = "A ≤ B", alternativa = "A > B"
- Nula = "B não é X% maior que A", alternativa = "B é X% maior que A"

Em conjunto, as hipóteses nula e alternativa devem representar todas as possibilidades. A natureza da hipótese nula determina a estrutura do teste de hipótese.

Teste de Hipótese Unilateral Versus Bilateral

Geralmente, em um teste A/B se testa uma nova opção (digamos B) com uma opção padrão estabelecida (A) e a suposição de continuar com a opção padrão, a menos que a nova opção se prove definitivamente melhor. Nesse caso, é desejável haver um teste de hipótese para não ser enganado pelo acaso no favorecimento direcional B. Não importa ser enganado pelo acaso na outra direção, porque você permaneceria com A, a menos que B se prove definitivamente melhor. Então é preciso haver uma hipótese alternativa *direcional* (B é melhor que A). Nesse caso, se usa um teste de hipótese *unilateral* (ou unicaudal). Isso significa que o acaso extremo resulta apenas em uma contagem de direção no sentido do valor-p.

Se você quer um teste de hipótese para não ser enganado pelo acaso em qualquer direção, a hipótese alternativa é a *bidirecional* (A é diferente de B; poderia ser maior ou menor). Nesse caso, se usa uma hipótese *bilateral* (ou bicaudal). Isso significa que o acaso extremo resulta em contagens em qualquer uma das direções no sentido do valor-p.

Uma hipótese unicaudal costuma se adequar à natureza da tomada de decisão A/B, na qual uma decisão é necessária e uma opção normalmente recebe o status "padrão", a menos que a outra se prove melhor. Os softwares, no entanto, inclusive o *R* e o `scipy` em *Python*, costumam oferecer o teste bicaudal em seus resultados predefinidos, e muitos estatísticos optam pelo teste bicaudal mais conservador apenas para evitar discussões. O assunto unicaudal versus bicaudal é confuso e sem muita relevância para a ciência de dados, em que a precisão dos cálculos do valor-p não é extremamente importante.

Ideias-chave

- Uma hipótese nula é uma construção lógica que expressa a noção de que não aconteceu nada especial e qualquer efeito observado será devido ao acaso aleatório.
- O teste de hipótese presume que a hipótese nula é verdade, cria um "modelo nulo" (um modelo de probabilidade) e testa se o efeito observado é um resultado plausível desse modelo.

Leitura Adicional

- *O andar do bêbado*, de Leonard Mlodinow, é uma leitura dos modos como a "aleatoriedade rege nossas vidas".
- O livro clássico sobre estatística de David Freedman, Robert Pisani e Roger Purves, *Statistics*, 4ª ed. (2007) apresenta excelentes tratamentos não matemáticos da maioria dos tópicos estatísticos, incluindo a testagem de hipóteses.
- O livro *Introductory Statistics and Analytics: A Resampling Perspective*, de Peter Bruce (2014), desenvolve conceitos de testagem de hipóteses utilizando a reamostragem.

Reamostragem

Reamostragem, em estatística, significa amostrar repetitivamente os valores a partir dos dados observados, com o objetivo geral de avaliar a variabilidade aleatória em uma estatística. Pode ser usada também para avaliar e aumentar a precisão de alguns modelos de aprendizado de máquina (por exemplo, a média das predições dos modelos de árvores de decisão baseadas em múltiplos conjuntos de dados bootstrap pode ser tirada em um processo conhecido como *bagging*: veja "Bagging e a Floresta Aleatória", no Capítulo 6).

Existem dois procedimentos principais de reamostragem: *bootstrap* e *testes de permutação*. O bootstrap é usado para avaliar a confiabilidade de uma estimativa; foi discutido no capítulo anterior (veja "Bootstrap", no Capítulo 2). Os testes de permutação são usados para testar hipóteses, geralmente envolvendo dois ou mais grupos, e discutiremos a respeito disso nesta seção.

Termos-chave para Reamostragem

Teste de permutação

O procedimento de combinar duas ou mais amostras e aleatoriamente (ou exaustivamente) realocar as observações nas reamostras.

Sinônimos

teste de randomização, teste de permutação aleatória, teste exato

Reamostragem

Extrair amostras adicionais ("reamostras") de um conjunto de dados observado.

Com ou sem reposição

Em amostragem, se um item será ou não recolocado na amostra antes da próxima extração.

Teste de Permutação

Em um procedimento de *permutação* são envolvidas duas ou mais amostras, geralmente os grupos em um teste A/B ou outro teste de hipótese. *Permuta* significa mudar a ordem de um conjunto de valores. O primeiro passo em um *teste de permutação* de uma hipótese é combinar os resultados dos grupos A e B (e, se usados, C, D...). É a representação lógica da hipótese nula cujos tratamentos aos quais os grupos foram expostos não diferem. Então testamos tal hipótese extraindo aleatoriamente os grupos desse conjunto combinado e vendo o quanto eles diferem um do outro. O procedimento de permutação é assim:

1. Combine os resultados dos diferentes grupos em um único conjunto de dados.
2. Embaralhe os dados combinados, então extraia aleatoriamente (sem reposição) uma reamostra de tamanho igual ao do grupo A (claramente conterá alguns dados de outros grupos).
3. Dos dados restantes, extraia aleatoriamente (sem reposição) uma reamostra de tamanho igual ao do grupo B.
4. Faça o mesmo para os grupos C, D etc. Agora você coletou um conjunto de reamostras que espelham os tamanhos das amostras originais.
5. Seja qual for a estatística ou a estimativa calculada das amostras originais (por exemplo, diferença nas proporções do grupo), calcule-a agora para as reamostras e registre. Isso constitui uma iteração de permutação.
6. Repita os passos anteriores *R* vezes para produzir uma distribuição de permutação da estatística de teste.

Agora volte à diferença observada entre os grupos e compare com o conjunto das diferenças permutadas. Se a diferença observada fica dentro do conjunto de diferenças permutadas, então não provamos nada — a diferença observada está dentro da amplitude do que o acaso pode produzir. No entanto, se a diferença observada está fora da maior parte da distribuição de permutação, então concluímos que o acaso *não é* responsável. Em termos técnicos, a diferença é *estatisticamente significante*. Veja "Significância Estatística e Valores-p", adiante neste capítulo.

Exemplo: Engajamento na Web

Uma empresa vendendo um serviço de valor relativamente alto quer testar qual entre duas apresentações na web venderia mais. Devido ao alto valor do serviço sendo vendido, as vendas não são frequentes e o ciclo de vendas é longo. Demoraria muito para acumular vendas suficientes para saber qual apresentação é superior. Então, a empresa decide medir os resultados com uma variável proxy, usando a página interna detalhada que descreve o serviço.

> Uma variável *proxy* é aquela que se apresenta no lugar da variável de interesse real, a qual pode não estar disponível, ser muito cara ou muito demorada de medir. Em pesquisas climáticas, por exemplo, o oxigênio contido em antigos núcleos de gelo é usado como proxy para a temperatura. É útil para ter ao menos *algum* dado sobre a variável de interesse real, para que a força de sua associação com a proxy possa ser avaliada.

Uma possível variável proxy para nossa empresa seria o número de cliques em uma página inicial específica. Uma melhor seria quanto tempo as pessoas passam na página. É importante pensar que uma apresentação na web (página) que prende a atenção das pessoas por mais tempo levará a mais vendas. Portanto, nossa métrica é o tempo médio na página, comparando as páginas A e B.

Por ser uma página interna e especial, ela não recebe um grande número de visitantes. Observe também que o Google Analytics, que é como medimos o tempo médio na página, não consegue medir o tempo passado na última página em uma sessão. O Google Analytics definirá o tempo gasto na última página em uma sessão para zero, a menos que o usuário interaja com a página (ex.: cliques ou rolagens). Também é o caso para as sessões com uma página. Os dados requerem um processamento extra para levar isso em conta. O resultado é um total de 36 sessões para duas apresentações diferentes, 21 para a página A e 15 para a página B. Usando o `ggplot`, podemos comparar visualmente os tempos usando gráficos de caixa lado a lado (chamamos esses tempos de sessão de "session_times" no código, embora tenha um significado um pouco diferente para o Google:

```
ggplot(session_times, aes(x=Page, y=Time)) +
  geom_boxplot()
```

O comando `boxplot` do `pandas` usa o argumento de palavra-chave `by` para criar a imagem:

```
ax = session_times.boxplot(by='Page', column='Time')
ax.set_xlabel('')
ax.set_ylabel('Time (in seconds)')
plt.suptitle('')
```

O gráfico de caixas, mostrado na Figura 3-3, indica que a página B tem sessões mais longas que a página A. As médias para cada grupo podem ser calculadas da seguinte forma:

```
mean_a <- mean(session_times[session_times['Page']=='Page A', 'Time'])
mean_b <- mean(session_times[session_times['Page']=='Page B', 'Time'])
mean_b - mean_a
[1] 35.66667
```

Em *Python*, filtramos o data frame do `pandas` primeiro por página, então determinamos a média da coluna `Time`:

```
mean_a = session_times[session_times.Page == 'Page A'].Time.mean()
mean_b = session_times[session_times.Page == 'Page B'].Time.mean()
mean_b - mean_a
```

A página B possui tempos maiores, em média 35,67 segundos, do que a página A. A questão é se essa diferença está dentro da amplitude do que o acaso poderia produzir, ou seja, é estatisticamente significante. Um meio de responder isso é aplicando um teste de permutação — junte todos os tempos de sessão, embaralhe repetidamente e divida em grupos de 21 (lembre-se de que $n_A = 21$ para a página A) e 15 ($n_B = 15$ para a página B).

Para aplicar um teste de permutação, precisamos de uma função para atribuir aleatoriamente os 36 tempos de sessão a um grupo de 21 (página A) e um grupo de 15 (página B): A versão em *R* dessa função é:

```
perm_fun <- function(x, nA, nB)
{
  n <- nA + nB
  idx_b <- sample(1:n, nB)
  idx_a <- setdiff(1:n, idx_b)
  mean_diff <- mean(x[idx_b]) - mean(x[idx_a])
  return(mean_diff)
}
```

A versão em *Python* do teste de permutação é assim:

```
def perm_fun(x, nA, nB):
    n = nA + nB
    idx_B = set(random.sample(range(n), nB))
    idx_A = set(range(n)) - idx_B
    return x.loc[idx_B].mean() - x.loc[idx_A].mean()
```

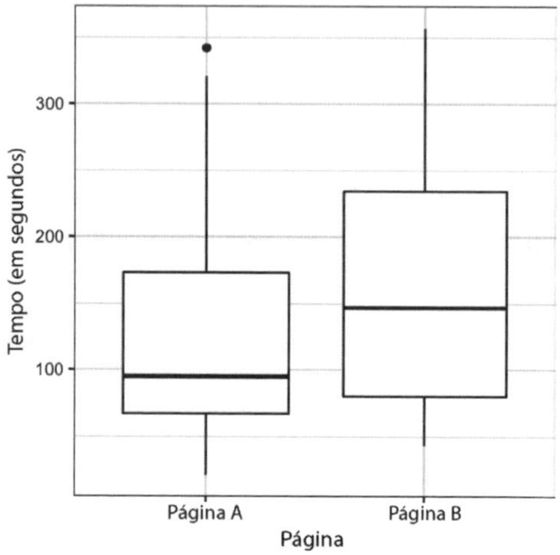

Figura 3-3. Tempos de sessão das páginas web A e B

Essa função funciona amostrando (sem reposição) n_B índices e atribuindo-os ao grupo B. Os índices n_A restantes são atribuídos ao grupo A. A diferença entre as duas médias é retornada. Chamar essa função R = 1.000 vezes e especificar $n_A = 21$ e $n_B = 15$ leva a uma distribuição das diferenças nos tempos de página que podem ser representados como um histograma. Em *R* isso é feito usando a função `hist`:

```
perm_diffs <- rep(0, 1000)
for(i in 1:1000)
  perm_diffs[i] = perm_fun(session_times[,'Time'], 21, 15)
}
hist(perm_diffs, xlab='Session time differences (in seconds)')
abline(v=mean_b - mean_a)
```

Em *Python*, podemos criar um gráfico parecido usando `matplotlib`:

```
perm_diffs = [perm_fun(session_times.Time, nA, nB) for _ in range(1000)]

fig, ax = plt.subplots(figsize=(5, 5))
ax.hist(perm_diffs, bins=11, rwidth=0.9)
ax.axvline(x = mean_b - mean_a, color='black', lw=2)
ax.text(50, 190, 'Observed\ndifference', bbox={'facecolor':'white'})
ax.set_xlabel('Session time differences (in seconds)')
ax.set_ylabel('Frequency')
```

O histograma da Figura 3-4 mostra que a diferença média das permutações aleatórias geralmente excede a diferença observada em tempos de sessão (a linha vertical). Para nossos resultados, isso acontece em 12,6% dos casos:

```
mean(perm_diffs > (mean_b - mean_a))
---
0.126
```

Como a simulação usa números aleatórios, a porcentagem irá variar. Por exemplo, na versão *Python*, temos 12,1%:

```
np.mean(perm_diffs > mean_b - mean_a)
---
0.121
```

Isso sugere que a diferença observada no tempo de sessão entre as páginas A e B está dentro da amplitude de variação de acasos, então não é estatisticamente significante.

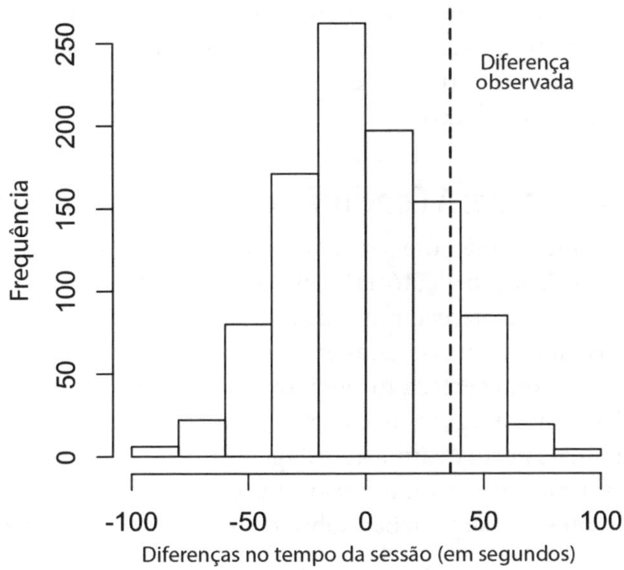

Figura 3-4. Distribuição de frequências para as diferenças no tempo da sessão entre as páginas A e B; a linha vertical mostra a diferença observada

Testes de Permutação Exaustiva e Bootstrap

Além do procedimento anterior de embaralhamento aleatório, também chamado de *teste de permutação aleatória* ou *teste de randomização*, existem duas variações do teste de permutação:

- *Teste de permutação exaustiva*
- *Teste de permutação bootstrap*

Em um teste de permutação exaustiva, em vez de simplesmente embaralhar aleatoriamente e dividir os dados, na verdade adivinhamos todos os modos possíveis em que podem ser divididos. Isso é prático apenas para tamanhos de amostra relativamente pequenos. Com um número grande de embaralhamentos repetidos, os resultados do teste de permutação aleatória se aproximam daqueles do teste de permutação exaustiva e os abordam no limite. Os testes de permutação exaustiva também são chamados às vezes de *testes exatos*, devido à sua propriedade estatística de garantir que o modelo nulo não seja testado como "significante" além do nível alfa do teste (veja "Significância Estatística e Valores-p", adiante neste capítulo).

Em um teste de permutação bootstrap, as extrações descritas nos passos 2 e 3 do teste de permutação aleatória são feitas *com reposição*. Dessa forma, o procedimento de reamostragem modela não somente o elemento aleatório na atribuição do tratamento ao indivíduo, mas também o elemento aleatório na seleção dos indivíduos de uma população. Ambos os procedimentos são encontrados na estatística, e a distinção entre eles é um pouco complexa, e não consequência da prática da ciência de dados.

Testes de Permutação: A Conclusão para a Ciência de Dados

Os testes de permutação são úteis nos procedimentos heurísticos para a exploração do papel da variação aleatória. Eles são relativamente fáceis de codificar, interpretar e explicar, e oferecem um desvio útil ao formalismo e ao "falso determinismo" das estatísticas baseadas em fórmulas, cuja precisão das "respostas" da fórmula tende a uma certeza implicitamente sem garantia.

Uma virtude da reamostragem, ao contrário das abordagens por fórmula, é que ela chega muito mais perto de uma abordagem "universal" para a inferência. Os dados podem ser numéricos ou binários. Os tamanhos da amostra podem ser iguais ou diferentes. As suposições sobre os dados normalmente distribuídos não são necessárias.

Ideias-chave

- Em um teste de permutação, múltiplas amostras são combinadas e embaralhadas.
- Os valores embaralhados são então divididos em reamostras e a estatística de interesse é calculada.

- Esse processo é repetido e a estatística reamostrada é tabulada.
- A comparação dos valores observados da estatística com a distribuição reamostrada permite julgar se uma diferença observada entre as amostras pode ocorrer por acaso.

Leitura Adicional

- *Randomization Tests*, 4ª ed., de Eugene Edgington e Patrick Onghena (2007), mas não se aprofunda muito no emaranhado de amostragens não aleatórias.
- *Introductory Statistics and Analytics: A Resampling Perspective*, de Peter Bruce (2015).

Significância Estatística e Valores-p

Significância estatística é como os estatísticos medem se um experimento (ou até mesmo um estudo de dados existente) produz um resultado mais extremo do que o acaso poderia produzir. Se o resultado está além do domínio da variação do acaso, é chamado de estatisticamente significante.

Termos-chave para Significância Estatística e Valores-p

Valor-p
: Dado um modelo de acaso que representa a hipótese nula, o valor-p é a probabilidade de obter resultados tão incomuns ou extremos quanto os resultados observados.

Alfa
: Um limiar de probabilidade de "ser incomum" que os resultados do acaso podem ultrapassar para os resultados reais serem considerados estatisticamente significantes.

Erro tipo 1
: Concluir erroneamente que um efeito é real (quando acontece pelo acaso).

Erro tipo 2
: Concluir erroneamente que um efeito ocorreu pelo acaso (quando é real).

Considere na Tabela 3-2 os resultados do teste da web mostrado anteriormente.

Tabela 3-2. Tabela 2×2 para os resultados do experimento de e-commerce

Resultado	Preço A	Preço B
Conversão	200	182
Sem conversão	23.539	22.406

O preço A converte quase 5% melhor que o preço B (0,8425% = 200/(23539+200)*100 versus 0,8057% = 182/(22406+182)*100 — uma diferença de 0,0368 pontos percentuais), grande o bastante para ser significativo em um negócio de alto volume. Temos mais de 45 mil pontos de dados aqui, e é tentador considerar isso como "big data", sem exigir testes de significância estatística (necessários principalmente para contabilizar a variabilidade amostral em pequenas amostras). No entanto, as taxas de conversão são tão baixas (menos de 1%) que os valores realmente significativos — as conversões — estão apenas em centenas, e o tamanho de amostra necessário é na verdade determinado por essas conversões. Podemos testar se a diferença das conversões entre os preços A e B está dentro da amplitude da *variação do acaso* usando um procedimento de reamostragem. Por variação do acaso nos referimos à variação aleatória produzida por um modelo de probabilidade que representa a hipótese nula de que não há diferença entre as taxas (veja "Hipótese Nula", antes neste capítulo). O procedimento de permutação a seguir pergunta: "Se os dois preços compartilham a mesma taxa de conversão, a variação do acaso poderia produzir uma diferença de 5%?"

1. Coloque fichas com 1 e 0 em uma caixa: isso representa a suposta taxa de conversão compartilhada de 382 números um e 45.945 números zero = 0,008246 = 0,8246%.
2. Embaralhe e extraia uma reamostra de tamanho 23.739 (mesmo *n* do preço A) e registre a quantidade de números um.
3. Registre os números um nos 22.588 (mesmo *n* do preço B) restantes.
4. Registre a diferença na proporção de números um.
5. Repita os passos de 2 a 4.
6. Quão frequente foi a diferença >= 0,0368?

Reutilizando a função `perm_fun` descrita em "Exemplo: Engajamento na Web", antes neste capítulo, podemos criar um histograma de diferenças aleatoriamente permutadas nas taxas de conversão em *R*:

```
obs_pct_diff <- 100*(200/23739 - 182/22588)
conversion <- c(rep(0, 45945), rep(1, 382))
perm_diffs <- rep(0, 1000)
for(i in 1:1000)
  perm_diffs[i] = 100*perm_fun(conversion, 23739, 22588 )
}
hist(perm_diffs, xlab='Conversion rate (percent)', main='')
abline(v=obs_pct_diff)
```

O código em *Python* correspondente é:

```
obs_pct_diff = 100 * (200 / 23739 - 182 / 22588)
print(f'Observed difference: {obs_pct_diff:.4f}%')
conversion = [0] * 45945
conversion.extend([1] * 382)
conversion = pd.Series(conversion)

perm_diffs = [100 * perm_fun(conversion, 23739, 22588)
              for _ in range(1000)]

fig, ax = plt.subplots(figsize=(5, 5))
ax.hist(perm_diffs, bins=11, rwidth=0.9)
ax.axvline(x=obs_pct_diff, color='black', lw=2)
ax.text(0.06, 200, 'Observed\ndifference', bbox={'facecolor':'white'})
ax.set_xlabel('Conversion rate (percent)')
ax.set_ylabel('Frequency')
```

Veja o histograma de 1.000 resultados reamostrados na Figura 3-5: como acontece, nesse caso a diferença observada de 0,0368% está dentro da amplitude de variação do acaso.

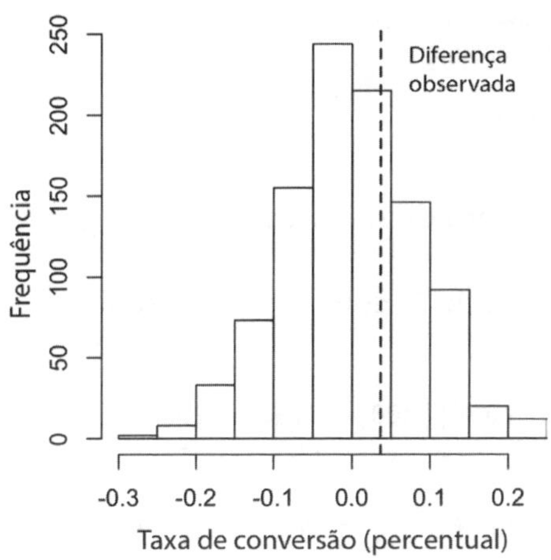

Figura 3-5. Distribuição de frequências para a diferença nas taxas de conversão entre os preços A e B

Valor-p

A simples observação do gráfico não é um meio muito preciso de medir a significância estatística, então o *valor-p* é mais interessante. É a frequência com a qual o modelo de acaso produz um resultado mais extremo que o resultado observado. Podemos estimar o valor-p com nosso teste de permutação tirando a proporção de vezes em que o teste de permutação produz uma diferença igual ou maior que a diferença observada:

```
mean(perm_diffs > obs_pct_diff)
[1] 0.308
np.mean([diff > obs_pct_diff for diff in perm_diffs])
```

Aqui, *R* e *Python* usam o fato de que verdadeiro é interpretado como 1 e falso é 0. O valor-p é 0.308, o que significa que podemos esperar atingir um resultado tão extremo quanto este, ou mais, pelo acaso aleatório mais de 30% das vezes. Nesse caso, não precisamos de um teste de permutação para obter um valor-p. Como temos uma distribuição binomial, podemos aproximar o valor-p. No código em *R*, fazemos isso usando a função `prop.test`:

```
> prop.test(x=c(200,182), n=c(23739,22588), alternative="greater")

        2-sample test for equality of proportions with continuity correction

data:  c(200, 182) out of c(23739, 22588)
X-squared = 0.14893, df = 1, p-value = 0.3498
alternative hypothesis: greater
95 percent confidence interval:
 -0.001057439  1.000000000
sample estimates:
     prop 1      prop 2
0.008424955 0.008057376
```

O argumento `x` é o número de sucessos para cada grupo e o argumento `n` é o número de ensaios.

O método `scipy.stats.chi2_contingency` requer os valores mostrados na Tabela 3-2:

```
survivors = np.array([[200, 23739 - 200], [182, 22588 - 182]])
chi2, p_value, df, _ = stats.chi2_contingency(survivors)

print(f'p-value for single sided test: {p_value / 2:.4f}')
```

A aproximação normal gera um valor-p de 0.3498, o qual é próximo do valor-p obtido pelo teste de permutação.

Alfa

Os estatísticos não gostam da ideia de deixar a definição de um resultado como "muito incomum" para acontecer por acaso a critério dos pesquisadores. Em vez disso, especifica-se com antecedência um limiar, como em "mais extremo que 5% do resultado do acaso (hipótese nula)". Esse limiar é conhecido como *alfa*. Os níveis de alfa típicos são 5% e 1%. Qualquer nível escolhido é uma decisão arbitrária — não há nada no processo que garante decisões corretas x% das vezes. Isso acontece porque a probabilidade sendo respondida *não* é "Qual é a probabilidade de isso ter acontecido por acaso?", mas "Dado um modelo de acaso, qual é a probabilidade de haver um resultado tão extremo?" Então deduzimos retroativamente sobre a adequação do modelo de acaso, mas esse julgamento não traz uma probabilidade. Esse ponto tem sido assunto de muita confusão.

Controvérsia do valor-p

Tem havido muita controvérsia em torno do uso do valor-p nos últimos anos. Um periódico de psicologia chegou a "banir" o uso dos valores-p nos artigos apresentados com a justificativa de que publicar decisões com base somente no valor-p resultava na publicação de pesquisas ruins. Muitos pesquisadores, com uma ideia muito vaga do que um valor-p realmente significa, mergulham nos dados e entre diferentes hipóteses possíveis para o teste até encontrarem uma combinação que resulte em um valor-p significativo e, portanto, um artigo adequado para publicação.

O real problema é que as pessoas querem um significado além daquele que o valor-p oferece. Aqui está o que *queríamos* que o valor-p expressasse:

> A probabilidade de que o resultado ocorre pelo acaso.

Esperamos um valor baixo para que possamos concluir que provamos algo. Era assim que muitos editores de periódicos interpretavam o valor-p. Mas é isto que o valor-p expressa *realmente*:

> A probabilidade de que, *dado um modelo de acaso*, podem ocorrer resultados tão extremos quanto os resultados observados.

A diferença é sutil, mas real. Um valor-p significativo não leva você tão longe no caminho da "prova" quanto parece prometer. O fundamento lógico para a conclusão "estatisticamente significante" é um tanto mais fraco quando se entende o significado real do valor-p.

Em março de 2016, a American Statistical Association, após muita deliberação interna, revelou a dimensão da falta de entendimento sobre os valores-p quando publicou uma nota de advertência quanto ao seu uso. A declaração da ASA frisou seis princípios para pesquisadores e editores de periódicos:

1. Os valores-p podem indicar o quanto os dados são incompatíveis com um modelo estatístico específico.
2. Os valores-p não medem a probabilidade de a hipótese estudada ser verdade ou a probabilidade de os dados terem sido produzidos apenas pelo acaso.
3. Conclusões científicas e decisões empresariais ou políticas não devem se basear apenas no fato de um valor-p exceder um limiar específico.
4. A inferência adequada exige informações completas e transparência.
5. Um valor-p, ou a significância estatística, não mede o tamanho de um efeito nem a importância de um resultado.
6. Sozinho, um valor-p não oferece uma boa medição das evidências no que diz respeito a um modelo ou uma hipótese.

Significância prática

Mesmo que um resultado seja estatisticamente significativo, isso não indica que ele tenha significância prática. Uma pequena diferença que não tem significado prático pode ser estatisticamente significativa se surgiu de amostras grandes o suficiente. Contudo, as grandes amostras asseguram que os efeitos pequenos e não significativos podem ser grandes o suficiente para eliminar o acaso como uma explicação. Eliminar o acaso não torna importante por mágica um resultado que é, em sua essência, sem importância.

Erros Tipo 1 e Tipo 2

Ao avaliar a significância estatística, é possível haver dois erros:

- Erro Tipo 1, no qual se conclui erroneamente que um efeito é real, quando, na verdade, ocorre por acaso.
- Erro Tipo 2, no qual se conclui erroneamente que um efeito não é real (ou seja, ocorre por acaso), quando, na verdade, é real.

Na verdade, um erro Tipo 2 não é bem um erro, mas uma conclusão de que o tamanho da amostra é muito pequeno para detectar o efeito. Quando um valor-p fica aquém da significância estatística (por exemplo, excede 5%), o que estamos dizendo, na verdade, é "efeito não provado". Pode ser que uma amostra maior resulte em um valor-p menor.

A função básica dos testes de significância (também chamado de *teste de hipótese*) é a proteção contra os enganos pelo acaso, então são comumente estruturados de modo a minimizar os erros Tipo 1.

Ciência de Dados e Valores-p

O trabalho dos cientistas de dados não se destina a ser publicado em periódicos científicos, então o debate sobre a importância do valor-p é mais acadêmico. Para um cientista de dados, um valor-p é uma métrica útil nas situações em que se quer saber se um resultado do modelo que parece interessante e útil está dentro da amplitude de variabilidade de acaso normal. Como uma ferramenta de decisão em um experimento, um valor-p não deve ser considerado como controle, mas meramente outro ponto de informação influenciando uma decisão. Por exemplo, os valores-p às vezes são usados como entrada intermediária em um modelo estatístico ou de aprendizado de máquina — uma característica pode ser incluída ou excluída de um modelo dependendo de seu valor-p.

Ideias-chave

- Os testes de significância são usados para determinar se um efeito observado está dentro da amplitude de variação do acaso para um modelo de hipótese nula.
- O valor-p é a probabilidade de resultados tão extremos quanto os resultados observados poderem ocorrer, dado um modelo de hipótese nula.
- O valor alfa é o limiar de "ser incomum" em um modelo de acaso de hipótese nula.
- O teste de significância tem sido mais relevante para o registro formal de pesquisas do que para a ciência de dados (mas vem sumindo recentemente, mesmo para o primeiro).

Leitura Adicional

- Stephen Stigler, "Fisher and the 5% Level", *Chance,* v. 21, nº 4 (2008): 12. Esse artigo é um pequeno comentário sobre o livro de Ronald Fisher de 1925, *Statistical Methods for Research Workers* e sua ênfase nos 5% do nível de significância.
- Veja também "Teste de Hipótese", antes neste capítulo e as leituras adicionais mencionadas.

Testes t

Existem inúmeros testes de significância, dependendo de os dados conterem dados contados ou medidos, quantas amostras existem e o que está sendo medido.

Um tipo muito comum é o *teste t*, batizado assim por causa da distribuição t de Student, originalmente desenvolvida por W. S. Gossett para aproximar a distribuição de uma média amostral (veja "Distribuição t de Student", no Capítulo 2).

> ## Termos-chave para Testes t
>
> ***Estatística do teste***
> Uma métrica para a diferença ou o efeito de interesse.
>
> ***Estatística t***
> Uma versão padronizada da estatística de teste comum, como uma média.
>
> ***Distribuição t***
> Uma distribuição de referência (nesse caso, derivada de uma hipótese nula), com a qual a estatística t observada pode ser comparada.

Todos os testes de significância exigem que uma *estatística de teste* seja especificada para medir o efeito de interesse e ajudar a determinar se o efeito observado está dentro da amplitude de variação normal do acaso. Em um teste de reamostragem (veja a discussão sobre permutação em "Teste de Permutação", antes neste capítulo), a escala dos dados não importa. Você cria a distribuição de referência (hipótese nula) dos próprios dados e usa a estatística de teste como está. Nas décadas de 1920 e 1930, quando as testagens de hipóteses estatísticas foram desenvolvidas, não era viável embaralhar aleatoriamente os dados milhares de vezes para fazer um teste de reamostragem. Os estatísticos descobriram que uma boa aproximação à distribuição de permutação (embaralhada) era o teste t, baseado na distribuição t de Gossett. É usado para uma comparação muito comum de duas amostras — teste A/B — nas quais os dados são numéricos. Mas para que a distribuição t seja usada sem considerar a escala, é preciso usar uma forma padronizada da estatística de teste.

Um texto estatístico clássico mostraria, neste ponto, diversas fórmulas que incorporam a distribuição de Gossett e demonstraria como padronizar seus dados para compará-los com a distribuição t padrão. Essas fórmulas não aparecem aqui porque todos os softwares estatísticos, bem como o *R* e o *Python*, incluem comandos que representam a fórmula. Em *R*, a função é `t.test`:

```
> t.test(Time ~ Page, data=session_times, alternative='less' )

        Welch Two Sample t-test

data:  Time by Page
t = -1.0983, df = 27.693, p-value = 0.1408
alternative hypothesis: true difference in means is less than 0
95 percent confidence interval:
     -Inf 19.59674
sample estimates:
mean in group Page A mean in group Page B
            126.3333             162.0000
```

A função `scipy.stats.ttest_ind` pode ser usada no *Python*:

```
res = stats.ttest_ind(session_times[session_times.Page == 'Page A'].Time,
                      session_times[session_times.Page == 'Page B'].Time,
                      equal_var=False)
print(f'p-value for single sided test: {res.pvalue / 2:.4f}')
```

A hipótese alternativa é a de que a média do tempo de sessão para a página A é menor que a da página B. O valor-p de 0.148 é muito próximo dos valores-p do teste de permutação 0.121 e 0.126 (veja "Exemplo: Engajamento na Web", antes neste capítulo).

Em um modo de reamostragem, estruturamos a solução para refletir os dados observados e a hipótese a ser testada, sem nos preocupar se os dados são numéricos ou binários, se os tamanhos da amostra estão equilibrados ou não, com variâncias das amostras ou diversos outros fatores. No mundo das fórmulas, muitas variâncias se apresentam e podem ser confusas. Os estatísticos precisam navegar nesse mundo e conhecer seus mapas, mas os cientistas de dados não — eles não costumam trabalhar nos detalhes do teste de hipótese e os intervalos de confiança do mesmo modo que os pesquisadores que preparam artigos para uma apresentação.

Ideias-chave

- Antes do advento dos computadores, os testes de reamostragem não eram práticos e os estatísticos usavam distribuições de referência padrão.
- Uma estatística de teste poderia então ser padronizada e comparada à distribuição de referência.
- Uma estatística padronizada muito usada é a estatística t.

Leitura Adicional

- Qualquer texto sobre estatística introdutória terá ilustrações da estatística t e de seus usos. Dois bons textos são *Statistics*, 4ª ed., de David Freedman, Robert Pisani e Roger Purves (2007) e *The Basic Practice of Statistics,* de DavidS. Moore William I. Notz e Michael A. Fligner (2017).
- Para um tratamento dos procedimentos de teste t e reamostragem em paralelo, veja *Introductory Statistics and Analytics: A Resampling Perspective,* de Peter Bruce (2014) ou *Statistics: Unlocking the Power of Data*, 2ª ed., de Robin Lock e outros quatro membros da família Lock (2016).

Testagem Múltipla

Conforme mencionamos anteriormente, existe um ditado em estatística: "Torture os dados o bastante, e eles confessarão". Isso significa que se você observar os dados de diferentes perspectivas e fizer perguntas o bastante, poderá, quase que invariavelmente, encontrar um efeito estatisticamente significativo.

> ## Termos-chave para Testagem Múltipla
>
> ***Erro Tipo 1***
> Concluir erroneamente que um efeito é estatisticamente significativo.
>
> ***Taxa da falsa descoberta***
> Em múltiplos testes, a taxa de cometer um erro Tipo 1.
>
> ***Inflação alfa***
> O fenômeno de testes múltiplos, em que *alfa*, a probabilidade de cometer um erro Tipo 1, aumenta à medida que você realiza mais testes.
>
> ***Ajuste dos valores-p***
> Contabilizar a realização de múltiplos testes nos mesmos dados.
>
> ***Sobreajuste***
> Ajustar o ruído.

Por exemplo, se você tem 20 variáveis preditoras e uma variável resultante, todas *aleatoriamente* geradas, é bem provável que ao menos uma preditora será (falsamente) estatisticamente significativa se for feita uma série de 20 testes de significância no nível alfa = 0,05. Como visto antes, isso é chamado de *erro Tipo 1*. Você pode calcular essa probabilidade primeiro encontrando a probabilidade de que todas testarão *corretamente* como não significativas no nível 0,05. A probabilidade de que *uma* será testada corretamente como não significativa é de 0,95, então a probabilidade de que todas as 20 serão corretamente testadas e não significativas é de $0,95 \times 0,95 \times 0,95\ldots$ ou $0,95^{20} = 0,36$.[1] A probabilidade de que ao menos uma preditora seja (falsamente) testada e significativa é o lado negativo dessa probabilidade ou 1 – (*a probabilidade de todas serem não significativas*) = 0,64. Isso é conhecido como *inflação alfa*.

Isso está relacionado ao problema de sobreajuste na mineração de dados ou "ajustar o modelo ao ruído". Quanto mais variáveis são adicionadas, ou mais modelos

---

1 A regra da multiplicação diz que a probabilidade de acontecer *n* eventos independentes é o produto das probabilidades individuais. Por exemplo, se cada um de nós dois joga uma moeda, a probabilidade de a sua moeda e a minha caírem no lado cara é de $0,5 \times 0,5 = 0,25$.

são executados, maior é a probabilidade de algo surgir como "significativo" apenas por acaso.

Nas tarefas de aprendizado supervisionado, um conjunto de validação em que os modelos são avaliados em dados que o modelo não viu antes atenua esse risco. Nas tarefas estatísticas ou de aprendizado de máquina que não envolvem um conjunto de validação rotulado, o risco de chegar a conclusões baseadas em ruídos estatísticos permanece.

Em estatística existem alguns procedimentos para lidar com esse problema em circunstâncias muito específicas. Por exemplo, se você estiver comparando os resultados em múltiplos grupos de tratamento, poderá ser preciso fazer múltiplas perguntas. Então, para os tratamentos A–C, poderia perguntar:

- A é diferente de B?
- B é diferente de C?
- A é diferente de C?

Ou, em um estudo clínico, pode ser necessário olhar os resultados de uma terapia em diversos estágios. Em cada caso, serão feitas múltiplas perguntas e com cada pergunta a chance de ser enganado pelo acaso é maior. Os procedimentos de ajuste em estatística podem compensar isso com uma definição mais rigorosa dos limites da significância estatística do que seria para um único teste de hipótese. Esses procedimentos de ajuste costumam envolver a "divisão de alfa" conforme o número de testes. Isso resulta em um alfa menor (ou seja, um limite mais rigoroso para a significância estatística) para cada teste. Um desses procedimentos, o ajuste de Bonferroni, simplesmente divide o alfa pelo número de observações. Outro, usado na comparação de múltiplas médias do grupo, é a "diferença significante honesta" de Tukey ou *HSD de Tukey*. Esse teste se aplica à diferença máxima entre as médias do grupo, comparando-a com uma referência baseada na *distribuição t* (mais ou menos equivalente a embaralhar todos os valores juntos, distribuindo grupos de reamostragem de tamanhos iguais aos grupos originais e encontrando a diferença máxima entre as médias do grupo reamostrado).

No entanto, o problema de múltiplas comparações vai além desses casos altamente estruturados e está relacionado ao fenômeno de "dragagem" dos dados repetidos, que dá força ao ditado sobre torturar os dados. Colocando de outra forma, com dados complexos suficientes, se você não encontrou nada interessante, provavelmente não procurou muito, nem por muito tempo. Hoje há mais dados disponíveis do que antigamente, e o número de artigos publicados em periódicos quase dobrou entre os anos de 2002 e 2010. Isso dá margem a muitas oportunidades de encontrar algo interessante nos dados, inclusive problemas de multiplicidade como:

- Verificar a existência de múltiplas diferenças de pares entre os grupos.
- Observar múltiplos resultados de subgrupos ("não encontramos um efeito geral de tratamento significativo, mas encontramos um efeito para mulheres solteiras abaixo dos 30").
- Tentar muitos modelos estatísticos.
- Incluir muitas variáveis nos modelos.
- Fazer inúmeras perguntas diferentes (ou seja, diferentes resultados possíveis).

Taxa da Falsa Descoberta

O termo *taxa da falsa descoberta* foi originalmente usado para descrever a taxa na qual certo conjunto de teste de hipótese identificaria falsamente um efeito significativo. Ela se tornou especialmente útil com o advento da pesquisa genômica, em que números massivos de testes estatísticos podem ser conduzidos como parte de um projeto de sequenciamento genético. Nesses casos, o termo se aplica ao protocolo de testagem e uma única "descoberta" falsa se refere ao resultado de um teste de hipótese (por exemplo, entre duas amostras). Os pesquisadores procuram definir os parâmetros do processo de testagem a fim de controlar a taxa da falsa descoberta em um nível específico. O termo tem sido usado para a classificação na mineração de dados; é a taxa de classificação incorreta nas predições da classe, ou seja, é a possibilidade de que uma "descoberta" (rotular um registro como "1") é falsa. Aqui normalmente lidamos com o caso em que os 0s são abundantes e os 1s são interessantes e raros (veja o Capítulo 5 e "O Problema da Classe Rara").

Por diversas razões, sobretudo esse problema geral de "multiplicidade", pesquisar mais não significa necessariamente pesquisar melhor. Por exemplo, a farmacêutica Bayer descobriu em 2011, quando tentou replicar 67 estudos científicos, que poderia replicar totalmente apenas 14 deles. Quase dois terços não podiam ser replicados.

De qualquer modo, os procedimentos de ajuste para os testes estatísticos altamente definidos e estruturados são muito específicos e inflexíveis para serem aplicados em usos gerais na ciência de dados. A conclusão sobre multiplicidade para a ciência de dados é:

- Para a modelagem preditiva, o risco de obter um modelo ilusório cuja eficácia aparente é mais um produto do acaso é mitigado pela validação cruzada (veja “Validação Cruzada”, no Capítulo 4) e pelo uso de uma amostra de validação.

- Para outros procedimentos sem um conjunto de validação rotulado para verificar o modelo, é necessário contar com:
  — A consciência de que quanto mais se questiona e manipula os dados, maior o papel que o acaso pode desempenhar.
  — A heurística da reamostragem e da simulação para referências aleatórias de acaso com as quais se pode comparar os resultados observados.

> **Ideias-chave**
>
> - A multiplicidade em um estudo de pesquisa ou projeto de mineração de dados (múltiplas comparações, muitas variáveis, muitos modelos etc.) aumenta o risco de concluir que algo é significativo apenas pelo acaso.
> - Para as situações envolvendo múltiplas comparações estatísticas (ou seja, múltiplos testes de significância), existem procedimentos de ajuste estatístico.
> - Em uma situação de mineração de dados, o uso de uma amostra de validação com variáveis de resultado rotuladas pode evitar resultados enganosos.

Leitura Adicional

- Para uma curta exposição de um procedimento (teste de Dunnett) de ajuste de múltiplas comparações, veja o texto online de David Lane sobre estatística.
- Megan Goldman oferece um tratamento um pouco mais longo do procedimento de ajuste de Bonferroni.
- Para um tratamento mais aprofundado dos procedimentos estatísticos mais flexíveis para ajustar os valores-p, veja *Resampling-Based Multiple Testing*, de Peter Westfall e Stanley Young (1993).
- Para uma discussão sobre particionamento de dados e o uso de amostras de validação na modelagem preditiva, veja *Data Mining for Business Analytics*, de Galit Shmueli, Peter Bruce, Nitin Patel, Peter Gedeck, Inbal Yahav e Kenneth Lichtendahl (2007–2020), com edições para *R*, *Python*, Excel e JMP.

Graus de Liberdade

Na documentação e nas configurações de muitos testes estatísticos e distribuições de probabilidade, você verá referências a “graus de liberdade”. O conceito é aplicado a estatísticas calculadas a partir de dados de amostra e se refere ao número de valores livres para variar. Por exemplo, se você sabe a média para uma amostra de 10 valores, existem 9 graus de liberdade (como você conhece os 9 valores amostrais, o 10° pode ser calculado e não é livre para variar). O parâmetro dos graus de liberdade, como aplicado em muitas distribuições de probabilidade, afeta a forma da distribuição.

Termos-chave para Graus de Liberdade

n ou tamanho da amostra

O número de observações (também chamadas de *linhas* ou *registros*) nos dados.

g.l.

Graus de liberdade.

O número de graus de liberdade é um fator em muitos testes estatísticos. Por exemplo, graus de liberdade é o nome dado ao denominador $n - 1$ visto nos cálculos de variância e desvio-padrão. Por que isso importa? Quando se usa uma amostra para estimar a variância de uma população, ao usar n no denominador, você obterá uma estimativa levemente enviesada para baixo. Se usar $n - 1$ no denominador, a estimativa ficará livre desse viés.

Grande parte dos cursos ou dos livros tradicionais sobre estatística é consumida por diversos testes padrão de hipóteses (teste t, teste F etc.). Quando as estatísticas amostrais são padronizadas para o uso em fórmulas estatísticas tradicionais, os graus de liberdade fazem parte do cálculo de padronização para garantir que os dados padronizados correspondam à distribuição de referências adequada (distribuição t, distribuição F etc.).

É importante para a ciência de dados? Não muito, ao menos no contexto do teste de significância. Por um lado, os testes estatísticos formais são muito pouco usados na ciência de dados. Por outro, o tamanho dos dados costuma ser grande o bastante para raramente fazer diferença para um cientista de dados se, por exemplo, o denominador tem n ou $n - 1$ (quando n fica grande, o viés que viria do uso de n no denominador desaparece).

Porém, existe um contexto em que é relevante: o uso de variáveis fatoradas na regressão (inclusive na regressão logística). Os algoritmos de regressão travam se existem variáveis preditoras exatamente redundantes. Isso ocorre mais comumente ao fatorar variáveis categóricas nos indicadores binários (fictícios). Considere a variável "dia da semana". Apesar de haver sete dias da semana, existem apenas seis graus de liberdade ao especificar o dia da semana. Por exemplo, uma vez que se sabe que o dia da semana não é de segunda a sábado, sabe-se que deve ser domingo. A inclusão de indicadores seg-sáb significa que incluir *também* o domingo causaria falha na regressão, devido a um erro de *multicolinearidade.*

Ideias-chave

- O número de graus de liberdade (g.l.) faz parte do cálculo para padronizar as estatísticas de teste a fim de serem comparadas com as distribuições de referência (distribuição t, distribuição F etc.).
- O conceito de graus de liberdade está por trás da fatoração das variáveis categóricas em um indicador *n* – 1 ou das variáveis fictícias ao fazer uma regressão (para evitar a multicolinearidade).

Leitura Adicional

Existem vários tutoriais online sobre graus de liberdade.

ANOVA

Suponha que, em vez de um teste A/B, tivéssemos uma comparação de múltiplos grupos, digamos A/B/C/D, cada um com dados numéricos. O procedimento estatístico que testa se há uma diferença estatisticamente significativa entre os grupos é chamado de *análise de variância* ou *ANOVA*.

Termos-chave para ANOVA

Comparação em pares
: Um teste de hipótese (por exemplo, de médias) entre dois grupos em meio a múltiplos grupos.

Teste Omnibus
: Um único teste de hipótese da variância geral entre múltiplas médias do grupo.

Decomposição da variância
: A separação dos componentes, contribuindo com um valor individual (por exemplo, da média global, de uma média de tratamento e de um erro residual).

Estatística F
: Uma estatística padronizada que mede o quanto as diferenças entre as médias dos grupos excedem o que poderia ser esperado em um modelo de acaso.

SQ (SS)
: A “Soma dos Quadrados”, se referindo aos desvios de algum valor médio.

A Tabela 3-3 mostra o engajamento de quatro páginas web, em números de segundos que um visitante ficou na página. As quatro páginas são trocadas, de modo que cada visitante recebe uma aleatoriamente. Existe um total de cinco visitantes em cada página e na Tabela 3-3 cada coluna é um conjunto de dados independente. O primeiro visitante da página 1 não tem conexão com o primeiro visitante da página 2. Observe que em um teste online como este não podemos implementar totalmente o projeto clássico de amostragem randomizada, em que cada visitante é selecionado aleatoriamente em uma grande população. Temos os visitantes conforme eles chegam. Os visitantes podem diferir sistematicamente dependendo da hora do dia, do dia da semana, da estação do ano, das condições de sua internet, de qual dispositivo estão usando etc. Esses fatores devem ser considerados potenciais vieses quando os resultados do experimento são analisados.

Tabela 3-3. Engajamento (em segundos) das quatro páginas

	Página 1	Página 2	Página 3	Página 4
	164	178	175	155
	172	191	193	166
	177	182	171	164
	156	185	163	170
	195	177	176	168
Média	172	185	176	162
Média global				173,75

Agora, temos um dilema (veja a Figura 3-6). Quando comparamos apenas dois grupos, era algo simples. Simplesmente observamos a diferença entre as médias de cada grupo. Com quatro médias, existem seis possíveis comparações entre os grupos:

- Página 1 comparada à página 2
- Página 1 comparada à página 3
- Página 1 comparada à página 4
- Página 2 comparada à página 3
- Página 2 comparada à página 4
- Página 3 comparada à página 4

Quanto mais fazemos tais comparações em *pares*, maior o potencial de sermos enganados pelo acaso (veja "Testagem Múltipla", antes neste capítulo). Em vez de nos preocuparmos com todas as diferentes comparações entre as páginas individuais que poderíamos fazer, podemos realizar um único teste geral que aborda a questão: "Todas as páginas teriam o mesmo engajamento subjacente e as diferenças entre elas seriam devido ao modo aleatório com que um conjunto comum de tempos de sessão foi alocado entre as quatro páginas?"

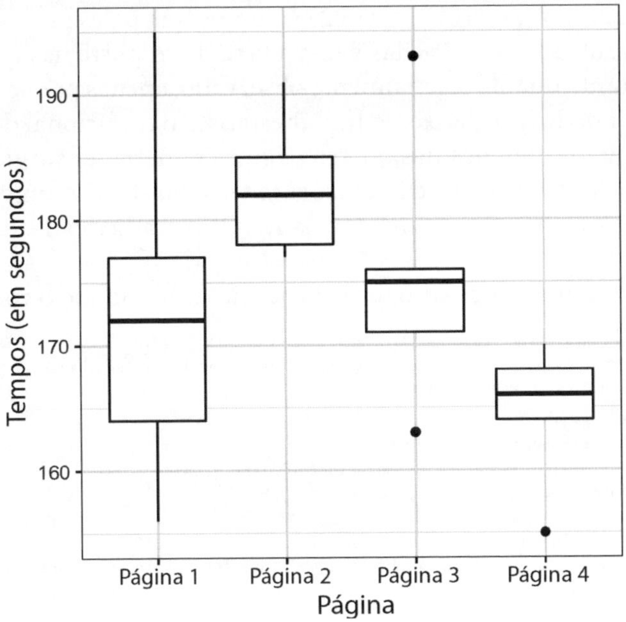

Figura 3-6. Gráficos de caixa dos quatro grupos com diferenças consideráveis entre si

O procedimento usado para testar isso é a ANOVA. Sua base pode ser vista no procedimento de reamostragem a seguir (especificado aqui para o teste A/B/C/D de engajamento nas páginas online):

1. Combine todos os dados em uma única caixa.
2. Embaralhe e tire quatro reamostras de cinco valores cada.
3. Registre a média de cada um dos quatro grupos.
4. Registre a variância nas médias dos quatro grupos.
5. Repita os passos de 2 a 4 muitas vezes (digamos, mil vezes).

Em qual proporção do tempo a variância reamostrada excedeu a variância observada? Esse é o valor-p.

Esse teste de permutação é um pouco mais complicado que o tipo usado em "Teste de Permutação", antes neste capítulo. Por sorte, a função `aovp` no pacote `lmPerm` calcula um teste de permutação para este caso:

```
> library(lmPerm)
> summary(aovp(Time ~ Page, data=four_sessions))
[1] "Settings:  unique SS "
Component 1 :
            Df R Sum Sq R Mean Sq Iter Pr(Prob)
Page         3    831.4    277.13 3104  0.09278 .
Residuals   16   1618.4    101.15
---
Signif. codes:  0 '***' 0.001 '**' 0.01 '*' 0.05 '.' 0.1 ' ' 1
```

O valor-p, dado por Pr(Prob), é 0.09278. Em outras palavras, dado o mesmo engajamento subjacente, 9,3% das vezes a taxa de resposta nas quatro páginas pode diferir tanto quanto foi realmente observado, apenas por acaso. Esse grau de improbabilidade fica abaixo do limiar estatístico tradicional de 5%, por isso concluímos que a diferença nas quatro páginas poderia ter surgido por acaso. A coluna Iter lista o número de iterações feitas no teste de permutação. As outras colunas correspondem a uma tabela ANOVA tradicional e estão descritas a seguir.

Em *Python*, podemos calcular o teste de permutação usando o código a seguir:

```
observed_variance = four_sessions.groupby('Page').mean().var()[0]
print('Observed means:', four_sessions.groupby('Page').mean().values.ravel())
print('Variance:', observed_variance)

def perm_test(df):
        df = df.copy()
        df['Time'] = np.random.permutation(df['Time'].values)
        return df.groupby('Page').mean().var()[0]

perm_variance = [perm_test(four_sessions) for _ in range(3000)]
print('Pr(Prob)', np.mean([var > observed_variance for var in perm_variance]))
```

Estatística F

Assim como o teste t pode ser usado no lugar de um teste de permutação para comparar a média de dois grupos, existe um teste estatístico para ANOVA baseado na *estatística F*. Tal estatística se baseia na relação da variância nas médias dos grupos (ou seja, o efeito do tratamento) com a variância devido ao erro residual. Quanto maior essa relação, mais estatisticamente significativo é o resultado. Se os dados seguem uma distribuição normal, então a teoria estatística determina que a estatística deve ter certa distribuição. Com base nisso, é possível calcular um valor-p.

Em *R*, podemos calcular uma *tabela ANOVA* usando a função aov:

```
> summary(aov(Time ~ Page, data=four_sessions))
            Df Sum Sq Mean Sq F value Pr(>F)
Page         3  831.4   277.1    2.74 0.0776 .
Residuals   16 1618.4   101.2
---
Signif. codes:  0 ‘***’ 0.001 ‘**’ 0.01 ‘*’ 0.05 ‘.’ 0.1 ‘ ’ 1
```

O pacote statsmodels fornece uma implementação ANOVA em *Python*:

```
model = smf.ols('Time ~ Page', data=four_sessions).fit()

aov_table = sm.stats.anova_lm(model)
aov_table
```

A saída do código *Python* é quase idêntica à de *R*.

`Df` é "graus de liberdade", `Sum Sq` é "soma dos quadrados", `Mean Sq` é "quadrados médios" (abreviação de desvio quadrático médio) e `F value` é a estatística F. Para a média global, a soma dos quadrados é o desvio ao quadrado da média global de 0 vezes 20 (o número de observações).

Para as médias de tratamento, o grau de liberdade é 3 (uma vez que três valores estejam definidos, e a média global seja definida, as outras médias de tratamento não podem variar). A soma dos quadrados para as médias de tratamento é a soma dos desvios ao quadrado entre as médias de tratamento e a média global.

Para os erros resíduos, o grau de liberdade é 16 (20 observações, com 16 podendo variar após a média global e as médias de tratamento definidas) e SS é a soma das diferenças quadráticas entre as observações individuais e as médias de tratamento. As médias quadráticas (MS) são a soma dos quadrados dividida pelos graus de liberdade.

A estatística F é MS(tratamento)/MS(erro). O valor F depende, então, apenas dessa proporção e pode ser comparado a uma distribuição F padrão para determinar se as diferenças nas médias de tratamento são maiores do que o esperado em uma variação de acaso.

Decomposição da Variância

Os valores observados em um conjunto de dados podem ser considerados as somas de diferentes componentes. Qualquer valor de dado observado dentro de um conjunto de dados pode ser decomposto na média global, no efeito do tratamento e no erro resíduo. Chamamos isso de "decomposição da variância":

1. Comece com uma média global (173,75 para os dados de engajamento da página online).
2. Adicione o efeito do tratamento, que pode ser negativo (variável independente = página online).
3. Adicione o erro resíduo, que pode ser negativo.

Então a decomposição da variância para o valor superior esquerdo na tabela do teste A/B/C/D é a seguinte:

1. Comece com a média global: 173,75.
2. Adicione o efeito do tratamento (grupo): –1,75 (172 – 173,75).
3. Adicione o residual: –8 (164 – 172).
4. Igual a: 164.

ANOVA Bidirecional

O teste A/B/C/D descrito é uma ANOVA "unidirecional", em que temos apenas um fator (grupo) que varia. Poderíamos ter um segundo fator — digamos, "fim de semana versus dia útil" — com dados coletados em cada combinação (grupo A fim de semana, grupo A dia útil, grupo B fim de semana etc.). Seria uma "ANOVA bidirecional" e trataríamos isso de modo semelhante à ANOVA unidirecional, identificando o "efeito de interação". Depois de identificar o efeito da média global e o efeito do tratamento, separamos as observações de fim de semana e dia útil de cada grupo, e encontramos a diferença entre as médias desses subconjuntos e a média do tratamento.

É possível ver que a ANOVA e a ANOVA bidirecional são os primeiros passos em direção a um modelo estatístico completo, como regressão e regressão logística, em que se pode modelar múltiplos fatores e seus efeitos (veja o Capítulo 4).

> **Ideias-chave**
>
> - ANOVA é um procedimento estatístico para analisar os resultados de um experimento com múltiplos grupos.
> - É a extensão de procedimentos semelhantes para o teste A/B, usado para avaliar se a variação global nos grupos está dentro da amplitude de variação do acaso.
> - Um resultado útil de uma ANOVA é a identificação dos componentes de variância associados a tratamentos de grupo, efeitos de interação e erros.

Leitura Adicional

- *Introductory Statistics: A Resampling Perspective,* de Peter Bruce (2014), tem um capítulo sobre ANOVA.
- *Introduction to Design and Analysis of Experiments,* de George Cobb (2008), é um tratamento completo e acessível desse assunto.

Teste de Qui-quadrado

A testagem online costuma ir além da testagem A/B e verifica múltiplos tratamentos ao mesmo tempo. O teste de qui-quadrado é usado para contar os dados e testar quão bem se encaixam em alguma distribuição desejada. O uso mais comum da estatística *qui-quadrado* na prática é com tabelas de contingência $r \times c$, para avaliar se a hipótese nula de independência nas variáveis é razoável (veja também "Distribuição Qui-quadrado, no Capítulo 2).

O teste de qui-quadrado foi desenvolvido por Karl Pearson em 1900. O termo *qui* vem da letra grega X usada por Pearson no artigo.

Termos-chave para Teste de Qui-quadrado

Estatística qui-quadrado
Uma medida da extensão em que alguns dados observados desviam da expectativa.

Expectativa ou esperado
Como esperamos que os dados se comportem sob alguma suposição, tipicamente a hipótese é nula.

$r \times c$ significa "linhas por colunas" — uma tabela 2×3 tem duas linhas e três colunas.

Teste de Qui-quadrado: Uma Abordagem da Reamostragem

Suponha que você esteja testando três títulos diferentes (A, B e C) e quer aplicar cada um deles em 1.000 visitantes, com os resultados mostrados na Tabela 3-4.

Tabela 3-4. Resultados da testagem online de três títulos diferentes

	Título A	Título B	Título C
Clique	14	8	12
Sem clique	986	992	988

Os títulos certamente parecem diferir. O título A retorna quase que o dobro da taxa de cliques de B. Porém, os números reais são pequenos. Um procedimento de reamostragem pode testar se as taxas de clique diferem em níveis maiores do que o acaso poderia produzir. Para esse teste, precisamos ter a distribuição "esperada" de cliques e, nesse caso, isso seria com a suposição de hipótese nula de que todos os três títulos compartilham a mesma taxa de cliques, para uma taxa global de 34/3.000. Com essa suposição, nossa tabela de contingência ficaria como a Tabela 3-5.

Tabela 3-5. Esperado se todos os três títulos têm a mesma taxa de cliques (hipótese nula)

	Título A	Título B	Título C
Clique	11.33	11.33	11.33
Sem clique	988.67	988.67	988.67

O *resíduo de Pearson* é definido como:

$$R = \frac{\text{Observado} - \text{Esperado}}{\sqrt{\text{Esperado}}}$$

R mede a extensão em que as contagens realmente diferem das contagens esperadas (veja a Tabela 3-6).

Tabela 3-6. Resíduos de Pearson

	Título A	Título B	Título C
Clique	0.792	-0.990	0.198
Sem clique	-0.085	0.106	-0.021

A estatística qui-quadrado é definida como a soma dos resíduos quadráticos de Pearson:

$$X = \sum_{i}^{r} \sum_{j}^{c} R^2$$

em que *r* e *c* são os números de linhas e colunas, respectivamente. A estatística qui-quadrado para esse exemplo é 1,666. Isso é mais do que poderia ocorrer possivelmente em um modelo de acaso?

Podemos testar com este algoritmo de reamostragem:

1. Faça uma caixa com 34 números um (cliques) e 2.966 números zero (sem cliques).
2. Embaralhe, tire três amostras separadas de 1.000 e conte os cliques em cada uma.
3. Encontre as diferenças quadráticas entre as contagens embaralhadas e as contagens esperadas, e some.
4. Repita os passos 2 e 3, digamos, 1.000 vezes.
5. Com qual frequência a soma reamostrada dos desvios quadráticos excede a observada? Esse é o valor-p.

A função `chisq.test` pode ser usada para calcular uma estatística qui-quadrado reamostrada em *R*. Para os dados de clique, o teste de qui-quadrado é:

```
> chisq.test(clicks, simulate.p.value=TRUE)

        Pearson's Chi-squared test with simulated p-value (based on 2000 replicates)

data:  clicks
X-squared = 1.6659, df = NA, p-value = 0.4853
```

O teste mostra que esse resultado poderia ter sido facilmente obtido pela aleatoriedade.

Para executar o teste de permutação em *Python*, use a seguinte implementação:

```
box = [1] * 34
box.extend([0] * 2966)
random.shuffle(box)

def chi2(observed, expected):
        pearson_residuals = []
        for row, expect in zip(observed, expected):
                pearson_residuals.append([(observe - expect) ** 2 / expect
                        for observe in row])
        # retornar a soma dos quadrados
        return np.sum(pearson_residuals)

expected_clicks = 34 / 3
expected_noclicks = 1000 - expected_clicks
expected = [34 / 3, 1000 - 34 / 3]
chi2observed = chi2(clicks.values, expected)

def perm_fun(box):
        sample_clicks = [sum(random.sample(box, 1000)),
                         sum(random.sample(box, 1000)),
                         sum(random.sample(box, 1000))]
        sample_noclicks = [1000 - n for n in sample_clicks]
        return chi2([sample_clicks, sample_noclicks], expected)

perm_chi2 = [perm_fun(box) for _ in range(2000)]

resampled_p_value = sum(perm_chi2 > chi2observed) / len(perm_chi2)
print(f'Observed chi2: {chi2observed:.4f}')
print(f'Resampled p-value: {resampled_p_value:.4f}')
```

Teste de Qui-quadrado: Teoria Estatística

A teoria estatística assintótica mostra que a distribuição da estatística qui-quadrado pode ser aproximada por uma *distribuição qui-quadrado* (veja “Distribuição Qui-quadrado” no Capítulo 2). O padrão adequado da distribuição qui-quadrado é determinado pelos *graus de liberdade* (veja “Graus de Liberdade”, antes neste capítulo). Para uma tabela de contingências, os graus de liberdade estão relacionados ao número de linhas (*r*) e colunas (*c*) da seguinte forma:

$$\text{graus de liberdade} = (r - 1) \times (c - 1)$$

A distribuição qui-quadrado costuma ser assimétrica, com uma cauda longa à direita. Veja na Figura 3-7 a distribuição com 1, 2, 5 e 20 graus de liberdade. Quanto mais espalhada na distribuição qui-quadrado estiver a estatística observada, menor o valor-p.

A função chisq.test pode ser usada para calcular o valor-p usando a distribuição qui-quadrado como referência:

```
> chisq.test(clicks, simulate.p.value=FALSE)

        Pearson's Chi-squared test

data:  clicks
X-squared = 1.6659, df = 2, p-value = 0.4348
```

Em *Python*, use a função scipy.stats.chi2_contingency:

```
chisq, pvalue, df, expected = stats.chi2_contingency(clicks)
print(f'Observed chi2: {chisq:.4f}')
print(f'p-value: {pvalue:.4f}')
```

O valor-p é um pouco menor que o valor-p da reamostragem: isso ocorre porque a distribuição qui-quadrado é apenas uma aproximação da distribuição real da estatística.

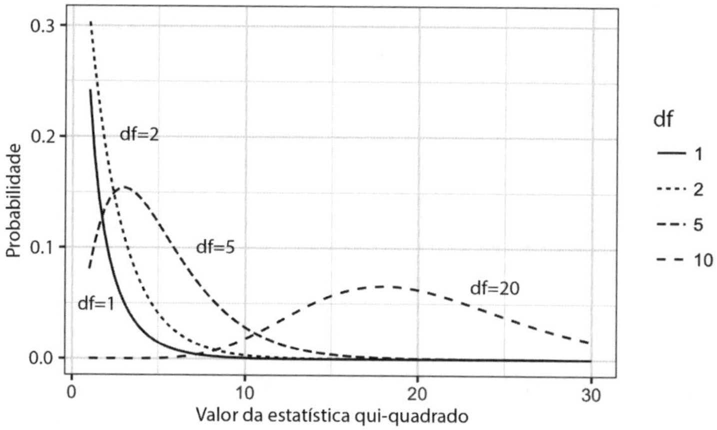

Figura 3-7. Distribuição qui-quadrado com diversos graus de liberdade

Teste Exato de Fisher

A distribuição qui-quadrado é uma boa aproximação do teste de reamostragem embaralhada descrito antes, exceto quando as contagens são extremamente baixas (dígitos únicos, especialmente cinco ou menos). Nesses casos, o procedimento de reamostragem resultará em valores-p mais precisos. Na verdade, a maioria dos softwares estatísticos tem um procedimento para realmente enumerar *todas* as possíveis reorganizações (permutações) que podem ocorrer, tabular suas frequências e determinar exatamente quão extremo é o resultado observado.

Isso se chama *teste exato de Fisher*, em homenagem ao grande estatístico R. A. Fisher. O código em *R* para o teste exato de Fisher é simples em sua forma básica:

```
> fisher.test(clicks)

        Fisher's Exact Test for Count Data

data:  clicks
p-value = 0.4824
alternative hypothesis: two.sided
```

O valor-p é muito próximo do valor-p 0.4853 obtido usando o método de reamostragem.

Onde algumas contagens são muito baixas, mas outras são bem altas (por exemplo, o denominador em uma taxa de conversão), pode ser necessário fazer um teste de permutação embaralhada, em vez de um teste exato completo, devido à dificuldade de calcular todas as possíveis permutações. A função *R* anterior possui diversos argumentos que controlam se é possível usar essa aproximação (`simulate.p.value=TRUE or FALSE`), quantas iterações devem ser usadas (`B=...`) e uma restrição computacional (`workspace=...`) que limita até onde os cálculos dos resultados *exatos* podem ir.

Não existe nenhuma implementação do teste exato de Fisher disponível em *Python*.

Detectando Fraude Científica

Um exemplo interessante é o da pesquisadora da Tufts University, Thereza Imanishi- Kari, que foi acusada em 1991 de fabricar os dados em sua pesquisa. O congressista John Dingell se envolveu, e o caso acabou levando à demissão de seu colega, David Baltimore, da presidência da Rockefeller University.

Um elemento no caso se baseou em evidências estatísticas a respeito da distribuição esperada dos dígitos nos dados de seu laboratório, onde cada observação tinha muitos dígitos. Os investigadores se concentraram nos dígitos *centrais* (ignorando o primeiro e o último dígitos de um número), que se esperava que seguissem uma distribuição *aleatória uniforme*, ou seja, ocorreriam aleatoriamente, com cada dígito tendo igual probabilidade de ocorrer (o dígito principal poderia ser predominantemente um valor e os dígitos finais poderiam ser afetados pelo arredondamento). A Tabela 3-7 lista as frequências dos dígitos centrais dos dados reais do caso.

Tabela 3-7. Frequência dos dígitos centrais nos dados do laboratório

Dígito	Frequência
0	14
1	71
2	7
3	65
4	23
5	19
6	12
7	45
8	53
9	6

A distribuição dos 315 dígitos, mostrada na Figura 3-8, certamente não parece aleatória.

Os investigadores calcularam o desvio da expectativa (31,5 — essa é a frequência com que cada dígito ocorreria em uma distribuição estritamente uniforme) e usaram um teste de qui-quadrado (um procedimento de reamostragem poderia ter sido usado da mesma forma) para mostrar que a distribuição real estava muito além da amplitude de variação normal do acaso, indicando que os dados poderiam ter sido fabricados. (Nota: Imanishi-Kari acabou sendo exonerada após um longo procedimento.)

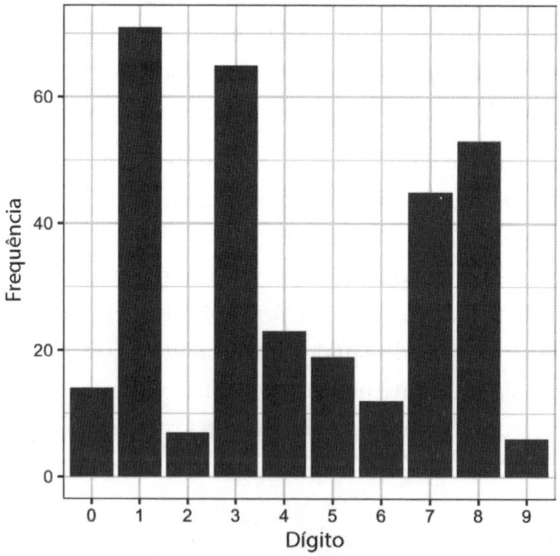

Figura 3-8. Histograma de frequências para os dados do laboratório de Imanishi-Kari

Relevância para a Ciência de Dados

O teste de qui-quadrado, ou o teste exato de Fisher, é usado quando queremos saber se um efeito é real ou pode ser produto do acaso. Na maioria das aplicações estatísticas clássicas do teste de qui-quadrado, seu papel é estabelecer a significância estatística, que é normalmente necessária antes de um estudo ou um experimento ser publicado. Isso não é muito relevante para a ciência de dados. Na maioria dos experimentos, A/B ou A/B/C..., o objetivo não é simplesmente estabelecer a significância estatística, mas chegar ao melhor tratamento. Para tanto, os bandidos multibraços (veja "Algoritmo do Bandido Multibraços", adiante neste capítulo) oferecem uma solução mais completa.

Uma aplicação em ciência de dados para o teste de qui-quadrado, sobretudo a versão exata de Fisher, é na determinação de tamanhos de amostra adequados para os experimentos online. Esses experimentos costumam ter taxas de cliques muito baixas e apesar de milhares de exposições, a taxas de contagem podem ser muito pequenas para chegar a conclusões definitivas em um experimento. Nesses casos, o teste exato de Fisher, o teste de qui-quadrado e outros podem ser úteis como componentes dos cálculos de potência e do tamanho da amostra (veja "Potência e Tamanho da Amostra", adiante neste capítulo).

Os testes de qui-quadrado são muito usados em pesquisa por investigadores em busca do valor-p difícil e estatisticamente significativo que permitirá a publicação. Os testes de qui-quadrado, ou as simulações de reamostragem semelhantes, são usados nas aplicações de ciências de dados mais como um filtro para determinar se um efeito ou uma característica merece maiores considerações do que um teste formal de significância. Por exemplo, são usados em estatísticas e mapeamentos espaciais para determinar se os dados espaciais obedecem a uma distribuição nula específica (por exemplo, os crimes estão concentrados em certa área em maior grau do que o acaso permitiria?). Podem ser usados também na seleção automatizada de características no aprendizado de máquina, para avaliar a prevalência de classes nas características e identificar as características nas quais a prevalência de certa classe é excepcionalmente alta ou baixa, de uma forma incompatível com a variação aleatória.

Ideias-chave

- Um procedimento comum em estatística é testar se a contagem dos dados observados é coerente com uma suposição de independência (por exemplo, a propensão de comprar um item específico é independente do gênero).
- A distribuição qui-quadrado é a distribuição de referência (a qual representa a suposição de independência) com a qual a estatística qui-quadrado calculada e observada deve ser comparada.

Leitura Adicional

- O famoso exemplo de R. A. Fisher, "Lady Tasting Tea", do começo do século XX, permanece como uma ilustração simples e eficaz de seu teste exato. Pesquise no Google "Lady Tasting Tea" e encontrará inúmeras boas descrições.
- O Star Trek oferece um bom tutorial sobre o teste de qui-quadrado.

Algoritmo do Bandido Multibraços

Bandidos multibraços são uma abordagem à testagem, especialmente à testagem online, que permite a explícita otimização e uma tomada de decisão mais rápida do que a abordagem tradicional ao planejamento de experimentos.

Termos-chave para Bandidos Multibraços

Bandido multibraços
: Uma máquina caça-níqueis imaginária com múltiplas alavancas para o cliente escolher, cada uma com diferentes prêmios, tomada aqui como uma analogia para um experimento de múltiplos tratamentos.

Braço
: Um tratamento em um experimento (por exemplo, "título A em um teste online").

Ganho
: O análogo experimental do ganho em uma máquina caça-níqueis (por exemplo, "cliques de clientes no link").

Um teste A/B tradicional envolve os dados coletados em um experimento, conforme um projeto específico, para responder a certa questão como: "Qual é melhor, o tratamento A ou o tratamento B?" A suposição é a de que, uma vez tendo a resposta, o experimento termina e prosseguimos para agir nos resultados. É possível perceber diversas dificuldades nessa abordagem. Primeiro, a resposta pode ser inconclusiva: "efeito não provado". Em outras palavras, os resultados do experimento podem sugerir um efeito, mas, se houver um efeito, não teremos uma amostra grande o bastante para prová-lo (para a satisfação dos padrões estatísticos tradicionais). Qual decisão tomamos? Segundo, queremos tirar vantagem dos resultados que chegam antes da conclusão do experimento. Terceiro, queremos ter o direito de mudar de ideia ou tentar algo diferente com base nos dados adicionais que chegam após o fim do experimento. A abordagem tradicional dos experimentos e do teste de hipótese tem origem nos anos 1920 e é bem inflexível. O advento da capacidade computacional e dos softwares permitiu abordagens mais avançadas e flexíveis. Além disso, a ciência de dados (e os negócios em geral) não se preocupa tanto com a significância estatística, mas com a otimização geral dos esforços e dos resultados.

Os algoritmos bandidos, muito populares nas testagens online, permitem testar múltiplos tratamentos ao mesmo tempo e chegar a conclusões mais rápido do que os projetos estatísticos tradicionais. Eles têm esse nome por causa das máquinas caça-níqueis usadas em apostas, chamadas também de bandidos de um braço (já que são configuradas de modo a tirar dinheiro do apostador em um fluxo constante). Se imaginarmos uma máquina caça-níqueis com mais de uma alavanca, cada alavanca premiando em um nível diferente, teríamos um bandido multibraços, que é o nome completo desse algoritmo.

Seu objetivo é ganhar tanto dinheiro quanto possível e, mais especificamente, identificar e se manter no braço ganhador o mais cedo possível. O desafio é que não sabemos os níveis de prêmio das alavancas — sabemos apenas os resultados de puxar as alavancas individuais. Suponhamos que cada "vitória" tenha a mesma quantia, não importa a alavanca. O que muda é a probabilidade de vitória. Suponha ainda que você inicialmente tenta todas as alavancas 50 vezes e consegue os seguintes resultados:

Alavanca A: 10 vitórias em 50
Alavanca B: 2 vitórias em 50
Alavanca C: 4 vitórias em 50

Uma abordagem extrema seria: "Parece que a alavanca A é vencedora — paramos de testar as outras alavancas e continuamos com A". Isso tira total vantagem da informação do ensaio inicial. Se A for realmente superior, teremos benefício logo de cara. Por outro lado, se B ou C foi, na verdade, melhor, perdemos a oportunidade de descobrir. Outra abordagem extrema seria: "Tudo parece estar sob o domínio do acaso — continuaremos puxando todas da mesma forma". Isso dá a máxima oportunidade às alternativas de A de se mostrarem. No entanto, no processo, utilizamos o que parecem ser tratamentos inferiores. Por quanto tempo permitiremos isso? Os algoritmos bandidos têm uma abordagem híbrida: começamos a puxar A com maior frequência para tirar vantagem de sua superioridade aparente, mas não abandonamos B e C. Apenas as puxamos com menor frequência. Se A continuar a se sobressair, continuamos evitando (puxadas) B e C, e puxamos A com maior frequência. Se, por outro lado, C começa a se sair melhor e A começa a piorar, podemos trocar as puxadas de A para C. Se uma delas se mostrar superior à A e isso ficou oculto no ensaio inicial devido ao acaso, agora terá a oportunidade de surgir ao longo de mais testes.

Agora pense na aplicação disso na testagem online. Em vez de múltiplas alavancas de máquinas caça-níqueis, podemos ter múltiplas ofertas, títulos, cores etc. sendo testados em um site. Os clientes podem clicar (uma "vitória" para o comerciante) ou não. Inicialmente, as ofertas são mostradas aleatória e igualmente. Se, no entanto, uma oferta começa a sobressair, pode ser mostrada ("puxada") com maior frequência. Mas quais devem ser os parâmetros do algoritmo que modifica as taxas de puxada? Para quais "taxas de puxada" devemos mudar? E quando mudar?

Aqui temos um algoritmo simples, o algoritmo épsilon-greedy para um teste A/B:

1. Gere um número aleatório distribuído uniformemente entre 0 e 1.
2. Se o número ficar entre 0 e épsilon (em que épsilon é um número entre 0 e 1, geralmente bem pequeno), jogue uma moeda justa (probabilidade de 50/50):
    a. Se a moeda der cara, mostre a oferta A.
    b. Se a moeda der coroa, mostre a oferta B.
3. Se o número for ≥ épsilon, mostre a oferta com maior taxa de resposta até o momento.

Épsilon é um único parâmetro que rege esse algoritmo. Se épsilon é 1, temos um experimento A/B padrão simples (alocação aleatória entre A e B para cada indivíduo). Se épsilon é 0, temos um algoritmo puramente *greedy* — um que escolhe a melhor opção imediata disponível (um ótimo local). Ele não busca mais experimentação, simplesmente atribui os indivíduos (visitantes online) ao tratamento com melhor desempenho.

Um algoritmo mais sofisticado usa a "amostragem de Thompson". Esse procedimento "amostra" (puxa um braço do bandido) em cada estágio para maximizar a probabilidade de escolher o melhor braço/alavanca. É claro que não sabemos qual é a melhor alavanca — esse é o problema! Mas conforme se observa o prêmio em cada extração sucessiva, mais informações se obtêm. A amostragem de Thompson usa a abordagem bayesiana: supõe-se inicialmente uma distribuição de recompensas prévia, usando a chamada *distribuição beta* (é um mecanismo comum para especificar informações prévias em um problema bayesiano). Conforme as informações se acumulam em cada extração, elas podem ser atualizadas, permitindo que a seleção da próxima extração seja mais otimizada no que diz respeito à escolha da alavanca correta.

Os algoritmos bandidos podem lidar de modo eficiente com +3 tratamentos e direcionar a uma seleção ideal do "melhor". Para os procedimentos tradicionais de testagem estatística, a complexidade da tomada de decisão para + 3 tratamentos ultrapassa muito a do teste A/B tradicional e a vantagem dos algoritmos bandidos é muito maior.

> **Ideias-chave**
>
> - Os testes A/B tradicionais visam a um processo de amostragem aleatório, que pode levar a exposições excessivas ao tratamento inferior.
> - Os bandidos multibraços, ao contrário, alteram o processo de amostragem para incorporar informações obtidas durante o experimento e reduzem a frequência do tratamento inferior.
> - Facilitam também o tratamento eficiente de mais de dois tratamentos.
> - Existem diferentes algoritmos para trocar a probabilidade amostral evitando o(s) tratamento(s) inferior(es) e seguindo com o (suposto) superior.

Leitura Adicional

- Pode-se encontrar um excelente tratamento curto sobre algoritmos do bandido multibraços em *Bandit Algorithms for Website Optimization*, de John Myles White (2012). White inclui códigos *Python*, bem como os resultados das simulações para avaliar o desempenho dos bandidos.
- Para maiores informações (um pouco mais técnicas) sobre a amostragem de Thompson, veja o artigo acadêmico "Analysis of Thompson Sampling for the Multi-armed Bandit Problem", de Shipra Agrawal e Navin Goyal.

Potência e Tamanho da Amostra

Se você fizer um teste online, como decidirá por quanto tempo deve executar (ou seja, quantas impressões por tratamento são necessárias)? Apesar do que se pode ver em muitos guias de testagem online, não existe um bom direcionamento geral — depende, sobretudo, da frequência com a qual o objetivo desejado é atingido.

> **Termos-chave para Potência e Tamanho da Amostra**
>
> ***Tamanho do efeito***
>
> O tamanho mínimo do efeito que se espera detectar em um teste estatístico, por exemplo, "uma melhora de 20% nas taxas de clique".
>
> ***Potência***
>
> A probabilidade de detectar certo tamanho do efeito com certo tamanho da amostra.

Nível de significância

O nível de significância estatística no qual o teste será conduzido.

Um dos passos nos cálculos estatísticos para o tamanho da amostra é perguntar: "Um teste de hipótese revelará realmente uma diferença entre os tratamentos A e B?" O resultado de um teste de hipótese (o valor-p) depende da real diferença entre os tratamentos A e B. Depende também da sorte na extração — quem é selecionado para os grupos no experimento. Mas faz sentido que quanto maior a diferença real entre os tratamentos A e B, maior a probabilidade de que o experimento a revelará. E quanto menor a diferença, mais dados serão necessários para detectá-la. Para diferenciar um rebatedor 0,350 no beisebol e um rebatedor 0,200, não são necessárias muitas rebatidas. Para diferenciar um rebatedor 0,300 e um rebatedor 0,280 serão necessárias muito mais rebatidas. A *potência* é a probabilidade de detectar um *tamanho* do *efeito* especificado com características de amostra especificadas (tamanho e variabilidade). Por exemplo, podemos dizer (hipoteticamente) que a probabilidade de diferenciar um rebatedor 0,330 e um rebatedor 0,200 em 25 rebatidas é de 0,75. O tamanho do efeito aqui é a diferença de 0,130. E "detectar" significa que um teste de hipótese rejeitará a hipótese nula de "sem diferença" e concluirá que existe um efeito real. Então o experimento de 25 rebatidas ($n = 25$) para 2 rebatedores, com um tamanho do efeito de 0,130, tem (hipoteticamente) a potência de 0,75 ou 75%. Pode-se ver que aqui existem diversas partes móveis, e é fácil se enrolar nas muitas suposições e fórmulas estatísticas necessárias (para especificar a variabilidade da amostra, o tamanho do efeito, o tamanho da amostra, o nível alfa para o teste de hipótese etc., e calcular a potência). De fato, existe um software estatístico especialmente para calcular a potência. Muitos cientistas de dados não precisarão passar por todos os processos formais necessários para registrar a potência, por exemplo, em um artigo publicado. No entanto, há situações em que queremos coletar alguns dados para um teste A/B, e a coleta ou o processamento dos dados envolve algum custo. Nesse caso, saber aproximadamente quantos dados coletar pode evitar uma situação em que se faz certo esforço para obter os dados, e o resultado acaba sendo inconclusivo. Veja uma abordagem alternativa bem simples:

1. Comece com alguns dados hipotéticos que representam seu melhor palpite sobre os dados resultantes (talvez com base nos dados anteriores) — por exemplo, uma caixa com 20 números um e 80 números zero para representar um rebatedor 0,200 ou uma caixa com algumas observações do "tempo gasto no site".
2. Crie uma segunda amostra simplesmente somando o tamanho desejado do efeito à primeira amostra — por exemplo, uma segunda caixa com

33 números um e 67 números zero ou uma segunda caixa com 25 segundos adicionados a cada "tempo gasto no site" inicial.

3. Extraia uma amostra bootstrap de tamanho *n* de cada caixa.
4. Realize um teste de hipótese de permutação (ou baseado em fórmula) nas duas amostras bootstrap e registre se a diferença é estatisticamente significativa.
5. Repita os dois passos anteriores muitas vezes e defina a frequência com que a diferença foi significativa — é a potência estimada.

Tamanho da Amostra

O uso mais comum dos cálculos de potência é estimar o tamanho da amostra necessária.

Por exemplo, suponha que observamos as taxas de clique (cliques como percentual de exposição) e testamos um novo anúncio com um anúncio existente. É necessário acumular quantos cliques no estudo? Se estivermos interessados apenas nos resultados que mostram uma enorme diferença (digamos, uma diferença de 50%), uma amostra relativamente pequena poderá ser útil. Se, por outro lado, mesmo a menor diferença for interessante, então será necessário ter uma amostra muito maior. Uma abordagem padrão é estabelecer uma política de que um novo anúncio tem que ser melhor que o existente em certo percentual, digamos 10%, ou então o anúncio existente continuará ativo. Esse objetivo, o "tamanho do efeito", define o tamanho da amostra.

Por exemplo, suponhamos que as taxas de clique atuais sejam de cerca de 1,1% e buscamos um aumento de 10% para 1,21%. Então, temos duas caixas: caixa A com 1,1% de números um (digamos, 110 uns e 9.890 zeros) e caixa B com 1,21% de números um (digamos, 121 uns e 9.879 zeros). Para começar, façamos 300 extrações de cada caixa (isso seria como 300 "impressões" para cada anúncio). Suponha que nossa primeira extração resulte no seguinte:

Caixa A: 3 números um
Caixa B: 5 números um

De início podemos ver que qualquer teste de hipótese que revelasse essa diferença (5 versus 3) estaria dentro da amplitude de variação do acaso. Essa combinação de tamanho de amostra ($n = 300$ em cada grupo) e tamanho do efeito (diferença de 10%) é muito pequena para qualquer teste de hipótese mostrar uma diferença confiável.

Então tentamos aumentar o tamanho da amostra (tentaremos 2.000 impressões) e exigir uma melhoria maior (50%, em vez de 10%).

Por exemplo, suponha que as taxas de clique atuais ainda sejam de 1,1%, mas agora buscamos um aumento de 50% para 1,65%. Então temos duas caixas:

a caixa A ainda com 1,1% de números um (digamos 110 uns e 9.890 zeros) e a caixa B com 1,65% de números um (digamos 165 uns e 9.868 zeros). Agora tentaremos 2.000 extrações de cada caixa. Suponha que nossa primeira extração resulte no seguinte:

Caixa A: 19 números um
Caixa B: 34 números um

Um teste de significância nessa diferença (34–19) mostra, ainda, um registro como "não significante" (apesar de estar muito mais próximo da significância do que a diferença anterior de 5–3). Para calcular a potência, precisaríamos repetir o procedimento anterior muitas vezes ou usar um software de estatística que possa calcular a potência, mas nossa extração inicial sugere que mesmo a detecção de uma melhoria de 50% ainda exige diversos milhares de impressões de anúncio.

Para calcular a potência ou o tamanho da amostra necessário, há quatro partes móveis:

- Tamanho da amostra
- Tamanho do efeito que queremos detectar
- Nível de significância (alfa) em que o teste será realizado
- Potência

Especifique três dentre eles e o quarto poderá ser calculado. Mais comumente, seria preferível calcular o tamanho da amostra, então é necessário especificar os outros três. Com *R* e *Python*, você também tem que especificar a hipótese alternativa como "melhor" ou "maior" para ter um teste unilateral; veja "Teste de Hipótese Unilateral versus Bilateral" anteriormente para ter mais explicação sobre os testes unilaterais versus bilaterais. Veja o código em *R* para um teste envolvendo duas proporções, em que ambas as amostras têm o mesmo tamanho (este usa o pacote `pwr`):

```
effect_size = ES.h(p1=0.0121, p2=0.011)
pwr.2p.test(h=effect_size, sig.level=0.05, power=0.8, alternative='greater')
--
     Difference of proportion power calculation for binomial distribution
                                                    (arcsine transformation)

              h = 0.01029785
              n = 116601.7
      sig.level = 0.05
          power = 0.8
    alternative = greater

NOTE: same sample sizes
```

A função `ES.h` calcula o tamanho do efeito. Vemos que se queremos uma potência de 80%, precisamos de um tamanho da amostra de quase 120 mil impressões. Se procuramos um aumento de 50% (`p1=0,0165`), o tamanho da amostra é reduzido a 5.500 impressões.

O pacote `statsmodels` contém vários métodos para o cálculo da potência. Aqui, usamos `proportion_effectsize` para calcular o tamanho do efeito e `TTestIndPower` para resolver para o tamanho da amostra:

```
effect_size = sm.stats.proportion_effectsize(0.0121, 0.011)
analysis = sm.stats.TTestIndPower()
result = analysis.solve_power(effect_size=effect_size,
                              alpha=0.05, power=0.8, alternative='larger')
print('Sample Size: %.3f' % result)
--
Sample Size: 116602.393
```

Ideias-chave

- Descobrir qual é o tamanho da amostra necessário exige a consideração antecipada ao teste estatístico que se planeja realizar.
- É necessário especificar o tamanho mínimo do efeito que se quer detectar.
- Deve-se também especificar a probabilidade exigida de detectar esse tamanho do efeito (potência).
- Por fim, é necessário especificar o nível de significância (alfa) em que o teste será realizado.

Leitura Adicional

- *Sample Size Determination and Power*, de Tom Ryan (2013), é uma análise completa e acessível sobre esse assunto.
- Steve Simon, um consultor estatístico, escreveu um interessante post sobre o assunto.

Resumo

Os princípios do projeto experimental — randomização de indivíduos em dois ou mais grupos recebendo tratamentos diferentes — nos permite tirar conclusões válidas sobre quão bem os tratamentos funcionam. É melhor incluir um tratamento de controle de "não faz diferença". O assunto da inferência estatística formal — testagem de hipótese, valores-p, testes t e muitos outros nessas linhas

— ocupa muito tempo e espaço em um curso ou livro tradicional de estatística, e a formalidade é bem desnecessária da perspectiva da ciência de dados. No entanto, continua importante para reconhecer o papel que a variação aleatória pode ter em enganar o cérebro humano. Os procedimentos de reamostragem intuitiva (permutação e bootstrap) permitem que os cientistas de dados avaliem o quanto a variação do acaso pode influenciar suas análises de dados.

CAPÍTULO 4

Regressão e Predição

Talvez o objetivo mais comum em estatística seja responder: A variável X (ou mais comumente, $X_1, \ldots, X_p$) é associada a uma variável Y? Se sim, qual seu relacionamento? Este pode ser usado para prever Y?

Não há outro lugar onde o nexo entre estatística e ciência de dados seja mais forte do que no tocante à predição — especificamente, a predição de uma variável resultante (alvo) baseada nos valores de outras variáveis "preditoras". O processo de treinar um modelo em dados em que o resultado é conhecido para uma posterior aplicação nos dados em que o resultado não é conhecido, é denominado *aprendizado supervisionado*. Outra conexão importante entre ciências de dados e estatística está na área da *detecção de anomalias*, em que os diagnósticos da regressão, originalmente para a análise de dados, e a melhoria no modelo de regressão podem ser usados para detectar registros incomuns.

Regressão Linear Simples

A regressão linear simples modela o relacionamento entre a magnitude de uma variável e aquela de uma segunda — por exemplo, conforme X aumenta, Y também aumenta. Ou conforme X aumenta, Y diminui.[1] A correlação é outro jeito de medir como duas variáveis estão relacionadas (veja a seção "Correlação", no Capítulo 1). A diferença é que enquanto a correlação mede a *força* de uma associação entre duas variáveis, a regressão quantifica a *natureza* do relacionamento.

Termos-chave para Regressão Linear Simples

Resposta
A variável que tentamos prever.

1 Esta seção e as subsequentes deste capítulo têm a licença ©2020 Datastats, LLC, Peter Bruce, Andrew Bruce e Peter Gedeck;, usada com permissão.

Sinônimos

variável dependente, variável Y, alvo, resultado

Variável independente

A variável usada para prever a resposta.

Sinônimos

variável X, característica, atributo, variável preditora

Registro

O vetor dos valores preditor e resultante para um indivíduo ou um caso específico.

Sinônimos

linha, caso, instância, exemplo

Intercepto

A interseção da linha de regressão, ou seja, o valor previsto quando X = 0.

Sinônimos

b_0, β_0

Coeficiente de regressão

O declive da linha de regressão.

Sinônimos

declive, *b*1, *β*1, estimativas de parâmetro, pesos

Valores ajustados

As estimativas $\hat{Y}i$ obtidas da linha de regressão.

Sinônimo

valores previstos

Resíduo

A diferença entre os valores observados e os valores ajustados.

Sinônimo

erros

Mínimos quadrados

O método de ajustar uma regressão pela minimização da soma dos quadrados dos resíduos.

Sinônimo

mínimos quadrados ordinários

Equação de Regressão

A regressão linear simples estima exatamente o quanto Y mudará quando X mudar em certa quantidade. Com o coeficiente da correlação, as variáveis X e Y são intercambiáveis. Com a regressão, tentamos prever a variável Y a partir de X usando um relacionamento linear (ou seja, uma linha):

$$Y = b_0 + b_1 X$$

Lemos isso como "Y é igual a b_1 vezes X, mais uma constante b_0". O símbolo b_0 é conhecido como o *intercepto* (ou a constante) e o símbolo b_1, como o *declive* para X. Ambos aparecem nos resultados de *R* como *coeficientes*, apesar de o uso do termo *coeficiente* ser geralmente reservado para b_1. A variável Y é conhecida como *resposta* ou variável *dependente*, já que depende de X. A variável X é conhecida como variável *preditora* ou variável *independente*. A comunidade de aprendizado de máquina costuma usar outros termos, chamando Y de *alvo* e X de vetor de *característica*. Neste livro, usaremos os termos variável *preditora* e *característica* alternadamente.

Considere o gráfico de dispersão na Figura 4-1 exibindo o número de anos a que um trabalhador foi exposto à poeira de algodão (`Exposure`) versus uma medida da capacidade pulmonar (`PEFR` ou "taxa do pico de fluxo expiratório"). Como `PEFR` está relacionada a `Exposure`? É difícil dizer apenas com base na figura.

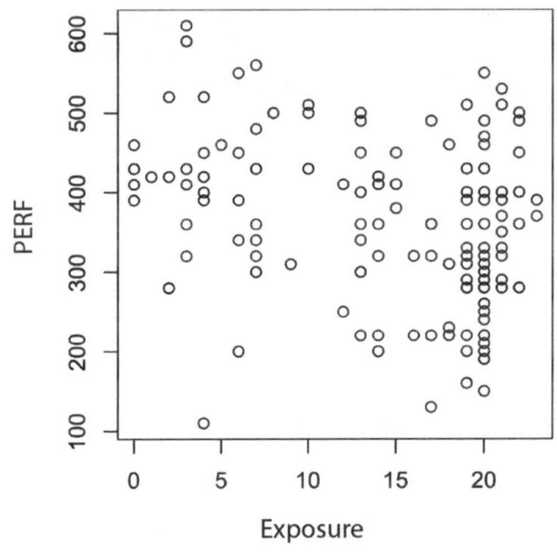

Figura 4-1. Exposição ao algodão versus capacidade pulmonar

A regressão linear simples tenta encontrar a "melhor" linha para prever a resposta `PEFR` como uma função da variável preditora `Exposure`.

$$\text{PEFR} = b_0 + b_1 \text{Exposure}$$

A função `lm` em *R* pode ser usada para ajustar uma regressão linear.

```
model <- lm(PEFR ~ Exposure, data=lung)
```

`lm` significa *modelo linear* e o símbolo ~ indica que `PEFR` é previsto por `Exposure`. Com essa definição de modelo, o intercepto é automaticamente incluído e ajustado. Se você quer excluir o intercepto do modelo, precisa escrever a definição do modelo:

```
PEFR ~ Exposure - 1
```

Ao imprimir o objeto `model`, temos o seguinte resultado:

```
Call:
lm(formula = PEFR ~ Exposure, data = lung)

Coefficients:
(Intercept)    Exposure
    424.583      -4.185
```

O intercepto, ou b_0, é 424.583 e pode ser interpretado como o `PEFR` previsto para um trabalhador com zero ano de exposição. O coeficiente de regressão, ou b_1, pode ser interpretado da seguinte forma: para cada ano adicional que um trabalhador é exposto à poeira de algodão, sua medição de `PEFR` é reduzida em –4.185.
Em *Python*, podemos usar `LinearRegression` do pacote `scikit-learn` (o pacote `stats models` tem uma implementação de regressão linear mais semelhante ao *R* (`sm.OLS`); iremos usá-lo mais adiante neste capítulo):

```
predictors = ['Exposure']
outcome = 'PEFR'

model = LinearRegression()
model.fit(lung[predictors], lung[outcome])

print(f'Intercept: {model.intercept_:.3f}')
print(f'Coefficient Exposure: {model.coef_[0]:.3f}')
```

A linha de regressão desse modelo é exibida na Figura 4-2.

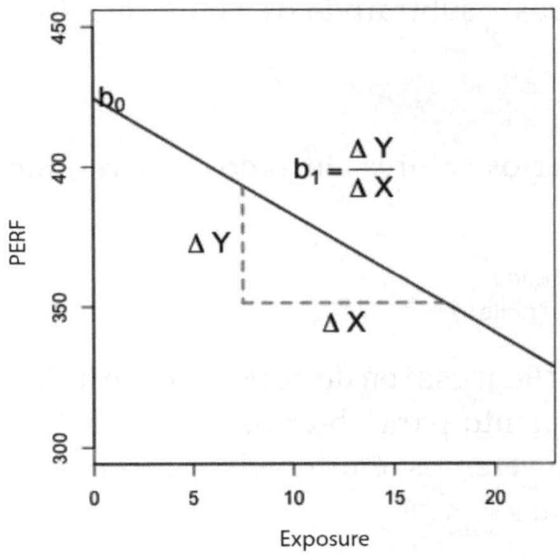

Figura 4-2. Declive e intercepto para o ajuste de regressão aos dados pulmonares

Valores Ajustados e Resíduos

Alguns conceitos importantes na análise de regressão são os valores *ajustados* (predições) e os *resíduos* (erros de predição). Em geral, os dados não ficam exatamente em uma linha, então a equação de regressão deve incluir um termo explícito de erro e_i:

$$Y_i = b_0 + b_1 X_i + e_i$$

Os valores ajustados, também chamados de valores *previstos*, são geralmente indicados por $\hat{Y}_i$ (Y chapéu). Estes são os dados:

$$\hat{Y}_i = \hat{b}_0 + \hat{b}_1 X_i$$

As notações $\hat{b}_0$ e $\hat{b}_1$ indicam que os coeficientes são os estimados versus os conhecidos.

Notação Chapéu: Estimativas Versus Valores Conhecidos

A notação "chapéu" é usada para diferenciar as estimativas dos valores conhecidos. Então o símbolo $\hat{b}$ ("b chapéu") é uma estimativa do parâmetro desconhecido *b*. Por que os estatísticos diferenciam a estimativa e o valor real? A estimativa tem incerteza, já o valor real é fixado.[2]

2 Na estatística bayesiana, o valor real é assumido como sendo uma variável aleatória com uma distribuição específica. No contexto bayesiano, em vez das estimativas de parâmetros desconhecidos, existem distribuições posteriores e anteriores.

Calculamos os resíduos $\hat{e}_i$ subtraindo os valores *previstos* dos dados originais:

$$\hat{e}_i = Y_i - \hat{Y}_i$$

Em *R*, podemos obter os valores ajustados e os resíduos usando as funções `predict` e `residuals`:

```
fitted <- predict(model)
resid <- residuals(model)
```

Com o modelo `LinearRegression` de `scikit-learn`, usamos o método `predict` nos dados de treinamento para obter os valores `fitted` e, posteriormente, os `residuals`. Como veremos, é um padrão geral que todos os modelos em `scikit-learn` seguem:

```
fitted = model.predict(lung[predictors])
residuals = lung[outcome] - fitted
```

A Figura 4-3 ilustra os resíduos da linha de regressão ajustada aos dados pulmonares. Os resíduos são o comprimento das linhas tracejadas verticais dos dados até a linha.

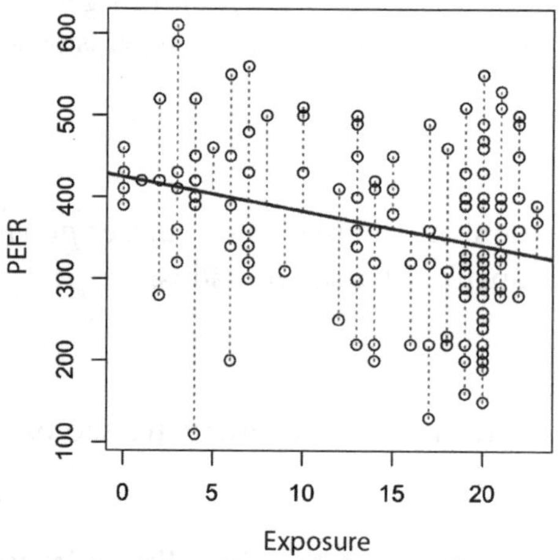

Figura 4-3. Resíduos de uma linha de regressão (para aceitar todos os dados, a escala do eixo y difere da Figura 4-2, por isso o declive aparentemente diferente)

Mínimos Quadrados

Como o modelo é ajustado aos dados? Quando existe um relacionamento claro, imaginamos poder ajustar a linha à mão. Na prática, a linha de regressão é a estimativa que minimiza a soma dos valores quadrados do resíduo, também chamados de *soma residual dos quadrados* ou *RSS*:

$$
\begin{aligned}
RSS &= \sum_{i=1}^{n} \left(Y_i - \hat{Y}_i\right)^2 \\
&= \sum_{i=1}^{n} \left(Y_i - \hat{b}_0 - \hat{b}_1 X_i\right)^2
\end{aligned}
$$

As estimativas $\hat{b}_0$ e $\hat{b}_1$ são os valores que minimizam a RSS.

O método de minimizar a soma dos resíduos quadrados é chamado de regressão de *mínimos quadrados* ou regressão de *mínimos quadrados ordinários* (OLS). Costuma ser atribuída a Carl Friedrich Gauss, o matemático alemão, mas foi publicada primeiro pelo matemático francês Adrien-Marie Legendre, em 1805. A regressão de quadrados mínimos pode ser calculada com rapidez e facilidade com qualquer software de estatística padrão.

Historicamente, a conveniência computacional é uma das razões para o uso disseminado dos quadrados mínimos na regressão. Com o advento do big data, a velocidade computacional ainda é um fator importante. Os quadrados mínimos, como a média (veja "Mediana e Estimativas Robustas", no Capítulo 1), são sensíveis aos valores atípicos, porém isso costuma ser um problema significativo apenas em conjuntos de dados pequenos ou de tamanho moderado. Veja em "Valores atípicos", adiante neste capítulo, informações sobre esses valores em regressão.

> **Terminologia da Regressão**
>
> Quando analistas e pesquisadores usam o termo *regressão* sozinho, geralmente se referem à regressão linear. O foco costuma ser o desenvolvimento de um modelo linear para explicar o relacionamento entre as variáveis preditoras e uma variável resultante numérica. Em seu sentido estatístico formal, a regressão também inclui modelos não lineares que resultam em um relacionamento funcional entre as variáveis preditoras e a resultante. Na comunidade de aprendizado de máquina, por vezes o termo é também usado livremente para se referir ao uso de qualquer modelo preditivo que produz um resultado numérico previsto (em oposição aos métodos de classificação que preveem um resultado binário ou categórico).

Predição versus Explicação (Perfilamento)

Historicamente, um dos primeiros usos da regressão foi desvendar um suposto relacionamento linear entre as variáveis preditoras e uma variável resultante. O objetivo era entender um relacionamento e explicá-lo usando os dados aos quais a regressão foi ajustada. Nesse caso, o objetivo principal está no declive estimado da equação de regressão, $\hat{b}$. Os economistas querem saber o relacionamento entre os gastos do consumidor e o crescimento do PIB. Os agentes de saúde pública querem saber se uma campanha de informação pública é eficaz em promover práticas sexuais seguras. Em tais situações, o objetivo não é prever casos individuais, mas entender o relacionamento geral nas variáveis.

Com o advento do big data, a regressão é muito usada para formar um modelo e prever os resultados individuais para novos dados (ou seja, um modelo preditivo), em vez de explicar os dados em mãos. Assim, os itens de interesse são os valores ajustados $\hat{Y}$. No marketing, a regressão pode ser usada para prever a alteração da receita em resposta ao tamanho de um anúncio. As universidades norte-americanas usam a regressão para prever o GPA dos alunos com base em sua pontuação no SAT.

Um modelo de regressão ajusta bem os dados de modo que as mudanças em *X* levam às mudanças em *Y*. No entanto, sozinha, a equação de regressão não prova a direção da causa. As conclusões sobre a causa devem vir de um contexto maior de entendimento sobre o relacionamento. Por exemplo, uma equação de regressão pode mostrar um relacionamento definido entre o número de cliques em um anúncio online e o número de conversões. É o nosso conhecimento sobre o processo de marketing, e não a equação de regressão, que nos leva à conclusão de que os cliques no anúncio levam às vendas, e não o contrário.

Ideias-chave

- A equação de regressão modela o relacionamento entre a variável responsiva *Y* e uma variável preditora *X* como uma linha.
- Um modelo de regressão gera valores ajustados e resíduos — previsões da resposta e erros das previsões.
- Os modelos de regressão costumam ser ajustados pelo método de mínimos quadrados.
- A regressão é usada para a predição e a explicação.

Leitura Adicional

Para um tratamento mais aprofundado de predição versus explicação, veja o artigo de Galit Shmueli, "To Explain or to Predict".

Regressão Linear Múltipla

Quando existem múltiplas variáveis preditoras, a equação simplesmente se estende para acomodá-las:

$$Y = b_0 + b_1X_1 + b_2X_2 + ... + b_pX_p + e$$

Em vez de uma linha, agora temos um modelo linear — o relacionamento entre cada coeficiente e sua variável (característica) é linear.

Termos-chave para Regressão Linear Múltipla

Raiz quadrada do erro quadrático médio

A raiz quadrada do erro quadrático médio da regressão (é a métrica mais usada para comparar os modelos de regressão).

Sinônimo

RMSE

Erro-padrão residual

O mesmo que a raiz quadrada do erro quadrático médio, mas ajustada para graus de liberdade.

Sinônimo

RSE

R-quadrado

A proporção de variância explicada pelo modelo, de 0 a 1.

Sinônimos

coeficiente de determinação, R^2

Estatística t

O coeficiente para uma variável preditora, dividido pelo erro-padrão do coeficiente, fornecendo uma métrica para comparar a importância das variáveis no modelo. Veja "Testes t" no Capítulo 3.

Regressão ponderada

A regressão com os registros tendo pesos diferentes.

Todos os outros conceitos em regressão linear simples, como ajuste por mínimos quadrados, e a definição de valores ajustados e resíduos se estendem à configuração da regressão linear múltipla. Por exemplo, os valores ajustados são dados por:

$$\hat{Y}_i = \hat{b}_0 + \hat{b}_1X_{1,i} + \hat{b}_2X_{2,i} + ... + \hat{b}_pX_{p,i}$$

Exemplo: Dados Imobiliários de King County

Um exemplo do uso da regressão é na estimativa dos valores de casas. Os avaliadores do município devem estimar o valor de uma casa para calcular os impostos. Clientes e corretores de imóveis consultam sites populares como o Zillow nos EUA para determinar um valor justo. Veja algumas linhas de dados imobiliários de King County (Seattle), Washington, de `house data.frame`:

```
head(house[, c('AdjSalePrice', 'SqFtTotLiving', 'SqFtLot', 'Bathrooms',
               'Bedrooms', 'BldgGrade')])
Source: local data frame [6 x 6]

  AdjSalePrice SqFtTotLiving SqFtLot Bathrooms Bedrooms BldgGrade
         (dbl)         (int)   (int)     (dbl)    (int)     (int)
1       300805          2400    9373      3.00        6         7
2      1076162          3764   20156      3.75        4        10
3       761805          2060   26036      1.75        4         8
4       442065          3200    8618      3.75        5         7
5       297065          1720    8620      1.75        4         7
6       411781           930    1012      1.50        2         8
```

O método `head` do data frame `pandas` lista as primeiras linhas:

```
heasubset = ['AdjSalePrice', 'SqFtTotLiving', 'SqFtLot', 'Bathrooms',
                 'Bedrooms', 'BldgGrade']
house[subset].head()
```

O objetivo é prever o preço de venda a partir de outras variáveis. A função `lm` trata o caso de regressão múltipla simplesmente incluindo mais termos no lado direito da equação. O argumento `na.action=na.omit` faz o modelo excluir registros com valores faltantes:

```
house_lm <- lm(AdjSalePrice ~ SqFtTotLiving + SqFtLot + Bathrooms +
                 Bedrooms + BldgGrade,
               data=house, na.action=na.omit)
```

`LinearRegression` de `scikit-learn` pode ser usado para a regressão linear múltipla também:

```
predictors = ['SqFtTotLiving', 'SqFtLot', 'Bathrooms', 'Bedrooms', 'BldgGrade']
outcome = 'AdjSalePrice'

house_lm = LinearRegression()
house_lm.fit(house[predictors], house[outcome])
```

A impressão do objeto `house_lm` gera o seguinte resultado:

```
house_lm

Call:
lm(formula = AdjSalePrice ~ SqFtTotLiving + SqFtLot + Bathrooms +
    Bedrooms + BldgGrade, data = house, na.action = na.omit)

Coefficients:
  (Intercept)  SqFtTotLiving        SqFtLot      Bathrooms
   -5.219e+05      2.288e+02     -6.051e-02     -1.944e+04
     Bedrooms      BldgGrade
   -4.778e+04      1.061e+05
```

Para um modelo `LinearRegression`, o intercepto e os coeficientes são os campos `intercept_` e `coef_` do modelo ajustado:

```
print(f'Intercept: {house_lm.intercept_:.3f}')
print('Coefficients:')
for name, coef in zip(predictors, house_lm.coef_):
        print(f' {name}: {coef}')
```

A interpretação dos coeficientes é feita como na regressão linear simples: o valor previsto $\hat{Y}$ muda pelo coeficiente b_j para cada mudança de unidade em X_j, assumindo que todas as outras variáveis, X_k para $k \neq j$, continuam iguais. Por exemplo, adicionar um metro quadrado acabado a uma casa aumenta o valor estimado em cerca de US$229; adicionar 1.000 metros quadrados acabados implica um aumento de US$228.800.

Avaliando o Modelo

A métrica de desempenho mais importante da perspectiva da ciência de dados é a *raiz quadrada do erro quadrático médio*, ou *RMSE*, que é a raiz quadrada do erro ao quadrado médio nos valores previstos $\hat{y}_i$:

$$RMSE = \sqrt{\frac{\sum_{i=1}^{n}\left(y_i - \hat{y}_i\right)^2}{n}}$$

Isso mede a precisão geral do modelo e é uma base para a comparação com outros modelos (inclusive os modelos ajustados usando técnicas de aprendizado de máquina). Semelhante ao RMSE, temos o *erro-padrão residual* ou *RSE*. Nesse caso, temos p variáveis preditoras e o RSE é dado por:

$$RSE = \sqrt{\frac{\sum_{i=1}^{n}\left(y_i - \hat{y}_i\right)^2}{(n - p - 1)}}$$

A única diferença é que o denominador são os graus de liberdade, diferente do número de registros (veja "Graus de Liberdade", no Capítulo 3). Na prática, para a regressão linear, a diferença entre RMSE e RSE é muito pequena, sobretudo nas aplicações de big data.

A função summary em *R* calcula o RSE, bem como outras métricas para um modelo de regressão:

```
summary(house_lm)

Call:
lm(formula = AdjSalePrice ~ SqFtTotLiving + SqFtLot + Bathrooms +
    Bedrooms + BldgGrade, data = house, na.action = na.omit)

Residuals:
     Min       1Q   Median       3Q      Max
-1199479  -118908   -20977    87435  9473035

Coefficients:
                Estimate Std. Error t value Pr(>|t|)
(Intercept)   -5.219e+05  1.565e+04 -33.342  < 2e-16 ***
SqFtTotLiving  2.288e+02  3.898e+00  58.694  < 2e-16 ***
SqFtLot       -6.047e-02  6.118e-02  -0.988    0.323
Bathrooms     -1.944e+04  3.625e+03  -5.363 8.27e-08 ***
Bedrooms      -4.777e+04  2.489e+03 -19.187  < 2e-16 ***
BldgGrade      1.061e+05  2.396e+03  44.277  < 2e-16 ***
---
Signif. codes:  0 '***' 0.001 '**' 0.01 '*' 0.05 '.' 0.1 ' ' 1

Residual standard error: 261300 on 22681 degrees of freedom
Multiple R-squared:  0.5406,    Adjusted R-squared:  0.5405
F-statistic:  5338 on 5 and 22681 DF,  p-value: < 2.2e-16
```

O `scikit-learn` fornece uma série de métricas para a regressão e a classificação. Aqui, usamos `mean_squared_error` para obter RMSE e `r2_score` para o coeficiente de determinação:

```
fitted = house_lm.predict(house[predictors])
RMSE = np.sqrt(mean_squared_error(house[outcome], fitted))
r2 = r2_score(house[outcome], fitted)
print(f'RMSE: {RMSE:.0f}')
print(f'r2: {r2:.4f}')
```

Use `statsmodels` para obter uma análise mais detalhada do modelo de regressão em *Python*:

```
model = sm.OLS(house[outcome], house[predictors].assign(const=1))
results = model.fit()
results.summary()
```

O método `assign` do `pandas`, como usado aqui, adiciona uma coluna constante com valor 1 às variáveis preditoras. Isso é necessário para modelar o intercepto. Outra métrica útil que veremos na saída de softwares é o *coeficiente de determinação*, também chamado de estatística de *R-quadrado* ou R^2. O R-quadrado varia de 0 a 1 e mede a proporção de variação nos dados que é contabilizada no modelo. É útil principalmente em usos explicativos da regressão nos quais se quer avaliar quão bem o modelo se ajusta aos dados. A fórmula para R^2 é:

$$R^2 = 1 - \frac{\sum_{i=1}^{n} \left(y_i - \hat{y}_i\right)^2}{\sum_{i=1}^{n} \left(y_i - \bar{y}\right)^2}$$

O denominador é proporcional à variância de *Y*. O resultado de *R* também informa um *R-quadrado ajustado*, o qual se ajusta para os graus de liberdade, penalizando efetivamente a adição de mais variáveis preditoras a um modelo. Isso raramente é muito diferente do *R-quadrado* na regressão múltipla com grandes conjuntos de dados.

Junto com os coeficientes estimados, *R* e `statsmodels` informam o erro-padrão dos coeficientes (SE) e uma *estatística t*:

$$t_b = \frac{\hat{b}}{\mathrm{SE}\left(\hat{b}\right)}$$

A estatística t — e sua imagem espelhada, o valor-p — mede até onde o coeficiente é "estatisticamente significativo", ou seja, fora da amplitude do que um arranjo de acaso aleatório de variáveis preditoras e alvo poderiam causar. Quanto maior a estatística t (e menor o valor-p), mais significativa é a preditora. Já que parcimônia é uma característica valiosa do modelo, é útil ter uma ferramenta como esta para guiar a escolha das variáveis a incluir como preditoras (veja "Seleção do Modelo e Regressão Passo a Passo", adiante neste capítulo).

> Além da estatística t, *R* e outros pacotes costumam informar um *valor-p* (`Pr(>|t|)` na saída de *R*) e uma *estatística F*. Os cientistas de dados geralmente não se envolvem muito na interpretação dessas estatísticas nem na questão da significância estatística. Os cientistas de dados focam principalmente a estatística t como um guia útil para incluir ou não uma variável preditora no modelo. As estatísticas t altas (que acompanham os valores-p próximos de 0) indicam que uma variável preditora deve ser retida em um modelo, já as estatísticas t muito baixas indicam que uma variável preditora pode ser descartada. Veja mais sobre isso em "Valor-p", no Capítulo 3.

Validação Cruzada

As métricas clássicas de regressão estatística (R^2, estatísticas F e valores-p) são todas métricas "na amostra" — são aplicadas nos mesmos dados usados para ajustar o modelo. Intuitivamente, pode-se ver que faria mais sentido deixar de lado uma parte dos dados originais, não usá-los para ajustar o modelo, então aplicar o modelo nos dados reservados (de validação) para ver como se comportam. Normalmente usaríamos a maioria dos dados para ajustar o modelo e uma proporção menor para testá-lo.

Essa ideia de validação "fora da amostra" não é nova, mas não foi muito aproveitada até que os conjuntos de dados maiores se tornaram mais prevalentes. Com um conjunto de dados menor, os analistas costumam usar todos os dados e ajustar o melhor modelo possível.

Porém, usando uma amostra de validação, ficamos sujeitos a alguma incerteza que surge simplesmente da variabilidade na pequena amostra de retenção. Quão diferente seria a avaliação se selecionássemos uma amostra de validação diferente?

A validação cruzada estende a ideia de uma amostra de validação a múltiplas amostras de validação sequenciais. O algoritmo para a *validação cruzada k-fold* básica é o seguinte:

1. Reserve *1/k* dos dados como uma amostra de validação.
2. Treine o modelo nos dados restantes.
3. Aplique (score) o modelo na validação de *1/k* e registre as métricas de avaliação do modelo necessárias.
4. Recoloque os primeiros *1/k* dos dados e reserve os *1/k* seguintes (excluindo quaisquer registros que foram escolhidos na primeira vez).
5. Repita os passos 2 e 3.
6. Repita até que cada registro tenha sido usado na porção de validação.
7. Tire a média ou combine as métricas de avaliação do modelo.

A divisão dos dados nas amostras de treinamento e de validação também é chamada de *fold* (dobra).

Seleção do Modelo e Regressão Passo a Passo

Em alguns problemas, podem-se usar muitas variáveis como preditoras em uma regressão. Por exemplo, para prever o valor de uma casa, podem ser usadas variáveis adicionais, como o tamanho do porão e o ano de construção. Em *R*, elas são fáceis de adicionar à equação de regressão:

```
house_full <- lm(AdjSalePrice ~ SqFtTotLiving + SqFtLot + Bathrooms +
                 Bedrooms + BldgGrade + PropertyType + NbrLivingUnits +
                 SqFtFinBasement + YrBuilt + YrRenovated +
                 NewConstruction,
               data=house, na.action=na.omit)
```

Em *Python*, precisamos converter as variáveis categóricas e booleanas em números:

```
predictors = ['SqFtTotLiving', 'SqFtLot', 'Bathrooms', 'Bedrooms', 'BldgGrade',
              'PropertyType', 'NbrLivingUnits', 'SqFtFinBasement', 'YrBuilt',
              'YrRenovated', 'NewConstruction']

X = pd.get_dummies(house[predictors], drop_first=True)
X['NewConstruction'] = [1 if nc else 0 for nc in X['NewConstruction']]

house_full = sm.OLS(house[outcome], X.assign(const=1))
results = house_full.fit()
results.summary()
```

No entanto, adicionar mais variáveis não significa necessariamente ter um modelo melhor. Os estatísticos usam o princípio da *navalha de Occam* para guiar a escolha de um modelo: com todas as coisas sendo iguais, deve-se preferir usar um modelo mais simples, não um mais complicado.

Incluir variáveis adicionais sempre reduz o RMSE e aumenta o R^2 para os dados de treinamento. Portanto, estes não são indicados para guiar a escolha do modelo. Uma abordagem para incluir a complexidade do modelo é usar o R^2 ajustado:

$$R_{adj}^2 = 1 - (1 - R^2)\frac{n-1}{n-P-1}$$

Aqui, n é o número de registros e P é o número de variáveis no modelo.

Nos anos 1970, Hirotugu Akaike, o ilustre estatístico japonês, desenvolveu uma métrica chamada *AIC* (Critério de Informação de Akaike), que penaliza a adição de termos a um modelo. No caso da regressão, o AIC tem a seguinte forma:

$$\text{AIC} = 2P + n\log(\text{RSS}/n)$$

em que p é o número de variáveis e n é o número de registros. O objetivo é encontrar o modelo que minimiza o AIC. Os modelos com k mais variáveis extras são penalizados em $2k$.

AIC, BIC e Cp de Mallows

A fórmula do AIC pode parecer um tanto misteriosa, mas, na verdade, se baseia nos resultados assintóticos em teoria da informação. Existem diversas variantes do AIC:

AICc
: Uma versão do AIC corrigida para tamanhos de amostra pequenos.

BIC ou critério bayesiano de informação
: Similar ao AIC com penalidades maiores para incluir variáveis adicionais ao modelo.

Cp de Mallows
: Uma variante do AIC desenvolvida por Colin Mallows.

São normalmente informados como métricas na amostra (ou seja, nos dados de treinamento) e os cientistas de dados que usam dados de validação para avaliar o modelo não precisam se preocupar com as diferenças nessas métricas ou com a teoria subjacente.

Como encontramos o modelo que minimiza o AIC ou maximiza o R^2 ajustado? Uma abordagem é procurar em todos os modelos possíveis, chamada de *regressão de todos os subconjuntos*. Ela é computacionalmente cara e inviável para problemas com dados grandes e muitas variáveis. Uma alternativa atraente é usar a *regressão passo a passo*. Poderia começar com um modelo completo e, sucessivamente, excluir as variáveis que não contribuem muito. Isso se chama *eliminação regressiva*. Uma alternativa ainda seria começar com um modelo constante e sucessivamente adicionar variáveis (*seleção progressiva*). Como terceira opção, também podemos incluir e excluir sucessivamente as variáveis preditoras para encontrar um modelo que diminui o AIC ou o R^2 ajustado. O `MASS` no pacote *R* de Venebles e Ripley tem uma função de regressão passo a passo chamada `stepAIC`:

```
library(MASS)
step <- stepAIC(house_full, direction="both")
step

Call:
lm(formula = AdjSalePrice ~ SqFtTotLiving + Bathrooms + Bedrooms +
    BldgGrade + PropertyType + SqFtFinBasement + YrBuilt, data = house0,
    na.action = na.omit)

Coefficients:
              (Intercept)             SqFtTotLiving
                6.179e+06                 1.993e+02
                Bathrooms                  Bedrooms
                4.240e+04                -5.195e+04
                BldgGrade  PropertyTypeSingle Family
                1.372e+05                 2.291e+04
    PropertyTypeTownhouse           SqFtFinBasement
                8.448e+04                 7.047e+00
                  YrBuilt
               -3.565e+03
```

O `scikit-learn` não tem implementação para a regressão passo a passo. Implementamos as funções `stepwise_selection`, `forward_selection` e `backward_elimination` em nosso pacote `dmba`:

```
y = house[outcome]

def train_model(variables):                          ❶
        if len(variables) == 0:
                return None
        model = LinearRegression()
        model.fit(X[variables], y)
        return model

def score_model(model, variables):                   ❷
        if len(variables) == 0:
                return AIC_score(y, [y.mean()] * len(y), model, df=1)
        return AIC_score(y, model.predict(X[variables]), model)

best_model, best_variables = stepwise_selection(X.columns, train_model,
                                                score_model, verbose=True)

print(f'Intercept: {best_model.intercept_:.3f}')
print('Coefficients:')
for name, coef in zip(best_variables, best_model.coef_):
        print(f' {name}: {coef}')
```

❶ Define uma função que retorna um modelo ajustado para determinado conjunto de variáveis.

❷ Define uma função que retorna um score para determinado modelo e conjunto de variáveis. Nesse caso, usamos o `AIC_score` implementado no pacote `dmba`.

A função escolheu um modelo em que diversas variáveis foram descartadas de `house_full`: `SqFtLot`, `NbrLivingUnits`, `YrRenovated` e `NewConstruction`.

Ainda mais simples são a *seleção progressiva* e a *seleção regressiva*. Na seleção progressiva, começamos sem variáveis preditoras e adicionamos uma a uma, acrescentando em cada passo a preditora que tem a maior contribuição para R^2 e parando quando a contribuição deixa de ser estatisticamente significativa. Na seleção regressiva, ou *eliminação regressiva*, começamos com o modelo completo e retiramos as variáveis preditoras que não são estatisticamente significativas até termos um modelo em que todas elas são estatisticamente significativas.

A *regressão penalizada* é semelhante ao AIC. Em vez de explicitamente procurar em um conjunto distinto de modelos, a equação de ajuste de modelos incorpora uma restrição que penaliza o modelo para variáveis excessivas (parâmetros). E em vez de eliminar totalmente as variáveis preditoras — como nas seleções passo a passo, progressiva e regressiva —, a regressão penalizada aplica a penalidade reduzindo os coeficientes, em alguns casos até próximo de zero. Os métodos comuns de regressão penalizada são *regressão ridge* e *regressão lasso*.

A regressão passo a passo e todas as regressões de subconjunto são métodos *na amostra* para avaliar e ajustar os modelos. Isso significa que a seleção do modelo está possivelmente sujeita a sobreajuste (ajuste do ruído nos dados) e pode não ter um desempenho tão bom quando aplicada a novos dados. Uma abordagem comum para evitar isso é usar a validação cruzada para validar os modelos. Na regressão linear, o sobreajuste não costuma ser um grande problema devido à estrutura global simples (linear) imposta aos dados. Para os modelos mais sofisticados, especialmente os procedimentos iterativos que respondem à estrutura de dados local, a validação cruzada é uma ferramenta muito importante. Veja mais detalhes em "Validaçao Cruzada", antes neste capítulo.

Regressão Ponderada

A regressão ponderada é usada por estatísticos para diversos propósitos. Em especial, é importante para a análise de pesquisas complexas. Os cientistas de dados podem achar a regressão ponderada útil em dois casos:

- Na ponderação de variância inversa, quando diferentes observações foram medidas com precisão diferente; a variância mais alta recebendo pesos menores.
- Na análise de dados, em que as linhas representam múltiplos casos; a variável ponderada codifica quantas observações originais cada linha representa.

Por exemplo, com os dados imobiliários, as vendas mais antigas são menos confiáveis que as mais recentes. Usando `DocumentDate` para determinar o ano da venda, podemos calcular `Weight` como o número de anos desde 2005 (o começo dos dados).

R

```
library(lubridate)
house$Year = year(house$DocumentDate)
house$Weight = house$Year - 2005
```

Python

```
house['Year'] = [int(date.split('-')[0]) for date in house.DocumentDate]
house['Weight'] = house.Year - 2005
```

Podemos calcular uma regressão ponderada com a função `lm` usando o argumento `weight`.

```
house_wt <- lm(AdjSalePrice ~ SqFtTotLiving + SqFtLot + Bathrooms +
                 Bedrooms + BldgGrade,
               data=house, weight=Weight)
round(cbind(house_lm=house_lm$coefficients,
            house_wt=house_wt$coefficients), digits=3)

                house_lm    house_wt
(Intercept)  -521871.368 -584189.329
SqFtTotLiving    228.831     245.024
SqFtLot           -0.060      -0.292
Bathrooms     -19442.840  -26085.970
Bedrooms      -47769.955  -53608.876
BldgGrade     106106.963  115242.435
```

Os coeficientes na regressão ponderada são um pouco diferentes da regressão original.
A maioria dos modelos em `scikit-learn` aceita pesos como o argumento da palavra-chave `sample_weight` na chamada do método `fit`:

```
predictors = ['SqFtTotLiving', 'SqFtLot', 'Bathrooms', 'Bedrooms', 'BldgGrade']
outcome = 'AdjSalePrice'

house_wt = LinearRegression()
house_wt.fit(house[predictors], house[outcome], sample_weight=house.Weight)
```

Ideias-chave

- A regressão linear múltipla modela o relacionamento entre uma variável responsiva Y e múltiplas variáveis preditoras $X_1, \ldots, X_p$.
- As métricas mais importantes para avaliar um modelo são a raiz quadrada do erro quadrático médio (RMSE) e R-quadrado (R^2).
- O erro-padrão dos coeficientes pode ser usado para medir a confiabilidade da contribuição de uma variável para o modelo.
- A regressão passo a passo é um modo de determinar automaticamente quais variáveis devem ser incluídas no modelo.
- A regressão ponderada é usada para dar a certos registros mais ou menos peso no ajuste da equação.

Leitura Adicional

Um excelente tratamento da validação cruzada e da reamostragem pode ser encontrado em *An Introduction to Statistical Learning* ,de Gareth James, Daniela Witten, Trevor Hastie e Robert Tibshirani (2013).

Predição Usando Regressão

O propósito principal da regressão na ciência de dados é a predição. É útil ter isso em mente, já que a regressão, sendo um método estatístico antigo e consagrado, traz uma bagagem que é mais relevante para seu papel tradicional como ferramenta da modelagem explicativa do que para a predição.

> **Termos-chave para Predição Usando Regressão**
>
> *Intervalo de predição*
> Um intervalo de incerteza em torno de um valor previsto individual.
>
> *Extrapolação*
> A extensão de um modelo além da amplitude dos dados usados para ajustá-lo.

Os Perigos da Extrapolação

Os modelos de regressão não devem ser usados para extrapolar além da amplitude dos dados (deixando de lado o uso da regressão para a predição das séries temporais). O modelo é válido apenas para valores preditores para os quais os dados têm valores suficientes (mesmo no caso em que estejam disponíveis dados suficientes, pode haver outros problemas; veja "Diagnósticos da Regressão", adiante neste capítulo). Em um caso extremo, suponhamos que seja usado `model_lm` para prever o valor de um lote vazio de 5 mil metros quadrados. Nesse caso, todas as variáveis preditoras relacionadas à construção teriam um valor 0 e a equação de regressão resultaria em uma predição absurda de –521.900 + 5.000 × –0,0605 = –US$522.202. Por que isso aconteceu? Os dados contêm apenas lotes com construções — não há registros correspondentes com lotes vazios. Consequentemente, o modelo não tem informação suficiente para dizer como prever o preço de venda de um lote vazio.

Intervalos de Confiança e Predição

A maior parte da estatística envolve o entendimento e a mensuração da variabilidade (incerteza). As estatísticas t e os valores-p registrados no resultado da regressão lidam com isso de modo formal, o que muitas vezes é útil para a seleção das variáveis (veja "Avaliando o Modelo", antes neste capítulo). Uma métrica mais útil é a dos intervalos de confiança, que são intervalos de incerteza posicionados em torno dos coeficientes de regressão e das predições. Um jeito fácil de entender isso é com o bootstrap (veja em "Bootstrap", no Capítulo 2, mais detalhes sobre o procedimento geral de bootstrap). Os intervalos de confiança de regressão mais comuns na saída do software são aqueles para os parâmetros de regressão (coeficientes). Veja um algoritmo bootstrap para gerar intervalos de confiança para os parâmetros de regressão (coeficientes) de um conjunto de dados com P variáveis preditoras e n registros (linhas):

1. Considere cada linha (incluindo a variável resultante) como um único "bilhete" e coloque todos os n bilhetes em uma caixa.
2. Retire um bilhete aleatoriamente, registre os valores e recoloque-o na caixa.

3. Repita o passo 2 *n vezes*; agora temos uma reamostra bootstrap.
4. Ajuste uma regressão à amostra bootstrap e registre os coeficientes estimados.
5. Repita os passos de 2 a 4, digamos, 1.000 vezes.
6. Agora temos 1.000 valores bootstrap para cada coeficiente. Encontre os percentis adequados para cada um (por exemplo, o 5° e o 95° para um intervalo de confiança de 90%).

Podemos usar a função `Boot` em *R* para gerar intervalos de confiança bootstrap reais para os coeficientes ou podemos simplesmente usar os intervalos baseados em fórmulas que são rotineiros na saída de *R*. O significado e a interpretação conceituais são os mesmos, sem importância central para os cientistas de dados, porque eles se importam com os coeficientes de regressão. Os intervalos em torno dos valores *y* ($\hat{Y}_i$) previstos são de maior interesse para os cientistas de dados. A incerteza em torno de $\hat{Y}_i$ vem de duas fontes:

- A incerteza em torno de quais são as variáveis preditoras e seus coeficientes (veja o algoritmo bootstrap anterior).
- Erro adicional inerente em pontos de dados individuais.

O erro do ponto de dado individual pode ser visto da seguinte forma: mesmo que soubéssemos com certeza qual é a equação de regressão (por exemplo, se tivéssemos um número enorme de registros para ajustá-la), os valores resultantes *reais* para certo conjunto de valores preditores variariam. Por exemplo, diversas casas — cada uma com 8 quartos, um lote de 6.500 metros quadrados, 3 banheiros e 1 porão — poderiam ter valores diferentes. Podemos modelar esse erro individual com os resíduos dos valores ajustados. O algoritmo bootstrap para modelar o erro do modelo de regressão e o erro do ponto de dado individual ficaria assim:

1. Tire uma amostra bootstrap dos dados (especificado com mais detalhes antes).
2. Ajuste a regressão e preveja o novo valor.
3. Tire um único resíduo aleatoriamente do ajuste de regressão original, adicione ao valor previsto e registre o resultado.
4. Repita os passos de 1 a 3, digamos, 1.000 vezes.
5. Encontre o 2,5° e 97,5° percentis dos resultados.

Intervalo de Predição ou Intervalo de Confiança?

Um intervalo de predição diz respeito à incerteza em torno de um único valor, já um intervalo de confiança diz respeito à média ou a outras estatísticas calculadas de múltiplos valores. Portanto, um intervalo de predição geralmente será muito maior que um intervalo de confiança para o mesmo valor. Modelamos esse erro do valor individual no modelo bootstrap selecionando um resíduo individual para adicionar ao valor previsto. Qual devemos usar? Isso depende do contexto e do propósito da análise, mas, em geral, os cientistas de dados estão mais interessados nas predições individuais específicas, então um intervalo de predição seria mais adequado. Usar um intervalo de confiança quando deveria usar um intervalo de predição subestimará muitíssimo a incerteza em dado valor previsto.

Ideias-chave

- A extrapolação além da amplitude dos dados pode levar a erros.
- Os intervalos de confiança quantificam a incerteza em torno dos coeficientes de regressão.
- Os intervalos de predição quantificam a incerteza nas predições individuais.
- A maioria dos softwares, inclusive o *R*, produzirá intervalos de predição e confiança por padrão ou a saída especificada usando fórmulas.
- O bootstrap também pode ser usado para produzir intervalos de predição e confiança; a interpretação e a ideia são as mesmas.

Variáveis Fatoriais na Regressão

As variáveis *fatoriais*, também chamadas de variáveis *categóricas*, requerem um número limitado de valores discretos. Por exemplo, uma finalidade do empréstimo pode ser “consolidação de dívida”, “casamento”, “carro” etc. A variável binária (sim/não), também chamada de variável *indicadora*, é um caso especial de variável fatorial. A regressão exige entradas numéricas, então as variáveis fatoriais precisam ser recodificadas para serem usadas no modelo. A abordagem mais comum é converter uma variável em um conjunto de variáveis binárias *fictícias*.

Termos-chave para Variáveis Fatoriais

Variáveis fictícias
: Variáveis binárias 0–1 derivadas pelo registro dos dados fatoriais para o uso na regressão e em outros modelos.

Codificação de referência
: O tipo mais comum de codificação usada pelos estatísticos, na qual o nível de um fator é usado como referência e outros fatores são comparados com tal nível.

  Sinônimo
  : codificação de tratamento

Codificação one-hot
: Um tipo comum de codificação usado pela comunidade de aprendizado de máquina em que todos os níveis fatoriais são retidos. É útil para certos algoritmos de aprendizado de máquina, mas essa abordagem não é adequada para a regressão linear múltipla.

Codificação de desvio
: Um tipo de codificação que compara cada nível com a média global, ao contrário do nível de referência.

  Sinônimo
  : contrastes de soma

Representação de Variáveis Fictícias

Nos dados imobiliários de King County, existe uma variável fatorial para o tipo de imóvel; aqui temos um pequeno subconjunto de seis registros:

R

```
head(house[, 'PropertyType'])
Source: local data frame [6 x 1]

   PropertyType
         (fctr)
1     Multiplex
2 Single Family
3 Single Family
4 Single Family
5 Single Family
6     Townhouse
```

Python

```
house.PropertyType.head()
```

Existem três valores possíveis: `Multiplex`, `Single Family` e `Townhouse`. Para usar essa variável fatorial, precisamos convertê-la em um conjunto de variáveis binárias. Fazemos isso criando uma variável binária para cada valor possível da variável fatorial. Para fazer isso em *R*, usamos a função `model.matrix`:[3]

```
prop_type_dummies <- model.matrix(~PropertyType -1, data=house)
head(prop_type_dummies)
  PropertyTypeMultiplex PropertyTypeSingle Family PropertyTypeTownhouse
1                     1                         0                     0
2                     0                         1                     0
3                     0                         1                     0
4                     0                         1                     0
5                     0                         1                     0
6                     0                         0                     1
```

A função `model.matrix` converte um data frame em uma matriz adequada a um modelo linear. A variável fatorial `PropertyType`, que possui três níveis distintos, é representada como uma matriz com três colunas. Na comunidade de aprendizado de máquina, essa representação é chamada de *codificação one-hot* (veja "Codificação One-hot", no Capítulo 6).

Em *Python*, podemos converter as variáveis categóricas em fictícias usando o método `get_dummies` do `pandas`:

```
pd.get_dummies(house['PropertyType']).head()          ❶
pd.get_dummies(house['PropertyType'], drop_first=True).head()     ❷
```

❶ Por padrão, retorna uma codificação one-hot da variável categórica.

❷ O argumento da palavra-chave `drop_first` retornará *P* - 1 colunas. Use isso para evitar o problema da multicolinearidade.

Em certos algoritmos de aprendizado de máquina, como os modelos de vizinhos mais próximos e de árvore, a codificação one-hot é o modo-padrão de representar as variáveis fatoriais (por exemplo, veja "Modelos de Árvore", no Capítulo 6). Na configuração de regressão, uma variável fatorial com *P* níveis distintos costuma ser representada por uma matriz com apenas *P* – 1 colunas. Isso porque um modelo de regressão geralmente inclui um termo interceptor. Com um intercepto, uma vez definidos os valores de *P* – 1 binários, o valor de *P*° é conhecido e poderia ser considerado redundante. Somar a *P*ª coluna causaria um erro de multicolinearidade (veja "Multicolinearidade", adiante neste capítulo).

3 O argumento -1 em `model.matrix` produz uma representação de codificação one-hot (removendo o intercepto, ou seja, "-"). Ou o padrão em *R* é produzir uma matriz com *P* – 1 colunas com o primeiro nível de fator como referência.

A representação padrão em *R* é usar o primeiro nível de fator como uma *referência* e interpretar os níveis restantes relativos a esse fator.

```
lm(AdjSalePrice ~ SqFtTotLiving + SqFtLot + Bathrooms +
       Bedrooms + BldgGrade + PropertyType, data=house)

Call:
lm(formula = AdjSalePrice ~ SqFtTotLiving + SqFtLot + Bathrooms +
    Bedrooms + BldgGrade + PropertyType, data = house)

Coefficients:
              (Intercept)              SqFtTotLiving
               -4.469e+05                  2.234e+02
                  SqFtLot                  Bathrooms
               -7.041e-02                 -1.597e+04
                 Bedrooms                  BldgGrade
               -5.090e+04                  1.094e+05
PropertyTypeSingle Family       PropertyTypeTownhouse
               -8.469e+04                 -1.151e+05
```

O método `get_dummies` requer o argumento da palavra-chave opcional `drop_first` para excluir o primeiro fator como *referência*:

```
predictors = ['SqFtTotLiving', 'SqFtLot', 'Bathrooms', 'Bedrooms',
                  'BldgGrade', 'PropertyType']

X = pd.get_dummies(house[predictors], drop_first=True)

house_lm_factor = LinearRegression()
house_lm_factor.fit(X, house[outcome])

print(f'Intercept: {house_lm_factor.intercept_:.3f}')
print('Coefficients:')
for name, coef in zip(X.columns, house_lm_factor.coef_):
        print(f' {name}: {coef}')
```

A saída da regressão de *R* mostra dois coeficientes correspondentes a `PropertyType`: `PropertyTypeSingle Family` e `PropertyTypeTownhouse`. Não há um coeficiente de `Multiplex`, pois está implicitamente definido quando `PropertyTypeSingle Family == 0` e `PropertyTypeTownhouse == 0`. Os coeficientes são interpretados como relativos a `Multiplex`, então uma casa que seja `Single Family` vale quase US$85 mil a menos e uma casa que seja `Townhouse` vale acima de US$150 mil a menos.[4]

4 Isso não é intuitivo, mas pode ser explicado pelo impacto da localização como uma variável de confusão. Veja "Variáveis de Confusão", adiante neste capítulo.

> **Diferentes Codificações Fatoriais**
>
> Existem diversos jeitos diferentes de codificar as variáveis fatoriais, conhecidos como sistemas de *codificação de contraste*. Por exemplo, a *codificação de desvio*, também conhecida como *contrastes de soma*, compara cada nível com a média global. Outro contraste é a *codificação polinomial*, que é adequada a fatores ordenados. Veja a seção "Variáveis Fatoriais Ordenadas", adiante neste capítulo. Com exceção dos fatores ordenados, os cientistas de dados geralmente não encontram nenhuma codificação além da codificação de referência ou da codificação one-hot.

Variáveis Fatoriais com Muitos Níveis

Algumas variáveis fatoriais podem produzir um número enorme de binários fictícios — códigos postais são uma variável fatorial e existem 43 mil códigos postais nos Estados Unidos. Nesses casos, é útil explorar os dados e os relacionamentos entre as variáveis preditoras e a saída para determinar se existem informações importantes nas categorias. Se sim, pode-se decidir se é útil manter todos esses fatores ou se os níveis devem ser consolidados.
Em King County, existem 80 códigos postais com casas à venda:

```
table(house$ZipCode)
```

```
98001 98002 98003 98004 98005 98006 98007 98008 98010 98011 98014 98019
  358   180   241   293   133   460   112   291    56   163 85     242
98022 98023 98024 98027 98028 98029 98030 98031 98032 98033 98034 98038
  188   455    31   366   252   475   263   308   121   517 575    788
98039 98040 98042 98043 98045 98047 98050 98051 98052 98053 98055 98056
   47   244   641     1   222    48     7    32   614   499 332    402
98057 98058 98059 98065 98068 98070 98072 98074 98075 98077 98092 98102
    4   420   513   430     1    89   245   502   388   204 289    106
98103 98105 98106 98107 98108 98109 98112 98113 98115 98116 98117 98118
  671   313   361   296   155   149   357     1   620   364 619    492
98119 98122 98125 98126 98133 98136 98144 98146 98148 98155 98166 98168
  260   380   409   473   465   310   332   287    40   358 193    332
98177 98178 98188 98198 98199 98224 98288 98354
  216   266   101   225   393     3     4     9
```

O método `value_counts` dos data frames `pandas` retorna as mesmas informações:

```
pd.DataFrame(house['ZipCode'].value_counts()).transpose()
```

`ZipCode` é uma variável importante, já que é uma proxy para o efeito de localização no valor de uma casa. Incluir todos os níveis exige 79 coeficientes correspondentes a 79 graus de liberdade. O modelo original `house_lm` tem apenas

5 graus de liberdade; veja "Avaliando o Modelo", antes neste capítulo. Além disso, muitos códigos postais têm apenas uma venda. Em alguns problemas, podemos consolidar um código postal usando os primeiros dois ou três dígitos, correspondendo a uma região geográfica submetropolitana. Para King County, quase todas as vendas ocorrem em 980xx ou 981xx, então isso não ajuda.

Uma abordagem alternativa é agrupar os códigos postais de acordo com outra variável, como o preço de venda. Melhor ainda é formar grupos de códigos postais usando os resíduos de um modelo inicial. O código `dplyr` a seguir em *R* consolida os 80 códigos postais em cinco grupos baseados na mediana do resíduo a partir da regressão `house_lm`:

```
zip_groups <- house %>%
  mutate(resid = residuals(house_lm)) %>%
  group_by(ZipCode) %>%
  summarize(med_resid = median(resid),
            cnt = n()) %>%
  arrange(med_resid) %>%
  mutate(cum_cnt = cumsum(cnt),
         ZipGroup = ntile(cum_cnt, 5))
house <- house %>%
  left_join(select(zip_groups, ZipCode, ZipGroup), by='ZipCode')
```

O resíduo da mediana é calculado para cada código postal e a função `ntile` é usada para separar os códigos postais, classificados pela mediana, em cinco grupos. Veja em "Variáveis de Confusão", adiante neste capítulo, um exemplo de como isso é usado como um termo em uma regressão melhorando o ajuste original.

Em *Python*, podemos calcular essa informação assim:

```
zip_groups = pd.DataFrame([
        *pd.DataFrame({
                'ZipCode': house['ZipCode'],
                'residual' : house[outcome] - house_lm.predict(house[predictors]),
        })
        .groupby(['ZipCode'])
        .apply(lambda x: {
                'ZipCode': x.iloc[0,0],
                'count': len(x),
                'median_residual': x.residual.median()
        })
]).sort_values('median_residual')
zip_groups['cum_count'] = np.cumsum(zip_groups['count'])
zip_groups['ZipGroup'] = pd.qcut(zip_groups['cum_count'], 5, labels=False,
                                 retbins=False)

to_join = zip_groups[['ZipCode', 'ZipGroup']].set_index('ZipCode')
house = house.join(to_join, on='ZipCode')
house['ZipGroup'] = house['ZipGroup'].astype('category')
```

O conceito do uso de resíduos para ajudar a guiar o ajuste da regressão é um passo fundamental no processo de modelagem. Veja "Diagnósticos da Regressão", adiante neste capítulo.

Variáveis Fatoriais Ordenadas

Algumas variáveis fatoriais refletem os níveis de um fator. Elas são chamadas de *variáveis fatoriais ordenadas* ou *variáveis categóricas ordenadas*. Por exemplo, a nota de empréstimo poderia ser A, B, C etc. — cada nota com mais risco que a anterior. As variáveis fatoriais ordenadas geralmente podem ser convertidas em valores numéricos e usadas dessa forma. Por exemplo, a variável `BldgGrade` é uma variável fatorial ordenada. Muitos tipos de notas estão exibidos na Tabela 4-1. Enquanto as notas têm um significado específico, o valor numérico é ordenado de baixo a alto, correspondendo à casa com notas mais altas. Com o modelo de regressão model `house_lm`, ajustado em "Regressão Linear Múltipla", anteriormente, `BldgGrade` foi tratada como uma variável numérica.

Tabela 4-1. Notas da edificação e equivalentes numéricos

Valor	Descrição
1	Cabana
2	Precária
5	Razoável
10	Muito boa
12	Luxuosa
13	Mansão

Tratar os fatores ordenados como uma variável numérica preserva a informação contida na ordem, e que seria perdida se fosse convertida em um fator.

Ideias-chave

- As variáveis fatoriais precisam ser convertidas em variáveis numéricas para o uso em uma regressão.
- O método mais comum para codificar uma variável fatorial com P valores distintos é representá-la usando P – 1 variáveis fictícias.
- Uma variável fatorial com muitos níveis, mesmo nos conjuntos de dados muito grandes, precisa ser consolidada em uma variável com menos níveis.
- Alguns fatores têm níveis que são ordenados e podem ser representados como uma única variável numérica.

Interpretando a Equação de Regressão

Em ciência de dados, o uso mais importante da regressão é prever alguma variável dependente (saída). Em alguns casos, no entanto, conhecer a própria equação para entender a natureza do relacionamento entre as variáveis preditoras e a saída pode ser interessante. Esta seção tem orientações para examinar e interpretar a equação de regressão.

Termos-chave para Interpretação da Equação de Regressão

Variáveis correlacionadas
: As variáveis que tendem a se mover na mesma direção — quando uma sobe, a outra acompanha, e vice-versa (na correlação negativa, quando uma sobe a outra desce). Quando as variáveis preditoras são altamente correlacionadas, é difícil interpretar os coeficientes individuais.

Multicolinearidade
: Quando as variáveis preditoras têm correlação perfeita, ou quase perfeita, a regressão pode ser instável ou impossível de calcular.

Sinônimo
: colinearidade

Variáveis de confusão
: Uma variável preditora importante que, quando omitida, leva a relacionamentos falsos em uma equação de regressão.

Efeitos principais
: O relacionamento entre uma variável preditora e a variável resultante, independentemente de outras variáveis.

Interações
: Um relacionamento independente entre duas ou mais variáveis preditoras e a resposta.

Variáveis Preditoras Correlacionadas

Na regressão múltipla, as variáveis preditoras costumam ser correlacionadas entre si. Como exemplo, examine os coeficientes de regressão para o modelo `step_lm`, ajustado em "Seleção do Modelo e Regressão Passo a Passo", adiante neste capítulo.

R

```
step_lm$coefficients
           (Intercept)          SqFtTotLiving              Bathrooms
          6.178645e+06           1.992776e+02           4.239616e+04
              Bedrooms              BldgGrade PropertyTypeSingle Family
         -5.194738e+04           1.371596e+05           2.291206e+04
 PropertyTypeTownhouse          SqFtFinBasement               YrBuilt
          8.447916e+04           7.046975e+00          -3.565425e+03
```

Python

```
print(f'Intercept: {best_model.intercept_:.3f}')
print('Coefficients:')
for name, coef in zip(best_variables, best_model.coef_):
        print(f' {name}: {coef}')
```

O coeficiente para `Bedrooms` é negativo! Isso significa que adicionar um quarto a uma casa reduzirá seu valor. Como é possível? Isso acontece porque as variáveis preditoras são correlacionadas: casas maiores tendem a ter mais quartos, e é o tamanho que rege o valor da casa, não o número de quartos. Considere duas casas exatamente do mesmo tamanho: é razoável pensar que uma casa com mais quartos, porém menores, seria considerada menos desejável.

Ter variáveis preditoras correlacionadas pode tornar difícil interpretar o sinal e o valor dos coeficientes de regressão (e pode inflar o erro-padrão das estimativas). As variáveis para quartos, tamanho da casa e número de banheiros são todas correlacionadas. Isso está ilustrado no exemplo a seguir em *R*, o qual ajusta outra regressão retirando as variáveis `SqFtTotLiving`, `SqFtFinBasement` e `Bathrooms` da equação:

```
update(step_lm, . ~ . -SqFtTotLiving - SqFtFinBasement - Bathrooms)

Call:
lm(formula = AdjSalePrice ~ Bedrooms + BldgGrade + PropertyType +
    YrBuilt, data = house0, na.action = na.omit)

Coefficients:
              (Intercept)                   Bedrooms
                  4913973                      27151
                BldgGrade  PropertyTypeSingle Family
                   248998                     -19898
    PropertyTypeTownhouse                    YrBuilt
                   -47355                      -3212
```

A função `update` pode ser usada para adicionar ou remover as variáveis de um modelo. Agora o coeficiente para os quartos é positivo — alinhado com o que esperávamos (apesar de estar, na verdade, agindo como uma proxy para o tamanho da casa, agora que essas variáveis foram removidas).

Em *Python*, não há nenhum equivalente para a função `update` de *R*. Precisamos reajustar o modelo com a lista de variáveis preditoras modificada:

```
predictors = ['Bedrooms', 'BldgGrade', 'PropertyType', 'YrBuilt']
outcome = 'AdjSalePrice'

X = pd.get_dummies(house[predictors], drop_first=True)

reduced_lm = LinearRegression()
reduced_lm.fit(X, house[outcome])
```

As variáveis correlacionadas são apenas um dos problemas ao interpretar os coeficientes de regressão. Em `house_lm`, não há uma variável para contabilizar a localização da casa e o modelo está misturando muitas regiões diferentes. A localização pode ser uma variável *de confusão*. Veja mais em "Variáveis de Confusão", adiante neste capítulo.

Multicolinearidade

Um caso extremo de variáveis correlacionadas produz multicolinearidade — uma condição em que há redundância nas variáveis preditoras. A multicolinearidade perfeita ocorre quando uma variável preditora pode ser expressa como uma combinação linear das outras. A multicolinearidade ocorre quando:

- Uma variável é incluída múltiplas vezes por erro.
- *P* fictícios, em vez de *P* – 1 fictícios, são criados a partir de uma variável fatorial (veja "Variáveis Fatoriais na Regressão", antes neste capítulo).
- Duas variáveis são quase perfeitamente correlacionadas entre si.

A multicolinearidade na regressão deve ser analisada — as variáveis devem ser removidas até que a multicolinearidade desapareça. Uma regressão não tem uma solução bem definida na presença da multicolinearidade perfeita. Muitos pacotes de software, inclusive o *R* e o *Python*, tratam automaticamente certos tipos de multicolinearidade. Por exemplo, se `SqFtTotLiving` for incluído duas vezes na regressão dos dados imobiliários, os resultados serão os mesmos do modelo `house_lm`. No caso da multicolinearidade não perfeita, o software pode obter uma solução, mas os resultados podem ser instáveis.

> A multicolinearidade não é um problema para os métodos de regressão não lineares como árvores, clusters e vizinhos mais próximos; em tais métodos pode ser aconselhável reter *P* fictícios (em vez de *P* – 1). Dito isso, mesmo nesses métodos, a não redundância nas variáveis preditoras ainda é uma virtude.

Variáveis de Confusão

Com as variáveis correlacionadas, o problema é de comissão: incluir diferentes variáveis que têm um relacionamento preditivo semelhante com a resposta. Com as *variáveis de confusão*, o problema é de omissão: uma variável importante não é incluída na equação de regressão. A interpretação ingênua dos coeficientes da equação pode levar a conclusões inválidas.

Por exemplo, veja a equação de regressão de King County `house_lm` em "Exemplo: Dados Imobiliários de King County", antes neste capítulo. Os coeficientes de regressão `SqFtLot`, `Bathrooms` e `Bedrooms` são todos negativos. O modelo de regressão original não contém uma variável para representar a localização — uma variável preditora muito importante do preço do imóvel. Para modelar a localização, inclua uma variável `ZipGroup`, que categoriza os códigos postais em um dos cinco grupos, dos menos caros (1) aos mais caros (5).[5]

```
lm(formula = AdjSalePrice ~ SqFtTotLiving + SqFtLot + Bathrooms +
        Bedrooms + BldgGrade + PropertyType + ZipGroup, data = house,
        na.action = na.omit)


Coefficients:
              (Intercept)             SqFtTotLiving
               -6.666e+05                 2.106e+02
                  SqFtLot                 Bathrooms
                4.550e-01                 5.928e+03
                 Bedrooms                 BldgGrade
               -4.168e+04                 9.854e+04
PropertyTypeSingle Family     PropertyTypeTownhouse
                1.932e+04                -7.820e+04
                ZipGroup2                 ZipGroup3
                5.332e+04                 1.163e+05
                ZipGroup4                 ZipGroup5
                1.784e+05                 3.384e+05
```

O mesmo modelo em *Python*:

```
predictors = ['SqFtTotLiving', 'SqFtLot', 'Bathrooms', 'Bedrooms',
        'BldgGrade', 'PropertyType', 'ZipGroup']
outcome = 'AdjSalePrice'

X = pd.get_dummies(house[predictors], drop_first=True)

confounding_lm = LinearRegression()
confounding_lm.fit(X, house[outcome])

print(f'Intercept: {confounding_lm.intercept_:.3f}')
print('Coefficients:')
for name, coef in zip(X.columns, confounding_lm.coef_):
        print(f' {name}: {coef}')
```

`ZipGroup` é claramente uma variável importante: uma casa no grupo de código postal mais caro é estimada com um preço de venda cerca de US$340 mil maior. Os coeficientes de `SqFtLot` e `Bathrooms` são agora positivos, e adicionar um banheiro aumenta o preço de venda em US$5.928.

O coeficiente para `Bedrooms` ainda é negativo. Ainda que não seja intuitivo, é um fenômeno bem conhecido no ramo imobiliário. Para casas com a mesma área habitável e número de banheiros, ter mais quartos, porém menores, está associado a casas menos valorizadas.

5 Existem 80 códigos postais em King County, muitos com apenas algumas vendas. Uma alternativa para usar os códigos postais diretamente como uma variável fatorial, `ZipGroup` agrupa os códigos postais semelhantes em um único grupo. Veja mais detalhes em "Variáveis Fatoriais com Muitos Níveis", antes neste capítulo.

Interações e Efeitos Principais

Os estatísticos gostam de diferenciar os *efeitos principais*, ou as variáveis independentes, e as *interações* entre esses efeitos. Os efeitos principais são o que geralmente é chamado de *variável preditora* na equação de regressão. Uma suposição implícita quando apenas os efeitos principais são usados em um modelo é que o relacionamento entre uma variável preditora e a resposta é independente das outras variáveis preditoras. Esse não costuma ser o caso.

Por exemplo, o modelo ajustado aos Dados Imobiliários de King County em "Variáveis de Confusão", antes neste capítulo, inclui diversas variáveis como efeitos principais, inclusive `ZipCode`. A localização do imóvel é tudo, e é natural presumir que o relacionamento entre, digamos, tamanho da casa e preço de venda dependa da localização. Uma casa grande, construída em um bairro com aluguéis baixos, não reterá o mesmo valor de uma casa grande construída em uma área cara. Incluímos as interações entre as variáveis em *R* usando o operador `*`. Para os dados de King County, o código a seguir ajusta uma interação entre `SqFtTotLiving` e `ZipGroup`:

```
lm(formula = AdjSalePrice ~ SqFtTotLiving * ZipGroup + SqFtLot +
        Bathrooms + Bedrooms + BldgGrade + PropertyType, data = house,
        na.action = na.omit)

 Coefficients:
                (Intercept)              SqFtTotLiving
                 -4.853e+05                  1.148e+02
                  ZipGroup2                  ZipGroup3
                 -1.113e+04                  2.032e+04
                  ZipGroup4                  ZipGroup5
                  2.050e+04                 -1.499e+05
                    SqFtLot                  Bathrooms
                  6.869e-01                 -3.619e+03
                   Bedrooms                  BldgGrade
                 -4.180e+04                  1.047e+05
PropertyTypeSingle Family       PropertyTypeTownhouse
                  1.357e+04                 -5.884e+04
  SqFtTotLiving:ZipGroup2     SqFtTotLiving:ZipGroup3
                  3.260e+01                  4.178e+01
  SqFtTotLiving:ZipGroup4     SqFtTotLiving:ZipGroup5
                  6.934e+01                  2.267e+02
```

O modelo resultante tem quatro novos termos: `SqFtTotLiving:ZipGroup2`, `SqFtTotLiving:ZipGroup3` etc.

Em *Python*, precisamos usar o pacote `statsmodels` para treinar os modelos de regressão linear com interações. Esse pacote foi projetado de forma semelhante ao *R* e permite definir modelos usando uma interface da fórmula:

```
model = smf.ols(formula='AdjSalePrice ~ SqFtTotLiving*ZipGroup + SqFtLot + ' +
        'Bathrooms + Bedrooms + BldgGrade + PropertyType', data=house)
results = model.fit()
results.summary()
```

O pacote `statsmodels` cuida das variáveis categóricas (por exemplo, `ZipGroup[T.1]`, `PropertyType[T.Single Family]`) e dos termos da interação (ex., `SqFtTotLiving:ZipGroup[T.1]`).

A localização e o tamanho da casa parecem ter uma forte interação. Para uma casa no `ZipGroup` mais baixo, o declive é igual ao declive do efeito principal `SqFtTotLiving`, que é de US$115 por metro quadrado (porque *R* usa a codificação de *referência* para as variáveis fatoriais; veja "Variáveis Fatoriais na Regressão", antes neste capítulo). Para uma casa no `ZipGroup` mais alto, o declive é a soma do efeito principal mais `SqFtTotLiving:ZipGroup5` ou US$115 + US$227 = US$342 por metro quadrado. Em outras palavras, adicionar um metro quadrado no grupo do código postal mais caro aumenta o preço de venda previsto em um fator de quase 3, comparado com o aumento médio de adicionar um metro quadrado no grupo mais baixo.

Seleção de Modelos com Termos de Interação

Nos problemas envolvendo muitas variáveis, pode ser um desafio decidir quais termos de interação devem ser incluídos no modelo. Geralmente são usadas muitas abordagens diferentes:

- Em alguns problemas, conhecimento antecipado e intuição podem guiar a escolha de quais termos de interação incluir no modelo.
- Pode-se usar a seleção passo a passo (veja "Seleção do Modelo e Regressão Passo a Passo", antes neste capítulo) para mudar entre diversos modelos.
- A regressão penalizada pode se ajustar automaticamente a um conjunto grande de possíveis termos de interação.
- Talvez a abordagem mais comum seja o uso dos *modelos de árvore*, bem como seus descendentes, *floresta aleatória* e *árvores de crescimento gradual*. Essa classe de modelos procura automaticamente termos ideais de interação. Veja "Modelos de Árvore", no Capítulo 6.

Ideias-chave

- Por causa da correlação entre as variáveis preditoras, deve-se ter cuidado na interpretação dos coeficientes na regressão linear múltipla.
- A multicolinearidade pode causar instabilidade numérica ao ajustar a equação de regressão.

- Uma variável de confusão é uma variável preditora importante omitida em um modelo e pode levar a uma equação de regressão com relacionamentos falsos.
- Um termo de interação entre duas variáveis é necessário se o relacionamento entre as variáveis e a resposta é interdependente.

Diagnósticos da Regressão

Na modelagem explicativa (ou seja, em um contexto de pesquisa), são dados muitos passos, além das métricas mencionadas anteriormente (veja "Avaliando o Modelo", antes neste capítulo), para avaliar quão bem o modelo se ajusta aos dados; a maioria se baseia na análise dos resíduos. Esses passos não abordam diretamente a precisão preditiva, mas podem dar insights úteis em um cenário preditivo.

Termos-chave para Diagnósticos da Regressão

Resíduos padronizados
Resíduos divididos pelo erro-padrão dos resíduos.

Valores atípicos
Registros (ou valores resultantes) que estão distantes do restante dos dados (ou do resultado previsto).

Valor influente
Um valor ou um registro cuja presença ou ausência faz uma grande diferença na equação de regressão.

Alavancagem
O grau de influência que um único registro tem em uma equação de regressão.

Sinônimo
valor chapéu

Resíduos não normais
Os registros não normalmente distribuídos podem invalidar algumas exigências técnicas da regressão, mas não costumam ser uma preocupação na ciência de dados.

Heteroscedasticidade
Quando algumas amplitudes da saída têm resíduos com maior variância (pode indicar uma variável preditora ausente na equação).

Gráficos residuais parciais
: Um gráfico de diagnóstico para exibir o relacionamento entre a variável resultante e uma única variável preditora.

Sinônimo
: gráfico de variáveis adicionadas

Valores Atípicos

Em linhas gerais, um valor extremo, também chamado de *outlier*, é aquele distante da maioria das outras observações. Da mesma forma como os valores atípicos precisam ser lidados para as estimativas de localização e variabilidade (veja "Estimativas de Localização" e "Estimativas de Variabilidade", ambas no Capítulo 1), eles podem causar problemas nos modelos de regressão. Na regressão, um valor atípico é um registro cujo valor y real é distante dos valores previstos. É possível detectar os valores atípicos examinando os *resíduos padronizados*, que são os resíduos divididos pelo erro-padrão dos resíduos.

Não há uma teoria estatística que separa os valores atípicos dos não atípicos. Pelo contrário, existem regras de ouro (arbitrárias) para quão distante dos dados uma observação deve estar para ser chamada de valor atípico. Por exemplo, com o gráfico de caixas, valores atípicos são aqueles pontos de dados que estão muito acima ou abaixo dos limites da caixa (veja "Percentis e Gráficos de Caixa", no Capítulo 1), em que "muito longe" = "mais de 1,5 vezes a amplitude interquartil". Na regressão, o resíduo padronizado é a métrica que costuma ser usada para determinar se um registro é classificado como um valor atípico. Os resíduos padronizados podem ser interpretados como "o número de erros-padrão longe da linha de regressão".

Ajustaremos uma regressão aos dados de vendas imobiliárias de King County para todas as vendas no código postal 98105 em *R*:

```
house_98105 <- house[house$ZipCode == 98105,]
lm_98105 <- lm(AdjSalePrice ~ SqFtTotLiving + SqFtLot + Bathrooms +
                 Bedrooms + BldgGrade, data=house_98105)
```

Em *Python*:

```
house_98105 = house.loc[house['ZipCode'] == 98105, ]

predictors = ['SqFtTotLiving', 'SqFtLot', 'Bathrooms', 'Bedrooms', 'BldgGrade']
outcome = 'AdjSalePrice'

house_outlier = sm.OLS(house_98105[outcome],
                       house_98105[predictors].assign(const=1))
result_98105 = house_outlier.fit()
```

Extraímos os resíduos padronizados em *R* usando a função `rstandard` e obtemos o índice do menor resíduo usando a função `order`:

```
sresid <- rstandard(lm_98105)
idx <- order(sresid)
sresid[idx[1]]
    20429
-4.326732
```

Em `statsmodels`, use `OLSInfluence` para analisar os resíduos:

```
influence = OLSInfluence(result_98105)
sresiduals = influence.resid_studentized_internal
sresiduals.idxmin(), sresiduals.min()
```

A maior superestimativa do modelo é mais de quatro erros-padrão acima da linha de regressão, correspondendo a uma sobrestimação de US$757.754. O registro original de dados correspondente a esse valor atípico é o seguinte:

```
house_98105[idx[1], c('AdjSalePrice', 'SqFtTotLiving', 'SqFtLot',
              'Bathrooms', 'Bedrooms', 'BldgGrade')]

AdjSalePrice SqFtTotLiving SqFtLot Bathrooms Bedrooms BldgGrade
        (dbl)         (int)   (int)     (dbl)    (int)     (int)
20429   119748          2900    7276         3        6         7
```

Em *Python*:

```
outlier = house_98105.loc[sresiduals.idxmin(), :]
print('AdjSalePrice', outlier[outcome])
print(outlier[predictors])
```

Nesse caso, parece que existe algo errado com o registro: uma casa desse tamanho geralmente é vendida por muito mais que US$119.748 naquele código postal. A Figura 4-4 mostra um trecho da escritura de venda: está claro que a venda envolveu apenas uma participação parcial na propriedade. Nesse caso, o valor atípico corresponde a uma venda que é anômala e não deve ser incluída na regressão. Os valores atípicos podem ser também resultado de outros problemas, como erro de digitação na inclusão dos dados ou uma divergência nas unidades (por exemplo, registrar uma venda em milhares de dólares apenas em dólares).

ESCRITURA DE GARANTIA LEGAL

CEDENTE, [redacted] solteiro, mediante o pagamento de US$105.000,00 cede a [redacted] casados, CESSIONÁRIOS, uma parte equivalente a vinte e cinco por cento (25%) do imóvel descrito a seguir, situado no Condado de King, estado de Washington, juntamente com todos os títulos posteriormente adquiridos pelo CEDENTE.

Figura 4-4. Escritura de venda para o maior resíduo negativo

Nos problemas de big data, os valores atípicos não costumam ser um problema no ajuste da regressão a ser usada ao prever novos dados. No entanto, os valores atípicos são fundamentais na detecção de anomalias, em que o objetivo é encontrar tais valores. O valor atípico pode também corresponder a um caso de fraude ou ação acidental. De qualquer forma, detectá-los pode ser uma necessidade crucial nos negócios.

Valores Influentes

Um valor cuja ausência poderia alterar significativamente a equação de regressão é chamado de *observação influente*. Na regressão, tal valor não precisa ser associado a um grande resíduo. Como exemplo, considere as linhas de regressão na Figura 4-5. A linha sólida corresponde à regressão com todos os dados, já a linha tracejada corresponde à regressão removendo o ponto no canto superior direito. Claramente, o valor do dado tem uma enorme influência na regressão, apesar de não ser associado a um grande valor atípico (da regressão completa). Esse valor de dado é tido como tendo uma alta *alavancagem* na regressão.

Além dos resíduos padronizados (veja "Valores Atípicos", antes neste capítulo), os estatísticos desenvolveram diversas métricas para determinar a influência de um único registro em uma regressão. Uma medida comum de alavancagem é o *valor chapéu*. Os valores acima de $2(P + 1)/n$ indicam um valor de dado de alta alavancagem.[6]

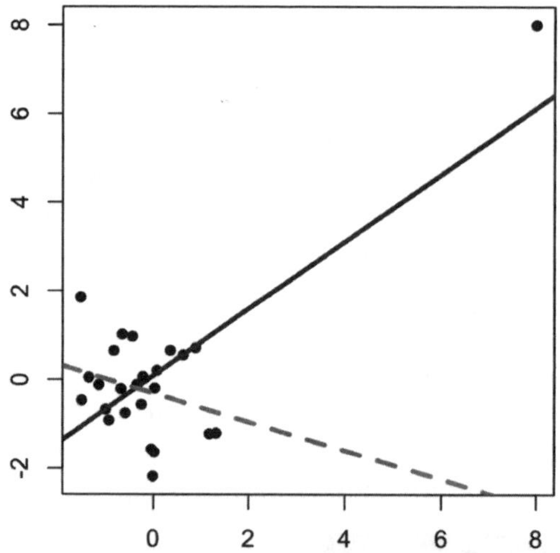

Figura 4-5. Um exemplo de ponto de dado influente na regressão

6 O termo *valor chapéu* vem da noção da matriz chapéu na regressão. A regressão linear múltipla pode ser expressa pela fórmula $\hat{Y} = HY$, em que H é a matriz chapéu. Os valores chapéu correspondem à diagonal de H.

Outra métrica é a *distância de Cook*, que define a influência como uma combinação de alavancagem e tamanho residual. Uma regra de ouro é que uma observação tem grande influência se a distância de Cook excede $4/(n - P - 1)$. Um *gráfico de influência* ou *gráfico bolha* combina os resíduos padronizados, o valor chapéu e a distância de Cook em uma única representação. A Figura 4-6 mostra o gráfico de influência para os dados imobiliários de King County e pode ser criado com o código em *R* a seguir:

```
std_resid <- rstandard(lm_98105)
cooks_D <- cooks.distance(lm_98105)
hat_values <- hatvalues(lm_98105)
plot(subset(hat_values, cooks_D > 0.08), subset(std_resid, cooks_D > 0.08),
        xlab='hat_values', ylab='std_resid',
        cex=10*sqrt(subset(cooks_D, cooks_D > 0.08)), pch=16, col='lightgrey')
points(hat_values, std_resid, cex=10*sqrt(cooks_D))
abline(h=c(-2.5, 2.5), lty=2)
```

Veja o código em *Python* para criar uma imagem parecida:

```
influence = OLSInfluence(result_98105)
fig, ax = plt.subplots(figsize=(5, 5))
ax.axhline(-2.5, linestyle='--', color='C1')
ax.axhline(2.5, linestyle='--', color='C1')
ax.scatter(influence.hat_matrix_diag, influence.resid_studentized_internal,
        s=1000 * np.sqrt(influence.cooks_distance[0]),
        alpha=0.5)
ax.set_xlabel('hat values')
ax.set_ylabel('studentized residuals')
```

Aparentemente, existem diversos pontos de dados que demonstram muita influência na regressão. A distância de Cook pode ser calculada usando a função `cooks.distance` e podemos usar `hatvalues` para calcular o diagnóstico. Os valores chapéu são representados no eixo x, os resíduos no eixo y e o tamanho dos pontos está relacionado ao valor da distância de Cook.

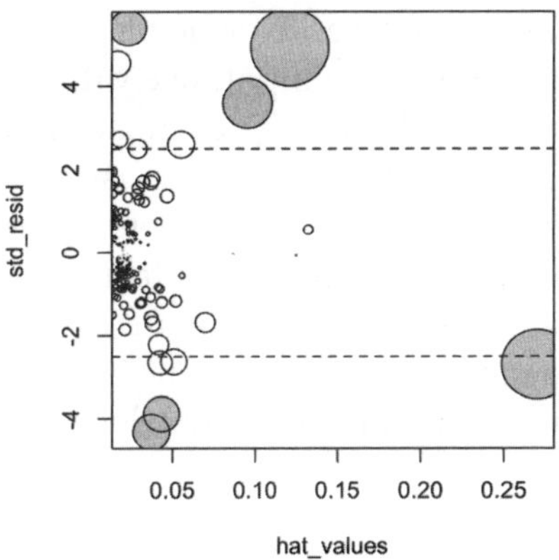

Figura 4-6. Um gráfico para determinar quais observações têm grande influência; os pontos com distância de Cook maior que 0.08 são destacados em cinza

A Tabela 4-2 compara a regressão com o conjunto completo de dados e os pontos de dados de alta influência removidos (distância de Cook > 0.08). O coeficiente de regressão para `Bathrooms` muda drasticamente.[7]

Tabela 4-2. Comparação dos coeficientes de regressão com os dados completos e os dados influentes removidos

	Original	Influente removido
(Intercept)	–772.550	–647.137
SqFtTotLiving	210	230
SqFtLot	39	33
Bathrooms	2282	–16132
Bedrooms	–26.320	–22.888
BldgGrade	130.000	114.871

Para fins de ajuste de uma regressão que prevê com confiança os dados futuros, identificar as observações influentes é útil apenas nos conjuntos de dados menores. Para as regressões envolvendo muitos registros, é improvável que qualquer observação traga peso suficiente para causar uma influência extrema na equação ajustada (apesar de a regressão poder ainda conter grandes valores atípicos). Para a detecção de anomalias, identificar as observações influentes pode ser muito útil.

Heteroscedasticidade, Não Normalidade e Erros Correlacionados

Os estatísticos prestam uma atenção especial à distribuição dos resíduos. Acontece que os mínimos quadrados ordinários (veja "Mínimos Quadrados", antes neste capítulo) são não enviesados e, em alguns casos, o estimador "ideal" em uma grande variedade de suposições distribucionais. Isso significa que, na maioria dos problemas, os cientistas de dados não precisam se preocupar muito com a distribuição dos resíduos.

A distribuição dos resíduos é relevante principalmente para a validade da inferência estatística formal (testes de hipótese e valores-p), a qual tem mínima importância para os cientistas de dados preocupados sobretudo com a precisão preditiva. Os erros normalmente distribuídos são um sinal de que o modelo está completo; os erros que não são normalmente distribuídos indicam que o modelo pode não ter algo. Para a inferência formal ser totalmente válida, os resíduos são considerados como normalmente distribuídos, tendo a mesma variância e sendo independentes. A área em que isso pode ser uma preocupação para os cientistas de dados é no cálculo padrão dos intervalos de confiança para

7 O coeficiente para `Bathrooms` se torna negativo, o que não é intuitivo. A localização não foi considerada e o código postal 98105 contém áreas com casas de tipos diferentes. Veja "Variáveis de Confusão", antes neste capítulo.

os valores previstos, que são baseados nas suposições sobre os resíduos (veja "Intervalos de Confiança e Predição", antes neste capítulo).

Heteroscedasticidade é a falta de variância residual constante na amplitude dos valores previstos. Em outras palavras, os erros são maiores em algumas partes da amplitude do que em outras. Visualizar os dados é uma forma conveniente de analisar os resíduos.

O código a seguir em *R* representa os resíduos absolutos versus os valores previstos para o ajuste de regressão `lm_98105` em "Valores atípicos", antes neste capítulo.

```
df <- data.frame(resid = residuals(lm_98105), pred = predict(lm_98105))
ggplot(df, aes(pred, abs(resid))) + geom_point() + geom_smooth()
```

A Figura 4-7 mostra o gráfico resultante. Usando `geom_smooth`, é fácil sobrepor uma suavização dos resíduos absolutos. A função chama o método `loess` (suavização do gráfico de dispersão estimado localmente) para produzir uma estimativa suavizada do relacionamento entre as variáveis nos eixos x e y em um gráfico de dispersão (veja "Suavizadores do Gráfico de Dispersão", adiante neste capítulo).

Em *Python*, o pacote `seaborn` tem a função `regplot` para criar uma imagem parecida:

```
fig, ax = plt.subplots(figsize=(5, 5))
sns.regplot(result_98105.fittedvalues, np.abs(result_98105.resid),
            scatter_kws={'alpha': 0.25}, line_kws={'color': 'C1'},
            lowess=True, ax=ax)
ax.set_xlabel('predicted')
ax.set_ylabel('abs(residual)')
```

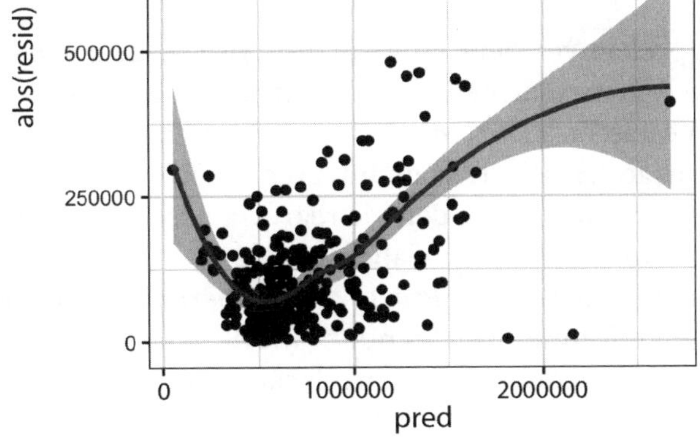

Figura 4-7. Um gráfico do valor absoluto dos resíduos versus valores previstos

Evidentemente, a variância dos resíduos tende a aumentar para as casas de maior valor, mas também é grande para as casas de menor valor. Esse gráfico indica que `lm_98105` tem erros *heteroscedásticos*.

> **Por que um Cientista de Dados se Preocuparia com a Heteroscedasticidade?**
>
> A heteroscedasticidade indica que os erros de predição são diferentes para as diferentes amplitudes dos valores previstos e pode sugerir um modelo incompleto. Por exemplo, a heteroscedasticidade em `lm_98105` pode indicar que a regressão não levou em conta algo para as casas em amplitudes baixas e altas.

A Figura 4-8 é um histograma dos resíduos padronizados para a regressão `lm_98105`. A distribuição tem caudas bem mais longas que a distribuição normal e mostra uma leve assimetria em direção aos resíduos maiores.

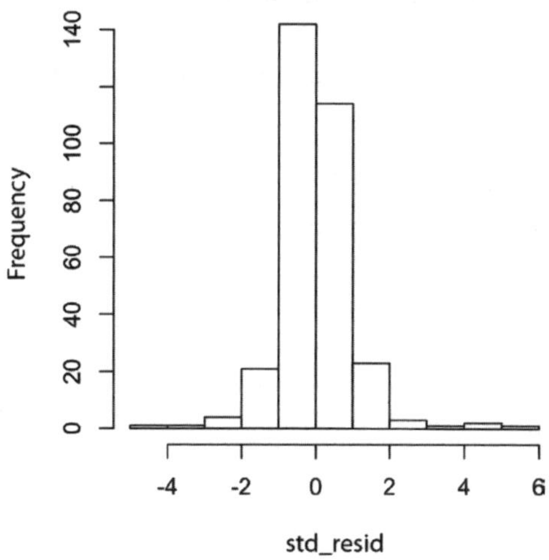

Figura 4-8. Um histograma dos resíduos da regressão dos dados imobiliários

Os estatísticos podem verificar também a suposição de que os erros são independentes. Isso é particularmente real nos dados coletados ao longo do tempo ou do espaço. A estatística *Durbin-Watson* pode ser usada para detectar se existe uma autocorrelação significativa em uma regressão envolvendo dados da série temporal. Se os erros de um modelo de regressão estão correlacionados, então essa informação pode ser útil na elaboração de previsões a curto prazo e deve ser incorporada no modelo. Veja *Practical Time Series Forecasting with R*, 2ª ed., de Galit Shmueli e Kenneth Lichtendahl (2018) para saber mais sobre como incorporar as informações de autocorrelação nos modelos de regressão para os dados da série temporal. Se as previsões de prazos maiores ou os modelos explicativos são o objetivo, o excesso de dados autocorrelacionados no micronível pode distrair. Nesse caso, a suavização, ou uma coleta de dados menos granular em primeiro lugar, pode ser adequada.

Mesmo que uma regressão possivelmente viole uma das suposições distribucionais, devemos nos importar? Na maioria dos casos, em ciência de dados, o interesse é principalmente na precisão preditiva, então pode ser que haja alguma análise da heteroscedasticidade. Podemos descobrir que há algum sinal nos dados que o modelo não capturou. No entanto, satisfazer as suposições distribucionais simplesmente para validar a inferência estatística formal (valores-p, estatísticas F etc.) não é tão importante para o cientista de dados.

Suavizadores do Gráfico de Dispersão

A regressão é para modelar o relacionamento entre as variáveis responsivas e variáveis preditoras. Ao avaliar um modelo de regressão, é útil usar um *suavizador do gráfico de dispersão* para destacar visualmente os relacionamentos entre duas variáveis.

Por exemplo, na Figura 4-7, uma suavização do relacionamento entre os resíduos absolutos e o valor previsto mostra que a variância dos resíduos depende do valor dos resíduos. Nesse caso, a função `loess` foi usada e ela funciona ajustando repetidamente uma série de regressões locais aos subconjuntos contínuos para conseguir uma suavização. `loess` é provavelmente o suavizador mais usado, mas outros suavizadores de gráficos de dispersão estão disponíveis em *R*, tais como, supersuavização (`supsmu`) e suavização de kernel (`ksmooth`). Em *Python*, podemos encontrar outros suavizadores em `scipy` (`wiener` ou `sav`) e `statsmodels` (`kernel_regression`). Para fins de avaliação de um modelo de regressão, geralmente não há necessidade de se preocupar com os detalhes desses suavizadores do gráfico de dispersão.

Gráficos Residuais Parciais e Não Linearidade

Gráficos residuais parciais são um meio de visualizar quão bem o ajuste estimado explica o relacionamento entre uma variável preditora e a saída. A ideia básica de um gráfico residual parcial é isolar o relacionamento entre uma variável preditora e a resposta, *levando em consideração todas as outras variáveis preditoras*. Um residual parcial pode ser visto como um valor "resultante sintético", combinando a predição baseada em uma única preditora com o residual real da equação de regressão completa. Um residual parcial para a variável preditora X_i é o residual ordinário mais o termo da regressão associado a X_i:

$$\text{Residual parcial} = \text{Residual} + \hat{b}_i X_i$$

em que $\hat{b}_i$ é o coeficiente de regressão estimado. A função `predict` em *R* tem uma opção para retornar os termos individuais da regressão $\hat{b}_i X_i$:

```
terms <- predict(lm_98105, type='terms')
partial_resid <- resid(lm_98105) + terms
```

O gráfico residual parcial exibe a variável preditora X_i no eixo x e os residuais parciais no eixo y. Usar `ggplot2` facilita a sobreposição de uma suavização dos residuais parciais:

```
df <- data.frame(SqFtTotLiving = house_98105[, 'SqFtTotLiving'],
                 Terms = terms[, 'SqFtTotLiving'],
                 PartialResid = partial_resid[, 'SqFtTotLiving'])
ggplot(df, aes(SqFtTotLiving, PartialResid)) +
  geom_point(shape=1) + scale_shape(solid = FALSE) +
  geom_smooth(linetype=2) +
  geom_line(aes(SqFtTotLiving, Terms))
```

O pacote `statsmodels` tem o método `sm.graphics.plot_ccpr` que cria um gráfico residual parcial semelhante:

```
sm.graphics.plot_ccpr(result_98105, 'SqFtTotLiving')
```

Os gráficos em *R* e *Python* diferem com um deslocamento constante. Em *R*, uma constante é adicionada para que a média dos termos seja zero.
O gráfico resultante está na Figura 4-9. O residual parcial é uma estimativa da contribuição que `SqFtTotLiving` faz no preço de venda. O relacionamento entre `SqFtTotLiving` e o preço de venda é claramente não linear (linha tracejada). A linha de regressão (sólida) subestima o preço de venda para casas com menos de 1.000 metros quadrados e sobrestima o preço para casas entre 2.000 e 3.000 metros quadrados. Existem muito poucos pontos de dados acima de 4.000 metros quadrados para tirar conclusões para essas casas.

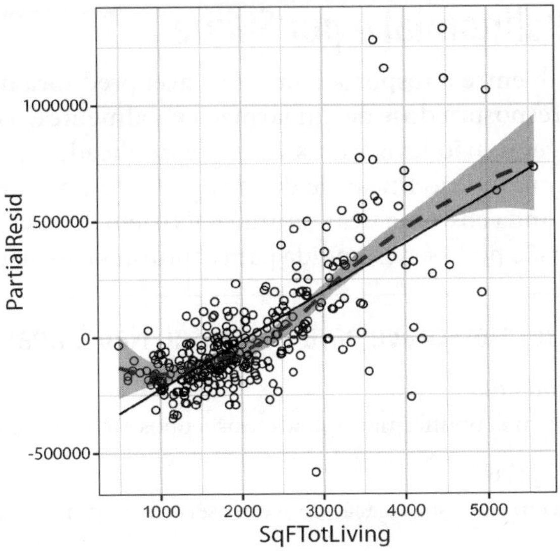

Figura 4-9. Um gráfico residual parcial para a variável `SqFtTotLiving`

Essa não linearidade faz sentido neste caso: adicionar 500 metros a uma casa pequena faz uma diferença muito maior do que adicionar 500 metros a uma casa grande. Isso sugere que, em vez de um simples termo linear para `SqFtTotLiving`, devemos considerar um termo não linear (veja "Regressão Polinomial e por Spline" a seguir).

Ideias-chave

- Os valores atípicos podem causar problemas nos pequenos conjuntos de dados, mas o interesse principal com eles é identificar problemas nos dados ou localizar anomalias.
- Os registros únicos (incluindo os valores atípicos da regressão) podem ter grande influência em uma equação de regressão com dados pequenos, mas esse efeito desaparece nos dados grandes.
- Se o modelo de regressão é usado para a inferência formal (valores-p e semelhantes), então certas suposições sobre a distribuição dos resíduos devem ser verificadas. Em geral, a distribuição dos resíduos não é crucial na ciência de dados.
- O gráfico residual parcial pode ser usado para avaliar quantitativamente o ajuste para cada termo da regressão, possivelmente levando a especificações alternativas no modelo.

Regressão Polinomial e por Spline

O relacionamento entre a resposta e uma variável preditora não é necessariamente linear. A resposta à dose de um fármaco geralmente é não linear: dobrar a dosagem, em geral, não leva a uma resposta duplicada. A demanda de um produto não é uma função linear de dólares gastos em marketing; em algum momento, a demanda costuma ficar saturada. Existem diversas maneiras sob as quais uma regressão pode ser estendida para capturar esses efeitos não lineares.

Termos-chave para Regressão Não Linear

Regressão polinomial
: Adiciona termos polinomiais (quadrados, cubos etc.) a uma regressão.

Regressão por spline
: Ajusta uma curva de suavização com uma série de seguimentos polinomiais.

Nós
: Os valores que separam os seguimentos spline.

Modelos aditivos generalizados
: Modelos por spline com seleção automatizada de nós.

Sinônimo
: GAM

Regressão Não Linear

Quando os estatísticos falam sobre *regressão não linear*, eles se referem a modelos que não podem ser ajustados usando os mínimos quadrados. Quais modelos são não lineares? Essencialmente todos os modelos em que a resposta não pode ser expressa como uma combinação linear das variáveis preditoras ou alguma transformação das variáveis preditoras. Os modelos de regressão não linear são mais difíceis e requerem mais computação para ajustar, já que exigem uma otimização numérica. Por isso, é preferível usar um modelo linear, se possível.

Polinomial

A *regressão polinomial* envolve a inclusão de termos em uma equação de regressão. O uso da regressão polinomial teve origem quase que no desenvolvimento da própria regressão em um artigo de Gergonne de 1815. Por exemplo, uma regressão quadrática entre a resposta Y e a variável preditora X teria a forma:

$$Y = b_0 + b_1X + b_2X^2 + e$$

A regressão polinomial pode ser ajustada em *R* com a função `poly`. Por exemplo, a seguir está o ajuste de uma polinomial quadrática para `SqFtTotLiving` com os dados imobiliários de King County:

```
lm(AdjSalePrice ~  poly(SqFtTotLiving, 2) + SqFtLot +
                   BldgGrade +  Bathrooms +  Bedrooms,
                       data=house_98105)

Call:
lm(formula = AdjSalePrice ~ poly(SqFtTotLiving, 2) + SqFtLot +
    BldgGrade + Bathrooms + Bedrooms, data = house_98105)

Coefficients:
             (Intercept)  poly(SqFtTotLiving, 2)1   poly(SqFtTotLiving, 2)2
              -402530.47               3271519.49                 776934.02
              SqFtLot                   BldgGrade                 Bathrooms
               32.56                    135717.06                  -1435.12
              Bedrooms
             -9191.94
```

Em `statsmodels`, adicionamos o termo ao quadrado à definição do modelo usando `I(SqFtTot Living**2)`:

```
model_poly = smf.ols(formula='AdjSalePrice ~ SqFtTotLiving + ' +
                    '+ I(SqFtTotLiving**2) + ' +
                    'SqFtLot + Bathrooms + Bedrooms + BldgGrade', data=house_98105)
result_poly = model_poly.fit()
result_poly.summary()   ❶
```

❶ O intercepto e os coeficientes polinomiais são diferentes em comparação com *R*. Isso é devido às diferentes implementações. Os coeficientes restantes e as predições são equivalentes.

Há dois coeficientes agora associados a `SqFtTotLiving`: um para o termo linear e outro para o termo quadrático.

O gráfico residual parcial (veja "Gráficos Residuais Parciais e Não Linearidade", antes neste capítulo) indica alguma curvatura na equação de regressão associada a `SqFtTotLiving`. A linha ajustada coincide mais com a suavização (veja "Splines", a seguir) dos resíduos parciais em comparação com um ajuste linear (veja a Figura 4-10).

A implementação de `statsmodels` funciona apenas para os termos lineares. O código-fonte complementar fornece uma implementação que funcionará para a regressão polinomial também.

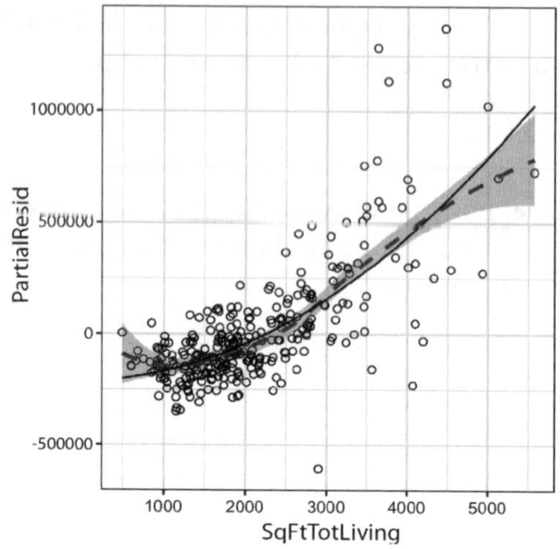

Figura 4-10. Uma regressão polinomial ajustada para a variável `SqFtTotLiving` (linha sólida) versus uma suavização (linha tracejada; veja a seção a seguir sobre splines)

Splines

A regressão polinomial captura apenas certa quantidade de curvatura em um relacionamento não linear. A adição de termos de ordem maior, como um polinômio cúbico de quarto grau, costuma gerar uma "ondulação" indesejável na equação de regressão. Uma abordagem alternativa, e geralmente superior para modelar os relacionamentos não lineares, é o uso de *splines*, que têm um meio de interpolar suavemente os pontos fixados. Foram usados originalmente por projetistas para desenhar uma curva suave, especialmente na construção de navios e aviões.

Os splines eram criados curvando um pedaço de madeira fino utilizando pesos, chamados de "patos"; veja a Figura 4-11.

Figura 4-11. Splines criados originalmente com madeira flexível e "patos", usados como uma ferramenta para os projetistas ajustarem as curvas (foto cortesia de Bob Perry)

A definição técnica de um spline é uma série de partes polinomiais contínuas. Foram desenvolvidos primeiramente durante a Segunda Guerra Mundial no Aberdeen Proving Grounds (EUA) por I. J. Schoenberg, um matemático romeno. As seções polinomiais são suavemente conectadas a uma série de pontos fixos em uma variável preditora, chamados de *nós*. A formulação de splines é muito mais complexa que a regressão polinomial. Softwares estatísticos geralmente tratam dos detalhes de ajuste de um spline. O pacote `splines` de *R* inclui a função `bs` para criar um termo *b-spline* (base spline) em um modelo de regressão. Por exemplo, o código a seguir adiciona um termo b-spline ao modelo de regressão das casas:

```
library(splines)
knots <- quantile(house_98105$SqFtTotLiving, p=c(.25, .5, .75))
lm_spline <- lm(AdjSalePrice ~ bs(SqFtTotLiving, knots=knots, degree=3) +
  SqFtLot + Bathrooms + Bedrooms + BldgGrade,  data=house_98105)
```

Dois parâmetros devem ser especificados: o grau do polinomial e a localização dos nós. Nesse caso, a variável preditora `SqFtTotLiving` é incluída no modelo usando um spline cúbico (`degree=3`). Por padrão, `bs` coloca nós nos limites. Além disso, os nós também foram colocados nos quartis inferior, mediano e superior.

A interface da fórmula `statsmodels` suporta o uso de splines de uma maneira semelhante a *R*. Aqui, especificamos *b-spline* usando `df`, os graus de liberdade. Isso criará `df - degree` = 6 - 3 = 3 nós internos com as posições calculadas como no código em *R* acima:

```
formula = 'AdjSalePrice ~ bs(SqFtTotLiving, df=6, degree=3) + ' +
          'SqFtLot + Bathrooms + Bedrooms + BldgGrade'
model_spline = smf.ols(formula=formula, data=house_98105)
result_spline = model_spline.fit()
```

Ao contrário de um termo linear, para o qual o coeficiente tem um significado direto, os coeficientes para um termo spline não são interpretáveis. É mais útil usar apresentações visuais para revelar a natureza do ajuste por spline. A Figura 4-12 mostra o gráfico residual parcial da regressão. Ao contrário do modelo polinomial, o modelo por spline corresponde bem à suavização, demonstrando a maior flexibilidade dos splines. Nesse caso, a linha se ajusta melhor aos dados. Isso significa que a regressão por spline é um modelo melhor? Não necessariamente: não faria sentido economicamente que casas muito pequenas (menos de 1.000 metros quadrados) tivessem um valor maior do que as casas um pouco maiores. Isso provavelmente é obra da variável de confusão. Veja "Variáveis de Confusão", antes neste capítulo.

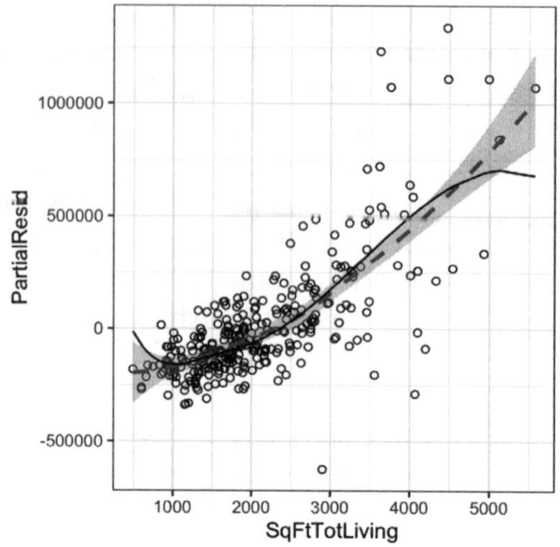

Figura 4-12. Uma regressão por spline ajustada para a variável `SqFtTotLiving` (linha sólida) comparada com uma suavização (linha tracejada)

Modelos Aditivos Generalizados

Suponha que suspeitamos de um relacionamento não linear entre a resposta e uma variável preditora, por um conhecimento antecipado ou pelo exame dos diagnósticos de regressão. Os termos polinomiais podem não ser flexíveis o bastante para capturar o relacionamento e os termos spline exigem a especificação de nós. Os *modelos aditivos generalizados*, ou *GAM*, são uma técnica de modelagem flexível para ajustar automaticamente uma regressão spline. O pacote `mgcv` em *R* pode ser usado para ajustar um modelo GAM aos dados imobiliários:

```
library(mgcv)
lm_gam <- gam(AdjSalePrice ~ s(SqFtTotLiving) + SqFtLot +
                    Bathrooms +  Bedrooms + BldgGrade
                    data=house_98105)
```

O termo `s(SqFtTotLiving)` diz à função `gam` para encontrar os "melhores" nós para um termo spline (veja a Figura 4-13).

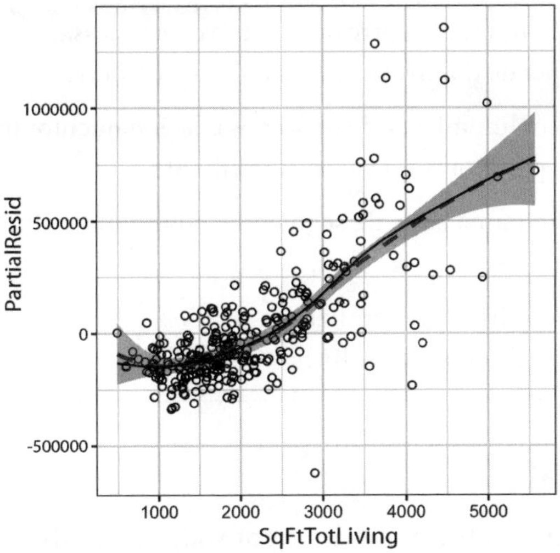

Figura 4-13. Uma regressão GAM ajustada para a variável `SqFtTotLiving` *(linha sólida) comparada com uma suavização (linha tracejada)*

Em *Python*, podemos usar o pacote `pyGAM`. Ele fornece métodos para a regressão e a classificação. Aqui, usamos `LinearGAM` para criar um modelo de regressão:

```
predictors = ['SqFtTotLiving', 'SqFtLot', 'Bathrooms', 'Bedrooms', 'BldgGrade']
outcome = 'AdjSalePrice'
X = house_98105[predictors].values
y = house_98105[outcome]

gam = LinearGAM(s(0, n_splines=12) + l(1) + l(2) + l(3) + l(4))    ❶
gam.gridsearch(X, y)
```

❶ O valor padrão para `n_splines` é 20. Isso leva ao sobreajuste para os valores `SqFtToLiving` maiores. Um valor 12 leva a um ajuste mais razoável.

Ideias-chave

- Os valores atípicos em uma regressão são registros com um grande resíduo.
- A multicolinearidade pode causar instabilidade numérica no ajuste de uma equação de regressão.
- Uma variável de confusão é uma variável preditora importante omitida em um modelo e pode levar a uma equação de regressão com relacionamentos falsos.

- Um termo de interação entre duas variáveis é necessário se o efeito de uma variável depende do nível ou da magnitude da outra.
- A regressão polinomial pode ajustar os relacionamentos não lineares entre as variáveis preditoras e a variável resultante.
- Os splines são uma série de segmentos polinomiais alinhados, juntando todos os nós.
- Os modelos aditivos generalizados (GAM) automatizam o processo de especificação dos nós nos splines.

Leitura Adicional

- Para saber mais sobre os modelos por spline e GAMs, veja *The Elements of Statistical Learning*, 2ª ed., de Trevor Hastie, Robert Tibshirani e Jerome Friedman (2009), e seu correspondente menor em *R*, *An Introduction to Statistical Learning*, de Gareth James, Daniela Witten, Trevor Hastie e Robert Tibshirani (2013).
- Para saber mais sobre o uso dos modelos de regressão para a predição da série temporal, consulte *Practical Time Series Forecasting with R*, de Galit Shmueli e Kenneth Lichtendahl (2018).

Resumo

Talvez nenhum outro método estatístico tenha tido maior uso ao longo dos anos do que a regressão — o processo de estabelecer um relacionamento entre múltiplas variáveis preditoras e uma variável resultante. A forma fundamental é a linear: cada variável preditora tem um coeficiente que descreve um relacionamento linear entre a variável preditora e a saída. As formas mais avançadas de regressão, como as regressões polinomiais e por spline, permitem que o relacionamento seja não linear. Na estatística clássica, a ênfase está em encontrar um bom ajuste para os dados observados e explicar ou descrever algum fenômeno, e a força desse ajuste é como as métricas tradicionais *na amostra* são usadas para avaliar o modelo. Em ciência de dados, ao contrário, o objetivo costuma ser prever os valores para novos dados, então são usadas métricas baseadas na precisão preditiva para os dados fora da amostra. Métodos de seleção de variáveis são usados para reduzir a dimensionalidade e criar modelos mais compactos.

CAPÍTULO 5

Classificação

Os cientistas de dados são encarregados de lidar com problemas que exigem decisões automatizadas. É um e-mail ou uma tentativa de phishing? O cliente está propenso a desistir? O usuário web está propenso a clicar em um anúncio? Esses problemas são todos de *classificação*, uma forma de *aprendizado supervisionado* em que primeiro treinamos um modelo nos dados cuja saída é conhecida, então aplicamos o modelo nos dados cuja saída é desconhecida. A classificação talvez seja a forma mais importante de predição: o objetivo é prever se um registro é 1 ou 0 (phishing/não phishing, clicar/não clicar, desistir/não desistir) ou, em alguns casos, uma entre muitas categorias (por exemplo, a filtragem do Gmail em sua caixa de entrada em "principal", "social", "promoções" ou "fóruns").

Geralmente, precisamos de mais do que uma simples classificação binária: queremos saber a probabilidade prevista de um caso pertencer a uma classe. Em vez de ter um modelo simplesmente atribuindo uma classificação binária, a maioria dos algoritmos pode retornar uma pontuação (propensão) de probabilidade de pertencimento à classe de interesse. Na verdade, com a regressão logística, a saída padrão de *R* está na escala de log-odds (escala logarítmica das chances), e isso deve ser transformado em uma propensão. No `scikit-learn` do *Python*, a regressão logística, como a maioria dos métodos de classificação, tem dois métodos de predição: `predict` (que retorna a classe) e `predict_proba` (que retorna as probabilidades para cada classe). Pode ser usado um corte deslizante para converter a pontuação de propensão em uma decisão. A abordagem geral é a seguinte:

1. Estabeleça uma probabilidade de corte para a classe de interesse acima da qual consideramos um registro como pertencente a essa classe.
2. Estime (com qualquer modelo) a probabilidade de um registro pertencer à classe de interesse.
3. Se tal probabilidade estiver acima da probabilidade de corte, atribua o novo registro à classe de interesse.

Quanto maior o corte, menos registros previstos como 1, ou seja, pertencentes à classe de interesse. Quanto menor o corte, mais registros previstos como 1. Este capítulo cobre muitas técnicas importantes para a classificação e a estimativa de propensões; no próximo capítulo há descrições de métodos adicionais que podem ser usados para a classificação e a predição numérica.

Mais de Duas Categorias?

A grande maioria dos problemas envolve uma resposta binária. Alguns problemas de classificação, no entanto, envolvem uma resposta com mais de dois resultados possíveis. Por exemplo, no aniversário da assinatura de contrato de um cliente, pode haver três resultados: o consumidor vai embora ou "desiste" ($Y = 2$), passa para um contrato mensal ($Y = 1$) ou assina um novo contrato de longo prazo ($Y = 0$). O objetivo é prever $Y = j$ para $j = 0$, 1 ou 2. A maioria dos métodos de classificação neste capítulo pode ser aplicada, diretamente ou com algumas adaptações, nas respostas que têm mais de dois resultados. Mesmo no caso de mais de dois resultados, o problema geralmente pode ser reformulado em uma série de problemas binários, usando probabilidades condicionais. Por exemplo, para prever o resultado do contrato, podemos resolver dois problemas binários de predição:

- Prever se $Y = 0$ ou $Y > 0$.
- Dado que $Y > 0$, prever se $Y = 1$ ou $Y = 2$.

Nesse caso, faz sentido dividir o problema em dois casos: (1) se o cliente desiste; e (2) se não desiste, qual contrato ele escolherá. Do ponto de vista de ajuste do modelo, costuma ser vantajoso converter os problemas multiclasses em uma série de problemas binários. Isso ocorre sobretudo quando uma categoria é muito mais comum que outras.

Naive Bayes

O algoritmo naive Bayes usa a probabilidade de observação dos valores preditores, dado um resultado, para estimar o que é realmente de interesse: a probabilidade de observar o resultado $Y = i$, dado um conjunto de valores preditores.[1]

1 Esta seção e as subsequentes deste capítulo têm a licença ©2020 Datastats, LLC, Peter Bruce, Andrew Bruce e Peter Gedeck; usada com permissão.

Termos-chave para naive Bayes

Probabilidade condicional
: A probabilidade de observar algum evento (digamos $X = i$) dado algum outro evento (digamos $Y = i$), escrito como $P(X_i \mid Y_i)$.

Probabilidade posterior
: A probabilidade de um resultado após a informação preditora ter sido incorporada (ao contrário da *probabilidade prévia* de resultados, não considerando a informação preditora).

Para entender a classificação naive Bayes, podemos começar imaginando a classificação bayesiana completa ou exata. Para cada registro a ser classificado:

1. Encontre todos os outros registros com o mesmo perfil preditivo (ou seja, nos quais os valores preditores são iguais).
2. Determine a quais classes esses registros pertencem e qual classe é mais prevalente (ou seja, provável).
3. Atribua essa classe ao novo registro.

A abordagem anterior equivale a encontrar todos os registros na amostra que são exatamente como o novo registro a ser classificado, sendo todos os valores preditores idênticos.

> As variáveis preditoras devem ser variáveis categóricas (fator) no algoritmo naive Bayes padrão. Veja em "Variáveis Preditoras Numéricas", adiante neste capítulo, duas alternativas para usar variáveis contínuas.

Por que a Classificação Bayesiana Exata é Inviável

Quando o número de variáveis preditoras exceder a quantidade, muitos dos registros sendo classificados ficarão sem correspondências exatas. Considere um modelo para prever votações com base em variáveis demográficas. Mesmo uma amostra considerável pode não conter uma única correspondência para um novo registro, que é um homem hispânico, com renda alta, do Centro-Oeste dos Estados Unidos, que votou na última eleição e não votou na eleição anterior, tem três filhas e um filho, e é divorciado. E são apenas oito variáveis, um número pequeno para a maioria dos problemas de classificação. A adição de uma única variável nova com cinco categorias igualmente frequentes reduz a probabilidade de uma correspondência em um fator de 5.

A Solução Naive

Na solução naive Bayes, não restringimos mais o cálculo da probabilidade aos registros que correspondem ao registro sendo classificado. Em vez disso, usamos todo o conjunto de dados. A modificação naive Bayes é a seguinte:

1. Para uma resposta binária $Y = i$ (i = 0 ou 1), estime as probabilidades condicionais individuais para cada preditor $P(X_j \mid Y) = i$; são as probabilidades de o valor preditor estar no registro quando observamos $Y = i$. Essa probabilidade é estimada pela proporção de valores X_j entre os registros $Y = i$ no conjunto de treinamento.
2. Multiplique essas probabilidades uma pela outra, então pela proporção de registros pertencentes a $Y = i$.
3. Repita os passos 1 e 2 para todas as classes.
4. Estime uma probabilidade para o resultado i assumindo o valor calculado no passo 2 para a classe i e dividindo-o pela soma de tais valores para todas as classes.
5. Atribua o registro à classe com a maior probabilidade para esse conjunto de valores preditores.

Esse algoritmo pode também ser escrito como uma equação para a probabilidade de observar um resultado $Y = i$, dado um conjunto de valores preditores $X_1, \cdots, X_p$:

$$P(Y = i \mid X_1, X_2, \ldots, X_p)$$

Veja a fórmula completa para calcular as probabilidades da classe usando a classificação Bayes exata:

$$P(Y = i \mid X_1, X_2, \ldots, X_p) = \frac{P(Y = i)P(X_1, \ldots, X_p \mid Y = i)}{P(Y = 0)P(X_1, \ldots, X_p \mid Y = 0) + P(Y = 1)P(X_1, \ldots, X_p \mid Y = 1)}$$

Com a suposição naive Bayes da independência condicional, a equação muda para:

$$P(Y = i \mid X_1, X_2, \ldots, X_p) = \frac{P(Y = i)P(X_1 \mid Y = i) \ldots P(X_p \mid Y = i)}{P(Y = 0)P(X_1 \mid Y = 0) \ldots P(X_p \mid Y = 0) + P(Y = 1)P(X_1 \mid Y = 1) \ldots P(X_p \mid Y = 1)}$$

Por que essa fórmula é chamada de "naive" (ingênua)? Fizemos uma suposição simplificada de que a *probabilidade condicional exata* de um vetor dos valores preditores, dada a observação de um resultado, é suficientemente bem estimada pelo produto das probabilidades condicionais individuais $P(X_j \mid Y = i)$. Em outras palavras, ao estimar $P(X_j \mid Y = i)$, em vez de $P(X_1, X_2, \cdots X_p \mid Y = i)$, supomos que X_j é *independente* de todas as outras variáveis preditoras X_k para $k \neq j$.

Diversos pacotes em *R* podem ser usados para estimar um modelo naive Bayes. A seguir, temos um código que ajusta um modelo aos dados de pagamento do empréstimo usando o pacote klaR:

```
library(klaR)
naive_model <- NaiveBayes(outcome ~ purpose_ + home_ + emp_len_,
                          data = na.omit(loan_data))
naive_model$table
$purpose_
          var
grouping   credit_card debt_consolidation home_improvement major_purchase
  paid off  0.18759649         0.55215915       0.07150104     0.05359270
  default   0.15151515         0.57571347       0.05981209     0.03727229
          var
grouping      medical      other small_business
  paid off 0.01424728 0.09990737     0.02099599
  default  0.01433549 0.11561025     0.04574126

$home_
          var
grouping    MORTGAGE       OWN      RENT
  paid off 0.4894800 0.0808963  0.4296237
  default  0.4313440 0.0832782  0.4853778

$emp_len_
          var
grouping    > 1 Year   < 1 Year
  paid off 0.03105289 0.96894711
  default  0.04728508 0.95271492
```

A saída do modelo são as probabilidades condicionais $P(X_j \mid Y = i)$.

Em *Python* podemos usar sklearn.naive_bayes.MultinomialNB do scikit-learn. Precisamos converter as características categóricas em variáveis fictícias antes de ajustar o modelo:

```
predictors = ['purpose_', 'home_', 'emp_len_']
outcome = 'outcome'
X = pd.get_dummies(loan_data[predictors], prefix='', prefix_sep='')
y = loan_data[outcome]

naive_model = MultinomialNB(alpha=0.01, fit_prior=True)
naive_model.fit(X, y)
```

É possível derivar as probabilidades condicionais do modelo ajustado usando a propriedade feature_log_prob_.

O modelo pode ser usado para prever o resultado de um novo empréstimo. Usamos o último valor do conjunto de dados para testar:

```
new_loan <- loan_data[147, c('purpose_', 'home_', 'emp_len_')]
row.names(new_loan) <- NULL
new_loan
       purpose_ home_ emp_len_
       1 small_business MORTGAGE > 1 Year
```

Em *Python*, obtemos o valor assim:

```
new_loan = X.loc[146:146, :]
```

Nesse caso, o modelo prevê uma inadimplência (*R*):

```
predict(naive_model, new_loan)
$class
[1] default
Levels: paid off default

$posterior
      paid off   default
[1,] 0.3463013 0.6536987
```

Como vimos, os modelos de classificação do `scikit-learn` têm dois métodos: `predict`, que retorna a classe prevista, e `predict_proba`, que retorna as probabilidades da classe:

```
print('predicted class: ', naive_model.predict(new_loan)[0])

probabilities = pd.DataFrame(naive_model.predict_proba(new_loan),
                             columns=loan_data[outcome].cat.categories)
print('predicted probabilities', probabilities)
--
predicted class: default
predicted probabilities
        default paid off
0 0.653696 0.346304
```

A predição também retorna uma estimativa `posterior` da probabilidade de inadimplência. O classificador naive Bayes é conhecido por produzir estimativas *enviesadas*. No entanto, no que o objetivo seja *ordenar* os registros conforme a probabilidade de $Y = 1$, as estimativas de probabilidade não enviesadas são desnecessárias e o naive Bayes produz bons resultados.

Variáveis Preditoras Numéricas

O classificador bayesiano funciona apenas com variáveis reditoras categóricas (por exemplo, com classificação de spam, em que a presença ou a ausência de palavras, frases, caracteres etc. é o centro da tarefa preditiva). Para aplicar o naive Bayes nas variáveis preditoras numéricas, devemos adotar uma das seguintes abordagens:

- Compartimentar e converter as variáveis preditoras numéricas em variáveis preditoras categóricas, e aplicar o algoritmo da seção anterior.
- Usar um modelo de probabilidade — por exemplo, a distribuição normal (veja "Distribuição Normal", no Capítulo 2) — para estimar a probabilidade condicional $P(X_j \mid Y = i)$.

Quando uma categoria preditora está ausente nos dados de treinamento, o algoritmo atribui uma *probabilidade zero* à variável resultante nos novos dados, em vez de simplesmente ignorar essa variável e usar a informação das outras variáveis, como outros métodos fariam. A maioria das implementações de naive Bayes usa um parâmetro de suavização (suavização de Laplace) para evitar isso.

Ideias-chave

- Naive Bayes funciona com variáveis preditoras categóricas (fator) e resultantes.
- Pergunta: "Em cada categoria resultante, quais categorias preditoras são mais prováveis?"
- Essa informação é então invertida para estimar as probabilidades das categorias resultantes, dados os valores preditores.

Leitura Adicional

- *The Elements of Statistical Learning*, 2ª ed., de Trevor Hastie, Robert Tibshirani e Jerome Friedman (2009).
- Há um capítulo completo sobre naive Bayes em *Data Miningfor Business Analytics*, de Galit Shmueli, Peter Bruce, Nitin Patel, Peter Gedeck, Inbal Yahav e Kenneth Lichtendahl (2007–2020, com edições para *R*, *Python*, Excel e JMP).

Análise Discriminante

A *análise discriminante* é o classificador estatístico mais antigo. Foi apresentado por R. A. Fisher em 1936 em um artigo publicado no periódico *Annals of Eugenics*.[2]

Termos-chave para Análise Discriminante

Covariância
: Uma medida da extensão em que uma variável varia em conjunto com outra (ou seja, magnitude e direção semelhantes).

2 É realmente surpreendente que o primeiro artigo sobre classificação estatística tenha sido publicado em um periódico dedicado à eugenia. De fato, há uma conexão desconcertante entre o desenvolvimento inicial da estatística e a eugenia.

Função discriminante
A função que, quando aplicada às variáveis preditoras, maximiza a separação das classes.

Pesos discriminantes
As pontuações que resultam da aplicação da função discriminante e são usadas para estimar as probabilidades de pertencer a uma ou outra classe.

A análise discriminante engloba diversas técnicas, porém a mais usada é a *análise discriminante linear* ou *LDA*. O método original proposto por Fisher era, na verdade, um pouco diferente da LDA, mas a mecânica é essencialmente a mesma. A LDA hoje é menos usada com o advento de técnicas mais sofisticadas, como modelos de árvores e regressão logística.
No entanto, podemos ainda encontrar a LDA em algumas aplicações e ela possui ligações com outros métodos mais usados (como a análise de principais componentes; veja "Análise de Componentes Principais", no Capítulo 7).

A análise discriminante linear não deve ser confundida com a Alocação de Dirichlet Latente, também chamada de LDA, que é usada em processamento de texto e linguagem natural, sem relação com a análise discriminante linear.

Matriz de Covariância

Para entender a análise discriminante, é necessário primeiro apresentar o conceito de *covariância* entre duas ou mais variáveis. A covariância mede o relacionamento entre duas variáveis x e z. Represente a média de cada variável por $\bar{x}$ e $\bar{z}$ (veja "Média", no Capítulo 1). A covariância $s_{x,z}$ entre x e z é dada por:

$$s_{x,z} = \frac{\sum_{i=1}^{n}(x_i - \bar{x})(z_i - \bar{z})}{n - 1}$$

em que n é o número de registros (note que dividimos por n – 1, em vez de n; veja "Graus de Liberdade, n ou n – 1?", no Capítulo 1).
Como no coeficiente de correlação (veja "Correlação", no Capítulo 1), os valores positivos indicam um relacionamento positivo e os valores negativos indicam um relacionamento negativo. A correlação, no entanto, é restrita a estar entre –1 e 1, já a escala de covariância depende da escala das variáveis x e z. A *matriz de covariância* Σ para x e z é composta pelas variâncias individuais das variáveis, s_x^2 e s_y^2, na diagonal (em que a linha e a coluna são a mesma variável) e pelas covariâncias entre os pares de variáveis fora da diagonal.

$$\hat{\Sigma} = \begin{bmatrix} s_x^2 & s_{x,z} \\ s_{x,z} & s_z^2 \end{bmatrix}$$

> Lembre-se de que o desvio-padrão é usado para normalizar uma variável para um escore z. A matriz de covariância é usada em uma extensão multivariada desse processo de padronização. Isso é conhecido como distância de Mahalanobis (veja "Outras Métricas de Distância", no Capítulo 6) e está relacionado à função LDA.

Discriminante Linear de Fisher

Para simplificar, focamos um problema de classificação no qual queremos prever um resultado binário y usando apenas duas variáveis numéricas contínuas (x, z). Tecnicamente, a análise discriminante supõe que as variáveis preditoras são variáveis contínuas normalmente distribuídas, mas, na prática, o método funciona bem mesmo nos desvios não extremos da normalidade e nas variáveis preditoras binárias. Por um lado, a discriminante linear de Fisher diferencia a variação *entre* os grupos e por outro, a variação *dentro* dos grupos. Procurando especificamente dividir os registros em dois grupos, a LDA foca maximizar a soma dos quadrados "entre" (between) SS_{between} (medindo a variação entre os dois grupos) relativa à soma dos quadrados "dentro" (within) SS_{within} (medindo a variação dentro do grupo). Nesse caso, os dois grupos correspondem aos registros (x_0, z_0), para os quais $y = 0$, e aos registros (x_1, z_1), para os quais $y= 1$. O método encontra a combinação linear $w_x x + w_z z$, que maximiza a razão da soma dos quadrados.

$$\frac{SS_{\text{between}}}{SS_{\text{within}}}$$

A soma dos quadrados entre é a distância quadrada entre as duas médias do grupo e a soma dos quadrados dentro é distribuída em torno das médias em cada grupo, ponderada pela matriz de covariância. Intuitivamente, ao maximizar a soma dos quadrados entre e minimizar a soma dos quadrados dentro, esse método resulta em maior separação entre os dois grupos.

Um Exemplo Simples

O pacote `MASS`, associado ao livro *Modern Applied Statistics with S,* de W. N. Venables e B. D. Ripley (1994), tem uma função para LDA com *R*. A seguinte aplicação dessa função em uma amostra de dados de empréstimo usando duas variáveis preditoras, borrower_score e payment_inc_ratio, imprime os pesos discriminadores lineares estimados.

```
library(MASS)
loan_lda <- lda(outcome ~ borrower_score + payment_inc_ratio,
                     data=loan3000)
loan_lda$scaling
                          LD1
borrower_score     7.17583880
payment_inc_ratio -0.09967559
```

Em *Python*, podemos usar LinearDiscriminantAnalysis de sklearn.discriminant_analysis. A propriedade scalings_ dá os pesos estimados:

```
loan3000.outcome = loan3000.outcome.astype('category')

predictors = ['borrower_score', 'payment_inc_ratio']
outcome = 'outcome'

X = loan3000[predictors]
y = loan3000[outcome]

loan_lda = LinearDiscriminantAnalysis()
loan_lda.fit(X, y)
pd.DataFrame(loan_lda.scalings_, index=X.columns)
```

Usando a Análise Discriminante para Seleção de Características

Se as variáveis preditoras são normalizadas antes de executar a LDA, os pesos discriminantes são medidas de importância variável, oferecendo um método computacionalmente eficiente para a seleção das características.

A função lda pode prever a probabilidade de "inadimplência" (default) versus "pago" (paid off):

```
pred <- predict(loan_lda)
head(pred$posterior)
       paid off   default
1     0.4464563 0.5535437
2     0.4410466 0.5589534
3     0.7273038 0.2726962
4     0.4937462 0.5062538
5     0.3900475 0.6099525
6     0.5892594 0.4107406
```

O método predict_proba do modelo ajustado retorna as probabilidades para os resultados "inadimplência" e "pago":

```
pred = pd.DataFrame(loan_lda.predict_proba(loan3000[predictors]),
                    columns=loan_lda.classes_)
pred.head()
```

Um gráfico das previsões ajuda a ilustrar como a LDA funciona. Usando o resultado da função `predict`, um gráfico da probabilidade estimada de inadimplência é produzido:

```
center <- 0.5 * (loan_lda$mean[1, ] + loan_lda$mean[2, ])
slope <- -loan_lda$scaling[1] / loan_lda$scaling[2]
intercept <- center[2] - center[1] * slope

ggplot(data=lda_df, aes(x=borrower_score, y=payment_inc_ratio,
                        color=prob_default)) +
  geom_point(alpha=.6) +
  scale_color_gradientn(colors=c('#ca0020', '#f7f7f7', '#0571b0')) +
  scale_x_continuous(expand=c(0,0)) +
  scale_y_continuous(expand=c(0,0), lim=c(0, 20)) +
  geom_abline(slope=slope, intercept=intercept, color='darkgreen')
```

Um gráfico parecido é criado em *Python* usando este código:

```
# User escalas e o cento das médias para determinar o limite da decisão
center = np.mean(loan_lda.means_, axis=0)
slope = - loan_lda.scalings_[0] / loan_lda.scalings_[1]
intercept = center[1] - center[0] * slope

# payment_inc_ratio para borrower_score of 0 and 20
x_0 = (0 - intercept) / slope
x_20 = (20 - intercept) / slope

lda_df = pd.concat([loan3000, pred['default']], axis=1)
lda_df.head()

fig, ax = plt.subplots(figsize=(4, 4))
g = sns.scatterplot(x='borrower_score', y='payment_inc_ratio',
                    hue='default', data=lda_df,
                    palette=sns.diverging_palette(240, 10, n=9, as_cmap=True),
                    ax=ax, legend=False)

ax.set_ylim(0, 20)
ax.set_xlim(0.15, 0.8)
ax.plot((x_0, x_20), (0, 20), linewidth=3)
ax.plot(*loan_lda.means_.transpose())
```

O gráfico resultante é mostrado na Figura 5-1. Os pontos de dados à esquerda da linha diagonal são previstos para a inadimplência (probabilidade maior que 0.5).

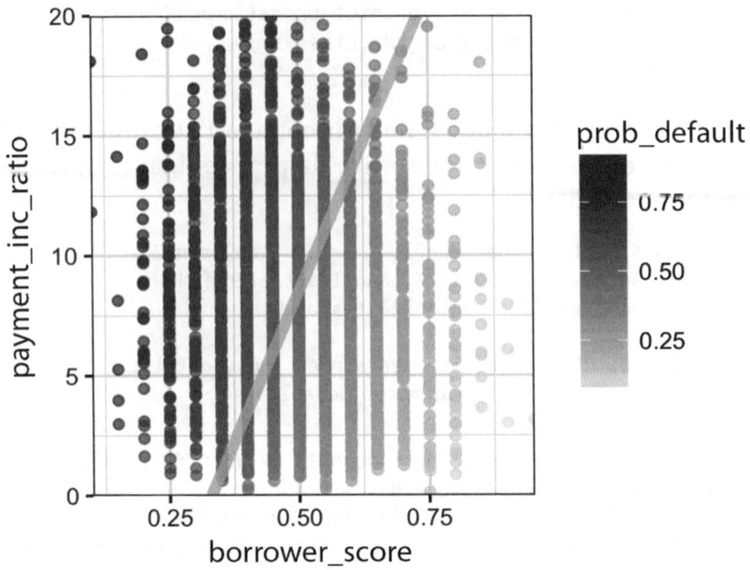

Figura 5-1. Previsão LDA de empréstimos inadimplentes usando duas variáveis: a nota de crédito do tomador e a relação entre pagamentos e rendimentos

Usando os pesos da função discriminante, a LDA divide o espaço preditor em duas regiões, como mostrado pela linha sólida. As predições mais distantes da linha têm maior nível de confiança (ou seja, uma probabilidade mais distante de 0.5).

Extensões da Análise Discriminante

Mais variáveis preditoras: mesmo que o texto e o exemplo desta seção tenham usado apenas duas variáveis preditoras, a LDA funciona igualmente bem com mais de duas. O único fator limitante é o número de registros (estimar a matriz de covariância exige um número suficiente de registros por variável, o que não costuma ser um problema em aplicações das ciências de dados).

Existem outras variantes da análise discriminante. A mais conhecida é a análise discriminante quadrática (QDA). Apesar de seu nome, a QDA ainda é uma função discriminante linear. A principal diferença é que, na LDA, a matriz de covariância é suposta como sendo a mesma para os dois grupos correspondentes a $Y = 0$ e $Y = 1$. Na QDA, a matriz de covariância pode ser diferente para os dois grupos. Na prática, a diferença na maioria das aplicações não é crítica.

Ideias-chave

- A análise discriminante funciona com variáveis preditoras contínuas ou categóricas, bem como com resultados categóricos.
- Usando a matriz de covariância, ela calcula uma *função discriminante linear*, a qual é usada para diferenciar os registros que pertencem a uma classe daqueles que pertencem à outra.
- Essa função é aplicada nos registros para derivar os pesos, ou as pontuações, para cada registro (um peso para cada classe possível) que determina sua classe estimada.

Leitura Adicional

- *Elements of Statistical Learning*, 2ª ed., de Trevor Hastie, Robert Tibshirani e Jerome Freidman (2009) e seu correspondente menor, *An Introduction to Statistical Learning*, de Gareth James, Daniela Witten, Trevor Hastie e Robert Tibshirani (2013) possuem uma seção sobre análise discriminante.
- *Data Mining for Business Analytics*, 3ª ed., de Galit Shmueli, Peter Bruce, Nitin Patel, Peter Gedeck, Inbal Yahav e Kenneth Lichtendahl (2007–2020, com edições para *R*, *Python*, Excel e JMP), tem um capítulo completo sobre análise discriminante.
- Para interesse histórico, o artigo original de Fisher sobre o tópico, "The Use of Multiple Measurements in Taxonomic Problems", como publicado em 1936 em *Annals of Eugenics* (agora *Annals of Genetics*), pode ser encontrado online.

Regressão Logística

A regressão logística é análoga à regressão linear múltipla (veja o Capítulo 4), exceto pela saída binária. São empregadas diversas transformações para converter o problema em um no qual se possa ajustar um modelo linear. Como a análise discriminante é diferente de *K*-vizinhos Mais Próximos e naive Bayes, a regressão logística é uma abordagem de modelo estruturado, e não uma abordagem centrada em dados. É um método popular devido à sua grande velocidade computacional e a saída de um modelo que se presta à rápida pontuação de novos dados.

Termos-chave para Regressão Logística

Logito

A função que mapeia a probabilidade de pertencimento a uma classe com uma amplitude de ± ∞ (em vez de 0 a 1).

Sinônimo

chances de log (veja abaixo)

Chances

A proporção entre "sucesso" (1) e "não sucesso" (0).

Chances de log

A resposta no modelo transformado (agora linear), que é mapeada até uma probabilidade.

Função de Resposta Logística e Logito

Os principais ingredientes da regressão logística são a *função de resposta logística* e o *logito*, em que mapeamos a probabilidade (em uma escala 0–1) para uma escala mais expansiva para a modelagem linear.

O primeiro passo é pensar na variável resultante não como um rótulo binário, mas a probabilidade p de que o rótulo seja "1". Ingenuamente, ficamos tentados a modelar p como uma função linear das variáveis preditoras:

$$p = \beta_0 + \beta_1 x_1 + \beta_2 x_2 + \ldots + \beta_q x_q$$

Porém, ajustar esse modelo não garante que p ficará entre 0 e 1, como uma probabilidade deveria.

Em vez disso, modelamos p aplicando uma função de *resposta logística* ou *logito inverso* nas variáveis preditoras:

$$p = \frac{1}{1 + e^{-\left(\beta_0 + \beta_1 x_1 + \beta_2 x_2 + \ldots + \beta_q x_q\right)}}$$

Essa transformação garante que p fique entre 0 e 1.

Para obter a expressão exponencial do denominador, consideramos as *chances* em vez das probabilidades. As chances, familiares para qualquer apostador, são a proporção de "sucessos" (1) e "não sucessos" (0). Em termos de probabilidades, as chances são a probabilidade de um evento dividida pela probabilidade de que o evento não ocorra. Por exemplo, se a probabilidade de que um cavalo ganhe é 0.5, a probabilidade de que "não ganhe" é (1 – 0.5) = 0.5, e as chances são 1.0.

$$\text{Chances}(Y = 1) = \frac{p}{1 - p}$$

Obtemos a probabilidade a partir das chances usando a função de chances inversamente:

$$p = \frac{\text{Chances}}{1 + \text{Chances}}$$

Combinamos isso com a função de resposta logística, mostrada antes:

$$\text{Chances}(Y = 1) = e^{\beta_0 + \beta_1 x_1 + \beta_2 x_2 + \ldots + \beta_q x_q}.$$

Pegando o logaritmo dos dois lados, temos uma expressão com uma função linear das variáveis preditoras:

$$\log(\text{Chances}(Y = 1)) = \beta_0 + \beta_1 x_1 + \beta_2 x_2 + \ldots + \beta_q x_q$$

A função de *log-odds*, também conhecida como função *logito*, mapeia a probabilidade *p* de (0, 1) para qualquer valor (– ∞, + ∞); veja a Figura 5-2. O ciclo de transformação está completo. Usamos um modelo linear para prever uma probabilidade, que em contrapartida podemos mapear para um rótulo de classe aplicando uma regra de corte — qualquer registro com uma probabilidade maior do que o corte é classificado como 1.

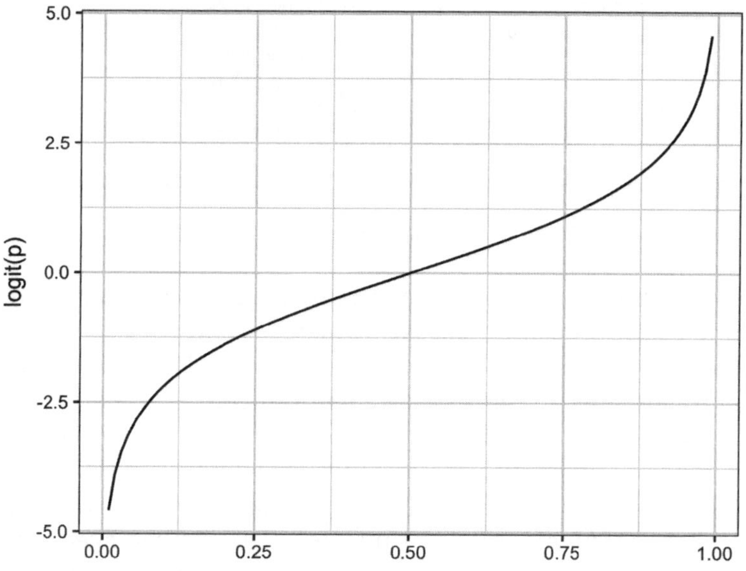

Figura 5-2. Gráfico da função de logito que mapeia uma probabilidade para uma escala adequada para um modelo linear

Regressão Logística e GLM

A resposta na fórmula de regressão logística é a chance de log de um resultado binário de 1. Observamos apenas o resultado binário, não as chances de log, então são necessários métodos estatísticos especiais para ajustar a equação. A regressão logística é um exemplo especial de *modelo linear generalizado* (GLM) desenvolvido para estender a regressão linear a outras configurações. Em *R*, para ajustar uma regressão logística, a função `glm` é usada com o parâmetro `family` ajustado para `binomial`. O código a seguir ajusta uma regressão logística aos dados de empréstimo pessoal apresentados em "K-vizinhos Mais Próximos", no Capítulo 6.

```
logistic_model <- glm(outcome ~ payment_inc_ratio + purpose_ +
                          home_ + emp_len_ + borrower_score,
                    data=loan_data, family='binomial')
logistic_model

Call: glm(formula = outcome ~ payment_inc_ratio + purpose_ + home_ +
        emp_len_ + borrower_score, family = "binomial", data = loan_data)

Coefficients:
              (Intercept)          payment_inc_ratio
                  1.63809                    0.07974
purpose_debt_consolidation    purpose_home_improvement
                  0.24937                    0.40774
    purpose_major_purchase             purpose_medical
                  0.22963                    0.51048
             purpose_other      purpose_small_business
                  0.62066                    1.21526
                  home_OWN                   home_RENT
                  0.04833                    0.15732
         emp_len_ < 1 Year              borrower_score
                 -0.35673                   -4.61264

Degrees of Freedom: 45341 Total (i.e. Null);  45330 Residual
Null Deviance:      62860
Residual Deviance: 57510        AIC: 57540
```

A resposta é `outcome`, o qual assume um 0 se o empréstimo é pago e 1 se o empréstimo é inadimplente. `purpose_` e `home_` são as variáveis fatoriais que representam o propósito do empréstimo e o status de propriedade da casa. Como em uma regressão, uma variável fatorial com *P* níveis é representada com *P* – 1 colunas. Pelo padrão em *R*, a codificação de *referência* é usada e os níveis são todos comparados com esse nível de referência (veja "Variáveis Fatoriais na Regressão", no Capítulo 4). Os níveis de referência para esses fatores são `credit_card` e `MORTGAGE`, respectivamente. A variável `borrower_score` é uma pontuação de 0 e 1, representando a nota de crédito do tomador (de baixa a excelente). Essa variável foi criada a partir de diversas outras variáveis usando o *K*-vizinho Mais Próximo; veja "KNN como um Motor de Característica", no Capítulo 6.

Em *Python*, usamos a classe `LogisticRegression` do `scikit-learn` em `sklearn.linear_model`. Os argumentos `penalty` e `C` são usados para evitar o sobreajuste pela regularização L1 ou L2. A regularização é ativada por padrão. Para ajustar sem regularizar, definimos `C` para um valor muito grande. O argumento `solver` seleciona o minimizador usado; o método `liblinear` é padrão:

```
predictors = ['payment_inc_ratio', 'purpose_', 'home_', 'emp_len_',
              'borrower_score']
outcome = 'outcome'
X = pd.get_dummies(loan_data[predictors], prefix='', prefix_sep='',
                   drop_first=True)
y = loan_data[outcome]

logit_reg = LogisticRegression(penalty='l2', C=1e42, solver='liblinear')
logit_reg.fit(X, y)
```

Ao contrário de *R*, `scikit-learn` deriva as classes dos valores únicos em y (*pago* e *inadimplente*). Internamente, as classes são colocadas em ordem alfabética. Como é o contrário dos fatores utilizados em *R*, você verá que os coeficientes estão invertidos. O método `predict` retorna o rótulo da classe e `predict_proba` retorna as probabilidades na ordem disponível a partir do atributo `logit_reg.classes_`.

Modelos Lineares Generalizados

Os modelos lineares generalizados (GLMs, em inglês) são caracterizados por dois componentes principais:

- Uma distribuição de probabilidade ou família (binomial, no caso da regressão logística).
- Uma função de ligação, ou seja, uma função de transformação que mapeia a resposta para as variáveis preditoras (logito, no caso da regressão logística).

A regressão logística é, de longe, a forma mais comum de GLM. Um cientista de dados encontrará outros tipos de GLMs. Algumas vezes, uma função de ligação de log é usada, em vez do logito. Na prática, o uso de uma ligação de log não costuma levar a resultados muito diferentes para a maioria das aplicações. A distribuição de Poisson é comumente usada para modelar os dados de contagem (por exemplo, o número de vezes que um usuário visita uma página online em certo período de tempo). Outras famílias incluem binomial e gama negativos, geralmente usados para modelar o tempo transcorrido (por exemplo, tempo até falhar). Ao contrário da regressão logística, a aplicação de GLMs com esses modelos é mais sutil e demanda mais cuidado. É melhor evitá-las, a menos que esteja familiarizado e entenda a utilidade e as armadilhas desses métodos.

Valores Previstos a Partir da Regressão Logística

O valor previsto a partir da regressão logística é em termos de chances de log: $\hat{Y} = \log(\text{Chances}(Y = 1))$. A probabilidade prevista é dada pela função da resposta logística:

$$\hat{p} = \frac{1}{1 + e^{-\hat{Y}}}$$

Por exemplo, observe as predições do modelo `logistic_model` em *R*:

```
pred <- predict(logistic_model)
summary(pred)
      Min.   1st Qu.    Median      Mean   3rd Qu.      Max.
-2.704774 -0.518825 -0.008539  0.002564  0.505061  3.509606
```

Em *Python*, podemos converter as probabilidades em um data frame e usar o método `describe` para obter estas características da distribuição:

```
pred = pd.DataFrame(logit_reg.predict_log_proba(X),
                    columns=loan_data[outcome].cat.categories)
pred.describe()
```

Converter esses valores em probabilidades é uma transformação simples:

```
prob <- 1/(1 + exp(-pred))
> summary(prob)
   Min. 1st Qu.  Median    Mean 3rd Qu.    Max.
0.06269 0.37313 0.49787 0.50000 0.62365 0.97096
```

As probabilidades estão disponíveis usando os métodos `predict_proba` em `scikit-learn`:

```
pred = pd.DataFrame(logit_reg.predict_proba(X),
                    columns=loan_data[outcome].cat.categories)
pred.describe()
```

Eles estão em uma escala de 0 a 1 e ainda não declaram se o valor previsto é inadimplente ou pago. Poderíamos declarar qualquer valor maior que 0.5 como inadimplente. Na prática, um corte mais baixo costuma ser apropriado se o objetivo é identificar os membros de uma classe rara (veja "O Problema da Classe Rara", adiante neste capítulo).

Interpretando os Coeficientes e as Razões de Chances

Uma vantagem da regressão logística é que ela produz um modelo que pode ser pontuado para novos dados rapidamente, sem recálculo. Outra, é a facilidade relativa de interpretação do modelo, se comparado com outros métodos de classificação. A ideia conceitual principal é o entendimento da *razão de chances*. Essa razão é mais fácil de entender para uma variável fatorial binária X:

$$\text{razão de chances} = \frac{\text{Chances}(Y = 1 \mid X = 1)}{\text{Chances}(Y = 1 \mid X = 0)}$$

Isso é interpretado como as chances de $Y = 1$ quando $X = 1$ versus as chances de $Y = 1$ quando $X = 0$. Se a razão de chances é 2, então as chances de $Y = 1$ são duas vezes maiores quando $X = 1$ do que quando $X = 0$.

Por que se preocupar com a razão de chances em vez das probabilidades? Trabalhamos com chances porque o coeficiente β_j na regressão logística é a mudança no log (Chances(Y=1)) associado a uma mudança em X_j.

Um exemplo tornará isso mais claro. Para o modelo ajustado em "Regressão Logística e GLM", antes neste capítulo, o coeficiente de regressão para `purpose_small_business` é 1.21526. Isso significa que um empréstimo para um pequeno negócio, comparado com um empréstimo para quitar uma dívida do cartão de crédito, aumenta as chances de inadimplência versus ser pago em $exp(1.21526) \approx 3.4$. Claro, os empréstimos para criar ou expandir um pequeno negócio são bem mais arriscados do que outros tipos de empréstimo.

A Figura 5-3 mostra o relacionamento entre a razão de chances e a razão de log-odds para as razões de chance maiores que 1. Como os coeficientes estão na escala de log, um aumento de 1 no coeficiente resulta em um aumento de $exp(1) \approx 2.72$ na razão de chances.

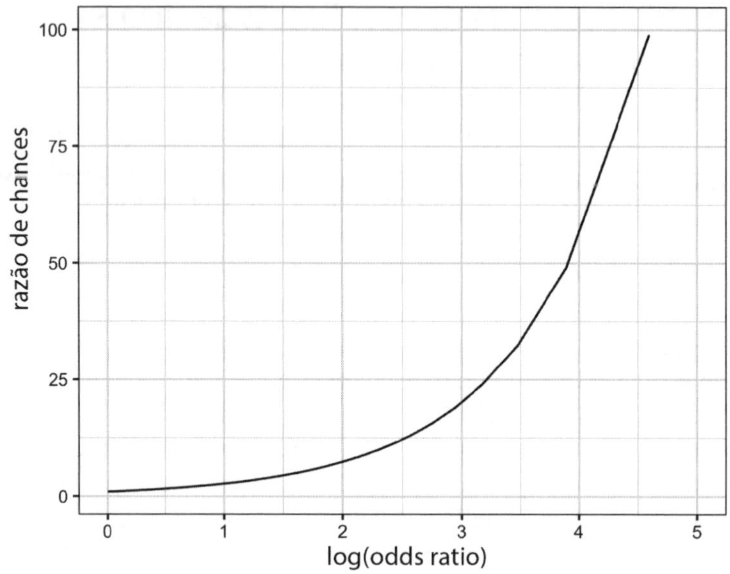

Figura 5-3. O relacionamento entre a razão de chances e a razão de log-odds

As razões de chances para as variáveis numéricas X podem ser interpretadas de modo parecido: elas medem a mudança na razão de chances para uma mudança de unidade em X. Por exemplo, o efeito de aumentar a razão entre pagamento e renda de, digamos, 5 para 6, aumenta as chances de o empréstimo ser inadimplente em um fator de $exp(0.08244) \approx 1.09$. A variável `borrower_score` é uma pontuação no crédito do tomador e varia de 0 (baixa) a 1 (alta). As chances de os melhores tomadores relativas aos piores tomadores não quitarem seus empréstimos é menor em um fator de $exp(- 4.6126 \approx 0.01$. Em outras palavras, o risco de inadimplência dos tomadores com crédito mais baixo é 100 vezes maior do que a dos melhores tomadores!

Regressões Linear e Logística: Semelhanças e Diferenças

As regressões linear e logística têm muito em comum. Ambas assumem uma forma paramétrica linear em relação às variáveis preditoras com a resposta. A exploração e o encontro do melhor modelo são feitos de formas muito semelhantes. As extensões para o modelo linear, como usar uma transformação por spline da preditora (veja "Splines", no Capítulo 4) são igualmente aplicáveis na configuração da regressão logística. A regressão logística difere de dois modos fundamentais:

- O modo como o modelo é ajustado (os mínimos quadrados não se aplicam).
- A natureza e a análise dos resíduos do modelo.

Ajustando o modelo

A regressão linear é ajustada usando os mínimos quadrados e a qualidade do ajuste é avaliada usando as estatísticas RMSE e R-quadrado. Na regressão logística (diferente da regressão linear), não existe uma solução fechada e o modelo deve ser ajustado usando a *estimativa por máxima verossimilhança* (MLE, em inglês). Tal estimativa é um processo que tenta encontrar o modelo que mais provavelmente produziu os dados que observamos. Na equação de regressão logística, a resposta não é 0 ou 1, mas uma estimativa das chances de log de que a resposta seja 1. A MLE encontra a solução de forma que as chances de log estimadas melhor descrevam o resultado observado. A mecânica do algoritmo envolve uma otimização quase-Newton, que itera entre o passo de pontuação (*pontuação de Fisher*), baseado nos parâmetros atuais, e uma atualização dos parâmetros para melhorar o ajuste.

Estimativa por Máxima Verossimilhança

Mais detalhadamente, se você gosta de símbolos estatísticos: comece com um conjunto de dados $(X_1, X_2, \ldots, X_n)$ e um modelo de probabilidade $P_\theta(X_1, X_2, \ldots, X_n)$ que depende de um conjunto de parâmetros θ. O objetivo da MLE é encontrar o conjunto de parâmetros $\hat{\theta}$ que maximiza o valor de $P_\theta(X_1, X_2, \ldots, X_n)$, ou seja, maximiza a probabilidade de observar $(X_1, X_2, \ldots, X_n)$, dado o modelo P. No processo de ajuste, o modelo é avaliado usando uma métrica chamada *desvio*:

$$\text{desvio} = -2 \log (P_{\hat{\theta}}(X_1, X_2, \ldots, X_n))$$

Um menor desvio corresponde a um melhor ajuste.

Por sorte, a maioria dos usuários não precisa se preocupar com os detalhes do algoritmo de ajuste, pois isso é feito pelo software. A maioria dos cientistas de dados não precisará se preocupar com o método de ajuste, além do entendimento de que é um jeito de encontrar um bom modelo sob certas suposições.

Tratando Variáveis Fatoriais

Na regressão logística, as variáveis fatoriais devem ser codificadas como na regressão linear; veja "Variáveis Fatoriais na Regressão", no Capítulo 4. Em *R* e outros softwares, isso costuma ser feito de forma automática e geralmente se usa a codificação de referência. Todos os outros métodos de classificação abordados neste capítulo normalmente usam a representação da codificação one-hot (veja "Codificação One-hot", no Capítulo 6). No `scikit-learn` do *Python*, é mais fácil usar uma codificação one-hot, o que significa que apenas *n - 1* dos fictícios resultantes podem ser usados na regressão.

Avaliando o Modelo

Como nos outros métodos de classificação, a regressão logística é avaliada pela precisão com que o modelo classifica os novos dados (veja "Avaliando Modelos de Classificação", adiante neste capítulo). Como na regressão linear, algumas ferramentas estatísticas padrão adicionais estão disponíveis para avaliar e melhorar o modelo. Junto com os coeficientes estimados, o *R* relata o erro-padrão dos coeficientes (SE), um valor *z* e um valor-p:

```
summary(logistic_model)

Call:
glm(formula = outcome ~ payment_inc_ratio + purpose_ + home_ +
    emp_len_ + borrower_score, family = "binomial", data = loan_data)

Deviance Residuals:
     Min        1Q    Median        3Q       Max
-2.51951  -1.06908  -0.05853   1.07421   2.15528

Coefficients:
                            Estimate Std. Error z value Pr(>|z|)
(Intercept)                 1.638092   0.073708  22.224  < 2e-16 ***
payment_inc_ratio           0.079737   0.002487  32.058  < 2e-16 ***
purpose_debt_consolidation  0.249373   0.027615   9.030  < 2e-16 ***
purpose_home_improvement    0.407743   0.046615   8.747  < 2e-16 ***
purpose_major_purchase      0.229628   0.053683   4.277 1.89e-05 ***
purpose_medical             0.510479   0.086780   5.882 4.04e-09 ***
purpose_other               0.620663   0.039436  15.738  < 2e-16 ***
purpose_small_business      1.215261   0.063320  19.192  < 2e-16 ***
home_OWN                    0.048330   0.038036   1.271    0.204
home_RENT                   0.157320   0.021203   7.420 1.17e-13 ***
emp_len_ < 1 Year          -0.356731   0.052622  -6.779 1.21e-11 ***
borrower_score             -4.612638   0.083558 -55.203  < 2e-16 ***
---
Signif. codes:  0 '***' 0.001 '**' 0.01 '*' 0.05 '.' 0.1 ' ' 1
```

```
(Dispersion parameter for binomial family taken to be 1)

    Null deviance: 62857  on 45341  degrees of freedom
Residual deviance: 57515  on 45330  degrees of freedom
AIC: 57539

Number of Fisher Scoring iterations: 4
```

O pacote `statsmodels` tem uma implementação para o modelo linear generalizado (`GLM`) que fornece informações igualmente detalhadas:

```
y_numbers = [1 if yi == 'default' else 0 for yi in y]
logit_reg_sm = sm.GLM(y_numbers, X.assign(const=1),
                      family=sm.families.Binomial())
logit_result = logit_reg_sm.fit()
logit_result.summary()
```

A interpretação do valor-p vem com o mesmo alerta da regressão e deve ser visto mais como um indicador relativo da importância da variável (veja "Avaliando o Modelo", no Capítulo 4) do que como uma medida formal de significância estatística. Um modelo de regressão logística, que tem uma resposta binária, não tem RMSE ou R-quadrado associado. Em vez disso, costuma ser avaliado usando métricas de classificação mais gerais; veja "Avaliando Modelos de Classificação", adiante neste capítulo.

Muitos outros conceitos de regressão linear se estendem à configuração da regressão logística (e outros GLMs). Por exemplo, é possível usar a regressão passo a passo, os termos de interação ajustados ou incluir os termos spline. As mesmas questões relativas às variáveis de confusão e correlacionadas se aplicam à regressão logística (veja "Interpretando a Equação de Regressão", no Capítulo 4). Podemos ajustar modelos aditivos generalizados (veja "Modelos Aditivos Generalizados", no Capítulo 4) usando o pacote `mgcv` em *R*:

```
logistic_gam <- gam(outcome ~ s(payment_inc_ratio) + purpose_ +
                    home_ + emp_len_ + s(borrower_score),
                    data=loan_data, family='binomial')
```

A interface da fórmula de `statsmodels` também suporta estas extensões em *Python*:

```
import statsmodels.formula.api as smf
formula = ('outcome ~ bs(payment_inc_ratio, df=4) + purpose_ + ' +
           'home_ + emp_len_ + bs(borrower_score, df=4)')
model = smf.glm(formula=formula, data=loan_data, family=sm.families.Binomial())
results = model.fit()
```

Análise dos resíduos

Uma área em que a regressão logística difere é na análise dos resíduos. Como na regressão linear (veja a Figura 4-9), é simples calcular os resíduos parciais em *R*:

```
terms <- predict(logistic_gam, type='terms')
partial_resid <- resid(logistic_gam) + terms
df <- data.frame(payment_inc_ratio = loan_data[, 'payment_inc_ratio'],
                 terms = terms[, 's(payment_inc_ratio)'],
                 partial_resid = resid(logistic_gam) + terms
ggplot(df, aes(x=payment_inc_ratio, y=partial_resid, solid = FALSE)) +
  geom_point(shape=46, alpha=.4) +
  geom_line(aes(x=payment_inc_ratio, y=terms),
            color='red', alpha=.5, size=1.5) +
  labs(y='Partial Residual')
```

O gráfico resultante é exibido na Figura 5-4. O ajuste estimado, mostrado pela linha, passa entre duas nuvens de conjuntos de pontos. A nuvem superior corresponde à resposta de 1 (empréstimos inadimplentes) e a inferior corresponde à resposta de 0 (empréstimos pagos). Isso é muito comum nos resíduos de uma regressão logística, já que o resultado é binário. A predição é medida como o logito (log da razão de chances), que será sempre algum valor finito. O valor real, 0 ou 1 absoluto, corresponde a um logito infinito, positivo ou negativo, assim os resíduos (que são adicionados ao valor ajustado) nunca serão iguais a 0. Portanto, os pontos representados estão em nuvens acima ou abaixo da linha ajustada no gráfico residual parcial. Os resíduos parciais na regressão logística, mesmo que menos valiosos do que na regressão, ainda são úteis para confirmar o comportamento não linear e identificar os registros altamente influentes.

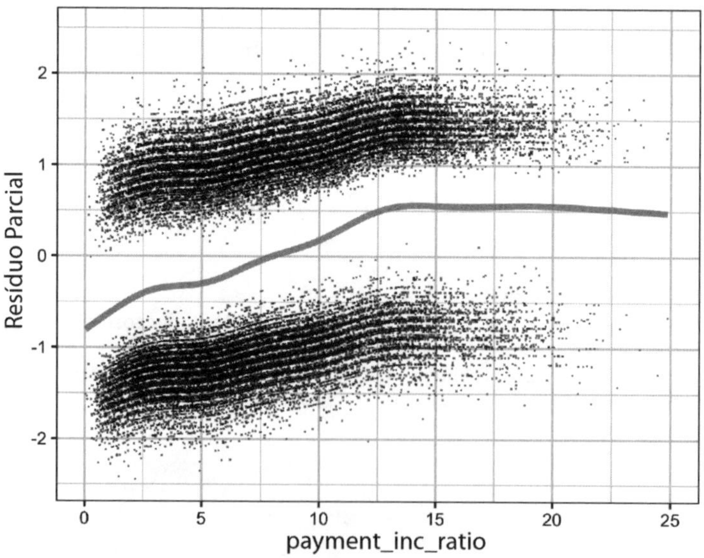

Figura 5-4. Resíduos parciais da regressão logística

Alguns resultados da função `summary` podem ser efetivamente ignorados. O parâmetro de dispersão não se aplica à regressão logística e existe para outros tipos de GLMs. O desvio residual e o número de iterações de pontuação são relacionados ao método de ajuste por máxima verossimilhança. Veja "Estimativa por Máxima Verossimilhança", antes neste capítulo.

Ideias-chave

- A regressão logística é igual à regressão linear, exceto pelo resultado, que é uma variável binária.
- São necessárias muitas transformações para deixar o modelo em um formato que possa ser ajustado como um modelo linear, com o log da razão de chances como a variável responsiva.
- Depois que o modelo linear é ajustado (por um processo iterativo), as chances de log são mapeadas de volta para uma probabilidade.
- A regressão logística é popular por ser computacionalmente rápida e produzir um modelo que pode ser pontuado para novos dados com poucos cálculos.

Leitura Adicional

- A referência padrão na regressão logística é *Applied Logistic Regression*, 3ª ed., de David Hosmer, Stanley Lemeshow e Rodney Sturdivant (2013).
- Dois livros de Joseph Hilbe também são populares: *Logistic Regression Models* (muito abrangente, 2017) e *Practical Guide to Logistic Regression* (compacto, 2015).
- *Elements of Statistical Learning*, 2ª ed., de Trevor Hastie, Robert Tibshirani e Jerome Freidman (2009) e seu correspondente menor, *An Introduction to Statistical Learning*, de Gareth James, Daniela Witten, Trevor Hastie e Robert Tibshirani (2013) têm uma seção sobre regressão logística.
- *Data Mining for Business Analytics*, 3ª ed., de Galit Shmueli, Peter Bruce, Nitin Patel, Peter Gedeck, Inbal Yahav e Kenneth Lichtendahl (2007–2020, com variantes para *R*, *Python*, Excel e JMP), tem um capítulo inteiro sobre regressão logística.

Avaliando Modelos de Classificação

É comum na modelagem preditiva testar diversos modelos diferentes, aplicar cada um em uma amostra de validação e avaliar seu desempenho. Às vezes, após alguns modelos serem avaliados e ajustados, e se há dados suficientes, uma terceira amostra de validação, não utilizada anteriormente, é usada para estimar como o modelo escolhido se sairá com dados completamente novos. Diferentes disciplinas e profissionais também usarão os termos *validação* e *teste* para se referir à(s) amostra(s) de validação. Basicamente, o processo de avaliação tenta descobrir qual modelo produz as predições mais precisas e úteis.

Termos-chave para Avaliar Modelos de Classificação

Precisão
: O percentual (ou a proporção) de casos classificados corretamente.

Matriz de confusão
: Uma exibição tabular (2×2, no caso binário) das contagens de registro por seu status de classificação previsto e real.

Sensibilidade
: O percentual (ou a proporção) de 1s corretamente classificados.

: *Sinônimo*
: revocação

Especificidade
: O percentual (ou a proporção) de 0s corretamente classificados.

Exatidão
: O percentual (a proporção) de 1s previstos que são realmente 1s.

Curva ROC
: Um gráfico de sensibilidade versus especificidade.

Lift
: Uma medida de quão eficaz é o modelo ao identificar (comparativamente raros) 1s em diferentes cortes de probabilidade.

Um jeito simples de medir o desempenho da classificação é contar a proporção das predições que estão corretas, isto é, medir a *precisão*, que é simplesmente uma medida do erro total:

$$\text{precisão} = \frac{\sum \text{RealPositivo} + \sum \text{RealNegativo}}{\text{TamanhoAmostra}}$$

Na maioria dos algoritmos de classificação, a cada caso se atribui uma "probabilidade estimada de ser 1".[3] O ponto de decisão padrão, ou corte, costuma ser 0.50 ou 50%. Se a probabilidade está acima de 0.5, a classificação é "1"; do contrário é "0". Um corte padrão alternativo é a probabilidade prevalente de 1s nos dados.

Matriz de Confusão

No centro das métricas de classificação está a *matriz de confusão*, que é uma tabela mostrando o número de predições corretas e incorretas categorizadas por tipo de resposta. Estão disponíveis diversos pacotes em *R* e *Python* para calcular a matriz de confusão, mas no caso binário, é simples de calcular manualmente. Para ilustrar a matriz de confusão, considere o modelo `logistic_gam` que foi testado em um conjunto de dados equilibrado com um número igual de empréstimos inadimplentes e pagos (veja a Figura 5-4). Seguindo as convenções usuais, $Y = 1$ corresponde ao evento de interesse (por exemplo, inadimplente) e $Y = 0$ corresponde a um evento negativo ou comum (por exemplo, pago). O código a seguir calcula a matriz de confusão para o modelo `logistic_gam` aplicado em um conjunto de treinamento (desequilibrado) inteiro em *R*:

```
pred <- predict(logistic_gam, newdata=train_set)
pred_y <- as.numeric(pred > 0)
true_y <- as.numeric(train_set$outcome=='default')
true_pos <- (true_y==1) & (pred_y==1)
true_neg <- (true_y==0) & (pred_y==0)
false_pos <- (true_y==0) & (pred_y==1)
false_neg <- (true_y==1) & (pred_y==0)
conf_mat <- matrix(c(sum(true_pos), sum(false_pos),
                     sum(false_neg), sum(true_neg)), 2, 2)
colnames(conf_mat) <- c('Yhat = 1', 'Yhat = 0')
rownames(conf_mat) <- c('Y = 1', 'Y = 0')
conf_mat
      Yhat = 1 Yhat = 0
Y = 1 14295    8376
Y = 0 8052     14619
```

3 Nem todos os métodos oferecem estimativas de probabilidade não enviesadas. Na maioria dos casos, é suficiente que o método ofereça uma classificação equivalente às classificações que resultariam de uma estimativa de probabilidade não enviesada. O método de corte é funcionalmente equivalente.

Em *Python*:

```
pred = logit_reg.predict(X)
pred_y = logit_reg.predict(X) == 'default'
true_y = y == 'default'
true_pos = true_y & pred_y
true_neg = ~true_y & ~pred_y
false_pos = ~true_y & pred_y
false_neg = true_y & ~pred_y
conf_mat = pd.DataFrame([[np.sum(true_pos), np.sum(false_neg)],
                         [np.sum(false_pos), np.sum(true_neg)]],
                        index=['Y = default', 'Y = paid off'],
                        columns=['Yhat = default', 'Yhat = paid off'])
conf_mat
```

Os resultados previstos são as colunas e os resultados reais são as linhas. Os elementos diagonais da matriz mostram o número de predições corretas e os elementos fora da diagonal mostram o número de predições incorretas. Por exemplo, 14.295 empréstimos inadimplentes foram corretamente previstos como tais, mas 8.376 empréstimos inadimplentes foram incorretamente previstos como pagos.

A Figura 5-5 mostra o relacionamento entre a matriz de confusão para uma resposta binária Y e as diferentes métricas (veja mais sobre métricas em "Exatidão, Revocação e Especificidade", adiante neste capítulo). Como no exemplo dos dados de empréstimo, a resposta real está nas linhas e a resposta prevista está nas colunas. As caixas diagonais (superior esquerda, inferior direita) mostram quando as predições $\hat{Y}$ previram a resposta corretamente. Uma métrica importante não explicitamente chamada é a *taxa* falsamente positiva (a imagem espelhada da precisão). Quando 1s são raros, a razão de falsos positivos para todos os positivos previstos pode ser alta, levando a uma situação não intuitiva em que o 1 previsto é mais provável que o 0. Esse problema afeta os testes de triagem médica (por exemplo, mamografias) que são largamente aplicados: devido à raridade relativa da condição, os resultados dos testes positivos geralmente não significam câncer de mama. Isso causa muita confusão no público.

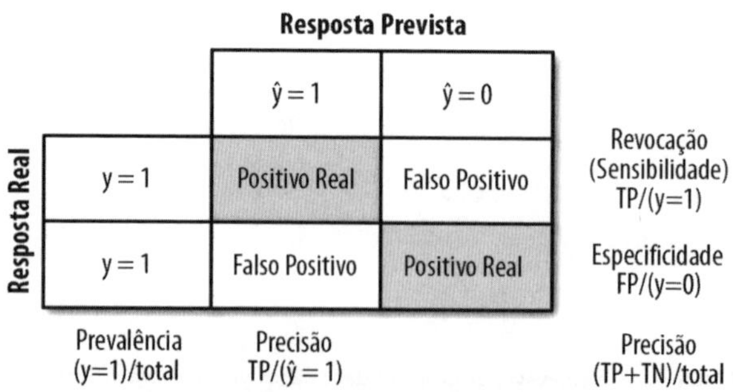

Figura 5-5. Matriz de confusão para uma resposta binária e diversas métricas

Aqui, apresentamos a resposta real nas linhas e a resposta prevista nas colunas, mas é comum o inverso. Um exemplo conhecido é o popular pacote `caret` em *R*.

O Problema da Classe Rara

Em muitos casos, existe um desequilíbrio nas classes a serem previstas, com uma classe muito mais prevalente que a outra — por exemplo, pedidos de seguro legítimos versus fraudulentos ou curiosos versus compradores em um site. A classe rara (ex.: os pedidos fraudulentos) geralmente é a classe de maior interesse e costuma ser designada como 1, ao contrário dos 0s mais prevalentes. Em um cenário típico, os 1s são o caso mais importante, no sentido de que classificá-los incorretamente como 0s fica mais caro do que classificar incorretamente 0s como 1s. Por exemplo, identificar corretamente um pedido de seguro fraudulento pode economizar milhares de dólares. Por outro lado, identificar corretamente um pedido não fraudulento economiza apenas o custo e o tempo de passar o pedido manualmente com uma análise mais cuidadosa (é o que você faria se o pedido fosse rotulado como "fraudulento").

Nesses casos, a menos que as classes sejam fáceis de separar, o modelo de classificação mais preciso pode ser aquele que simplesmente classifica tudo como 0. Por exemplo, se apenas 0,1% dos visitantes em uma loja online faz uma compra, um modelo que prevê que cada visitante sairá sem fazer uma compra será 99,9% preciso. No entanto, será inútil. Em vez disso, seria melhor ter um modelo que seja menos preciso no geral, mas bom em identificar os compradores, mesmo que classifique incorretamente os não compradores no meio do caminho.

Exatidão, Revocação e Especificidade

Métricas que não sejam de precisão pura — métricas mais sutis — são comumente usadas na avaliação de modelos de classificação. Muitas delas têm uma longa história na estatística — sobretudo na bioestatística, em que são usadas para descrever o desempenho esperado dos testes de diagnóstico. A *exatidão* mede a precisão de um resultado previsto como positivo (veja a Figura 5-5):

$$\text{exatidão} = \frac{\sum \text{RealPositivo}}{\sum \text{RealPositivo} + \sum \text{FalsoPositivo}}$$

A *revocação*, também conhecida como *sensibilidade*, mede a força do modelo ao prever um resultado positivo — a proporção de 1s identificada corretamente (veja a Figura 5-5). O termo *sensibilidade* é muito usado em bioestatística e diagnósticos médicos, já *revocação* é mais usado pela comunidade de aprendizado de máquina. A definição de revocação é:

$$\text{revocação} = \frac{\sum \text{RealPositivo}}{\sum \text{RealPositivo} + \sum \text{FalsoNegativo}}$$

Outra métrica usada é a *especificidade*, que mede a habilidade de um modelo em prever um resultado negativo:

$$\text{especificidade} = \frac{\sum \text{RealNegativo}}{\sum \text{RealNegativo} + \sum \text{FalsoNegativo}}$$

Calculamos as três métricas de `conf_mat` in *R*:

```
# exatidão
conf_mat[1,1]/sum(conf_mat[,1])
# revocação
conf_mat[1,1]/sum(conf_mat[1,])
# especificidade
conf_mat[2,2]/sum(conf_mat[2,])
```

Veja o código equivalente para calcular a métrica em *Python*:

```
conf_mat = confusion_matrix(y, logit_reg.predict(X))
print('Precision', conf_mat[0, 0] / sum(conf_mat[:, 0]))
print('Recall', conf_mat[0, 0] / sum(conf_mat[0, :]))
print('Specificity', conf_mat[1, 1] / sum(conf_mat[1, :]))

precision_recall_fscore_support(y, logit_reg.predict(X),
                                labels=['default', 'paid off']
```

`scikit-learn` tem um método personalizado `precision_recall_fscore_support` que calcula a exatidão e a revocação/especificidade ao mesmo tempo.

Curva ROC

Pode-se ver que existe uma troca entre revocação e especificidade. Capturar mais 1s costuma significar classificar incorretamente mais 0s como 1s. O classificador ideal faria um trabalho excelente na classificação dos 1s, sem classificar incorretamente mais 0s como 1s.

A métrica que captura essa troca é a curva da "Característica de Operação do Receptor", geralmente chamada de *curva ROC*. A curva ROC representa a revocação (a sensibilidade) no eixo y contra a especificidade no eixo x.[4] Ela mostra a troca entre revocação e especificidade conforme o corte é mudado para classificar um registro. A sensibilidade (a revocação) é representada no eixo y e é possível encontrar duas formas de como o eixo x é rotulado:

4 A curva ROC foi primeiramente usada durante a Segunda Guerra Mundial para descrever o desempenho das estações de recepção de radar, cujo trabalho era identificar (classificar) corretamente os sinais de radar refletidos e alertar as forças de defesa a respeito da chegada de aviões.

- Especificidade representada no eixo x, com 1 à esquerda e 0 à direita.
- Especificidade representada no eixo x, com 0 à esquerda e 1 à direita.

A curva parece igual de qualquer forma. O processo para calcular a curva ROC é:

1. Organize os dados pela probabilidade prevista de serem 1, começando com o mais provável e terminando com o menos provável.
2. Calcule a especificidade e a revocação cumulativas com base nos registros organizados.

Calcular a curva ROC em *R* é simples. O código a seguir calcula ROC para os dados de empréstimo:

```
idx <- order(-pred)
recall <- cumsum(true_y[idx]==1)/sum(true_y==1)
specificity <- (sum(true_y==0) - cumsum(true_y[idx]==0))/sum(true_y==0)
roc_df <- data.frame(recall = recall, specificity = specificity)
ggplot(roc_df, aes(x=specificity, y=recall)) +
  geom_line(color='blue') +
  scale_x_reverse(expand=c(0, 0)) +
  scale_y_continuous(expand=c(0, 0)) +
  geom_line(data=data.frame(x=(0:100)/100), aes(x=x, y=1-x),
            linetype='dotted', color='red')
```

Em *Python*, podemos usar a função `sklearn.metrics.roc_curve` do `scikit-learn` para calcular as informações necessárias para a curva ROC. Você pode encontrar pacotes similares para *R*, por exemplo, `ROCR`:

```
fpr, tpr, thresholds = roc_curve(y, logit_reg.predict_proba(X)[:,0],
                                 pos_label='default')
roc_df = pd.DataFrame({'recall': tpr, 'specificity': 1 - fpr})

ax = roc_df.plot(x='specificity', y='recall', figsize=(4, 4), legend=False)
ax.set_ylim(0, 1)
ax.set_xlim(1, 0)
ax.plot((1, 0), (0, 1))
ax.set_xlabel('specificity')
ax.set_ylabel('recall')
```

O resultado está na Figura 5-6. A linha pontilhada diagonal corresponde a um classificador que não passa de uma chance aleatória. Um classificador extremamente eficaz (ou, em situações médicas, um teste de diagnóstico extremamente eficaz) terá uma ROC que inclui o canto superior esquerdo — ele identificará corretamente muitos 1s sem classificar incorretamente muitos 0s como 1s. Para esse modelo, se quisermos um classificador com especificidade mínima de 50%, então a revocação deverá ser de cerca de 75%.

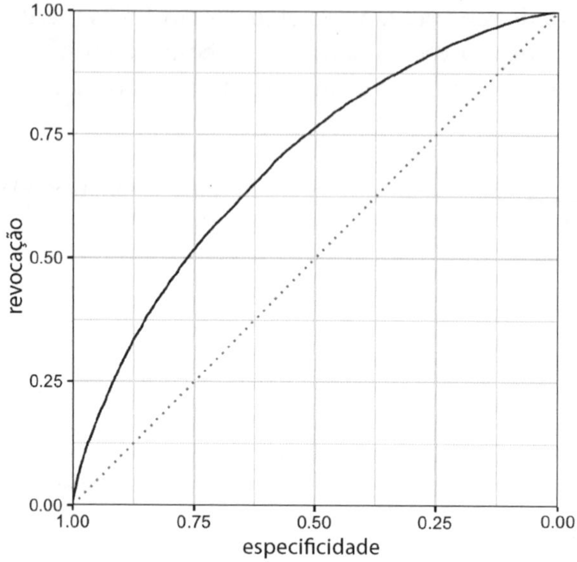

Figura 5-6. Curva ROC para os dados de empréstimo

Curva de Precisão-Revocação

Além das curvas ROC, pode ser esclarecedor examinar a curva de precisão-revocação (PR), que é calculada de modo semelhante, exceto pelo fato de os dados serem ordenados do menos ao mais provável, e são calculadas estatísticas cumulativas de precisão e revocação. As curvas PR são especialmente úteis na avaliação de dados com resultados altamente desequilibrados.

AUC

A curva ROC é uma ferramenta gráfica valiosa, mas sozinha não constitui uma única medida para o desempenho de um classificador. A curva ROC pode ser usada, no entanto, para produzir a métrica da área sob a curva (AUC). A AUC é simplesmente a área total sob a curva ROC. Quanto maior o valor de AUC, mais eficaz é o classificador. Uma AUC 1 indica um classificador perfeito: classifica todos os 1s corretamente e não classifica incorretamente nenhum 0 como 1. Um classificador completamente ineficiente — a linha diagonal — terá uma AUC de 0.5.

A Figura 5-7 mostra a área sob a curva ROC para o modelo de empréstimo. O valor da AUC pode ser calculado por uma integração numérica em *R*:

```
sum(roc_df$recall[-1] * diff(1-roc_df$specificity))
[1] 0.6926172
```

Em *Python*, podemos calcular a precisão como mostrado para *R* ou usar a função `sklearn.metrics.roc_auc_score` de `scikit-learn`. Você precisará fornecer o valor 0 ou 1:

```
print(np.sum(roc_df.recall[:-1] * np.diff(1 - roc_df.specificity)))
print(roc_auc_score([1 if yi == 'default' else 0 for yi in y],
                    logit_reg.predict_proba(X)[:, 0]))
```

O modelo tem uma AUC de cerca de 0.69, correspondendo a um classificado relativamente fraco.

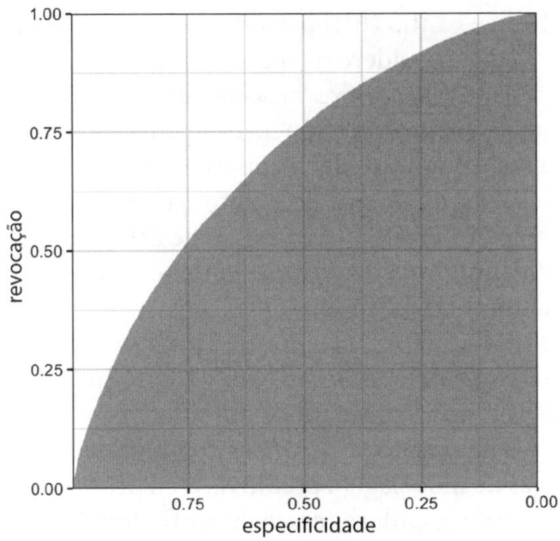

Figura 5-7. Área sob a curva ROC para os dados de empréstimo

Confusão da Taxa de Falso Positivo

As taxas de falso positivo/negativo costumam ser confundidas ou associadas à especificidade ou à sensibilidade (mesmo em publicações e softwares!). Às vezes, a taxa de falso positivo é definida como a proporção de negativos reais que são testados como positivos. Em muitos casos (como na detecção de intrusos em redes), o termo é usado para se referir à proporção de sinais positivos que são negativos reais.

Lift

Usar a AUC como métrica para avaliar um modelo é um avanço além da simples precisão, pois pode avaliar quão bem um classificador lida com a troca entre a precisão geral e a necessidade de identificar os 1s mais importantes. Mas ela não aborda totalmente o problema de casos raros, em que é necessário diminuir o corte de probabilidade do modelo abaixo de 0.5 para evitar que todos os registros sejam classificados como 0. Nesses casos, para que um registro seja classificado como 1, deve ser suficiente que tenha uma probabilidade de 0.4, 0.3 ou menos. Efetivamente, acabamos superidentificando 1s, refletindo sua maior importância.

Mudar esse corte melhorará suas chances de detectar 1s (ao custo de classificar incorretamente mais 0s como 1s). Mas qual é o corte ideal?

O conceito de índice de ganho (lift) permite que você adie a resposta para essa pergunta. Em vez disso, considere os registros na ordem de sua probabilidade prevista serem 1s. Dos 10% superiores classificados como 1s, quanto o algoritmo melhorou, se comparado com a referência de apenas escolher ao acaso? Se você consegue 0,3% de resposta nesse decil superior, em vez do 0,1% que consegue na seleção geral aleatória, é dito que o algoritmo teve um *lift* (também chamado de *ganhos*) de 3 no decil superior. Um gráfico de lift (gráfico de ganhos) quantifica isso acima da amplitude dos dados. Pode ser produzido decil a decil, ou continuamente acima da amplitude.

Para calcular um gráfico de lift, primeiro produzimos um *gráfico de ganhos cumulativos* que mostra a revocação no eixo y e o número total de registros no eixo x. A *curva lift* é a razão dos ganhos cumulativos contra a linha diagonal correspondente à seleção aleatória. *Gráficos de ganhos de decil* são algumas das técnicas mais antigas na modelagem preditiva, com origem anterior ao comércio na internet. Eram muito populares entre os profissionais de mala direta, que é um método caro de propaganda, se aplicado indiscriminadamente, e os anunciantes usavam modelos preditivos (alguns muito simples nos primórdios) para identificar os potenciais clientes com a maior prospecção de compra.

Uplift

Às vezes, o termo *uplift* é usado no mesmo sentido de lift. Um significado alternativo é usado em uma configuração mais restrita, quando um teste A/B foi realizado e o tratamento (A ou B) é usado como uma variável preditora em um modelo preditivo. O uplift é a melhoria na resposta prevista *para um caso individual* com tratamento A versus tratamento B. Isso é determinado pela pontuação do caso individual primeiro com a preditora definida para A, então novamente com a preditora trocada para B. Marqueteiros e consultores de campanhas políticas usam esse método para determinar qual entre dois tratamentos de mensagem deveria ser usado com quais consumidores ou eleitores.

Uma curva lift permite ver as consequências de definir diferentes cortes de probabilidade para a classificação de registros como 1s. Pode ser um passo intermediário na definição de um nível de corte adequado. Por exemplo, uma autoridade fiscal pode ter apenas certa quantidade de recursos que pode investir em auditorias fiscais, e quer aplicá-los nas sonegações de impostos mais comuns. Com essa restrição em mente, a autoridade utilizaria um gráfico lift para estimar onde separar os recebimentos de impostos selecionados para auditoria daqueles que não foram selecionados.

Ideias-chave

- A precisão (o percentual de classificações previstas que estão corretas) é apenas o primeiro passo na avaliação de um modelo.
- Outras métricas (revocação, especificidade, exatidão) se concentram mais nas características específicas do desempenho (por exemplo, a revocação mede quão bom um modelo é em identificar 1s corretamente).
- A AUC (área sob a curva ROC) é uma métrica comum para a habilidade de um modelo em distinguir 1s e 0s.
- Da mesma forma, o lift mede quão eficaz um modelo é em identificar os 1s e isso costuma ser calculado decil a decil, começando com os 1s mais prováveis.

Leitura Adicional

Análise e avaliação costumam ser tratadas no contexto de um modelo específico (por exemplo, *K*-vizinhos Mais Próximos ou árvores de decisão). Três livros que tratam disso são:

- *Data Mining*, 3ª ed., de Ian Whitten, Elbe Frank e Mark Hall (2011).
- *Modern Data Science with R*, de Benjamin Baumer, Daniel Kaplan e Nicholas Horton (2017).
- *Data Mining for Business Analytics*, de Galit Shmueli, Peter Bruce, Nitin Patel, Peter Gedeck, Inbal Yahav e Kenneth Lichtendahl (2007–2020, com variantes para *R*, *Python*, Excel e JMP).

Estratégias para Dados Desequilibrados

A seção anterior abordou a avaliação dos modelos de classificação usando métricas que vão além da simples precisão, sendo adequadas para os dados desequilibrados — dados em que o resultado de interesse (compra em um site, fraude em seguros etc.) é raro. Nesta seção veremos outras estratégias que podem melhorar o desempenho da modelagem preditiva com dados desequilibrados.

> ### Termos-chave para Dados Desequilibrados
>
> ***Undersample***
> : Usa menos registros da classe prevalente no modelo de classificação.
>
> *Sinônimo*
> : downsample
>
> ***Oversample***
> : Usa mais registros da classe rara no modelo de classificação, bootstrap, se necessário.
>
> *Sinônimo*
> : upsample
>
> ***Ponderação acima ou ponderação abaixo***
> : Aplica mais (ou menos) peso à classe rara (ou prevalente) no modelo.
>
> ***Geração de dados***
> : Igual a bootstrap, exceto pelo fato de que cada novo registro com bootstrap é ligeiramente diferente de sua fonte.
>
> ***Escore Z***
> : O valor resultante depois da padronização.
>
> ***K***
> : O número de vizinhos considerados no cálculo do vizinho mais próximo.

Undersampling

Se temos muitos dados, como é o caso nos dados de empréstimo, uma solução é fazer um *undersample* (ou downsample) na classe prevalente, de modo que os dados a modelar estejam mais equilibrados entre 0s e 1s. A ideia básica de undersampling é a de que os dados da classe dominante têm muitos registros redundantes. Lidar com um conjunto de dados menor e mais equilibrado traz benefícios ao desempenho do modelo e facilita o preparo dos dados, a exploração e condução do modelo.

Quantos dados são suficientes? Depende da aplicação, mas, em geral, ter dezenas de milhares de registros para a classe dominante é suficiente. Quanto mais fácil for a distinção entre 1s e 0s, menos dados serão necessários.

Os dados de empréstimo analisados em "Regressão Logística", antes neste capítulo, foram baseados em um conjunto de treinamento equilibrado: metade dos empréstimos era paga e a outra metade era de inadimplentes. Os valores previstos eram semelhantes: metade das probabilidades era menor que 0.5 e metade era maior que 0.5. No conjunto completo de dados, apenas cerca de 19% dos empréstimos eram inadimplentes, como mostrado em *R*:

```
mean(loan_all_data$outcome == 'default')
[1] 0.1889455
```

Em *Python*:

```
print('percentage of loans in default: ',
      100 * np.mean(full_train_set.outcome == 'default'))
```

O que acontece se usamos o conjunto de dados completo para treinar o modelo? Vejamos como fica em *R*:

```
full_model <- glm(outcome ~ payment_inc_ratio + purpose_ +
                      home_ + emp_len_+ dti + revol_bal + revol_util,
                  data=train_set, family='binomial')
pred <- predict(full_model)
mean(pred > 0)
[1] 0.003942094
```

E em *Python*:

```
predictors = ['payment_inc_ratio', 'purpose_', 'home_', 'emp_len_',
              'dti', 'revol_bal', 'revol_util']
outcome = 'outcome'
X = pd.get_dummies(full_train_set[predictors], prefix='', prefix_sep='',
                   drop_first=True)
y = full_train_set[outcome]

full_model = LogisticRegression(penalty='l2', C=1e42, solver='liblinear')
full_model.fit(X, y)
print('percentage of loans predicted to default: ',
      100 * np.mean(full_model.predict(X) == 'default'))
```

Apenas 0,39% dos empréstimos está previsto como inadimplente ou menos de 1/47 do número esperado.[5] Os empréstimos que estavam como pagos se sobrepõem aos inadimplentes, porque o modelo é treinado usando todos os dados igualmente.

5 Devido a diferenças na implementação, os resultados em *Python* diferem um pouco: 1% ou cerca de 1/18 do número esperado.

Pensando sobre isso intuitivamente, a presença de tantos empréstimos não inadimplentes, com a inevitável variabilidade nos dados preditores, significa que, mesmo para um empréstimo inadimplente, o modelo provavelmente encontrará alguns empréstimos não inadimplentes e aos quais ele é semelhante, ao acaso. Quando usamos uma amostra equilibrada, cerca de 50% dos empréstimos foram previstos como inadimplentes.

Oversampling e Ponderação Acima/Abaixo

Uma das críticas ao método de undersampling é que ele descarta os dados e não usa todas as informações disponíveis. Se temos um conjunto de dados relativamente pequeno, e as classes mais raras contêm algumas centenas ou milhares de registros, aplicar o undersampling na classe dominante traz o risco de descartar informações úteis. Nesse caso, em vez de aplicar downsampling no caso dominante, devemos aplicar oversample (upsample) na classe mais rara, extraindo as linhas adicionais com reposição (bootstrap).

Podemos atingir um efeito semelhante ponderando os dados. Muitos algoritmos de classificação requerem um argumento de pesos que nos permite ponderar os dados acima/abaixo. Por exemplo, aplique um peso vetor nos dados de empréstimos usando o argumento `weight` para `glm` em *R*:

```
wt <- ifelse(full_train_set$outcome=='default',
                  1 / mean(full_train_set$outcome == 'default'), 1)
full_model <- glm(outcome ~ payment_inc_ratio + purpose_ + home_ +
                                 emp_len_+ dti + revol_bal + revol_util,
                          data=full_train_set, weight=wt, family='quasibinomial')
pred <- predict(full_model)
mean(pred > 0)
[1] 0.5767208
```

A maioria dos métodos `scikit-learn` permite especificar os pesos na função `fit` usando o argumento da palavra-chave `sample_weight`:

```
default_wt = 1 / np.mean(full_train_set.outcome == 'default')
wt = [default_wt if outcome == 'default' else 1
        for outcome in full_train_set.outcome]

full_model = LogisticRegression(penalty="l2", C=1e42, solver='liblinear')
full_model.fit(X, y, sample_weight=wt)
print('percentage of loans predicted to default (weighting): ',
       100 * np.mean(full_model.predict(X) == 'default'))
```

Os pesos para os empréstimos inadimplentes são definidos como $\frac{1}{p}$, em que p é a probabilidade de inadimplência. Os empréstimos não inadimplentes têm peso 1. As somas dos pesos para os empréstimos inadimplentes e os não inadimplentes são quase as mesmas. A média dos valores previstos é agora 58%, em vez de 0,39%.

Note que a ponderação oferece uma alternativa tanto de upsampling das classes mais raras quanto de downsampling da classe dominante.

> **Adaptando a Função de Perda**
>
> Muitos algoritmos de classificação e regressão otimizam certo critério ou *função de perda*. Por exemplo, a regressão logística tenta minimizar o desvio. Na literatura, alguns se propõem a modificar a função de perda a fim de evitar os problemas causados por uma classe rara. Na prática, é difícil fazer isso: os algoritmos de classificação podem ser complexos e difíceis de modificar. A ponderação é um jeito fácil de mudar a função de perda, descontando os erros para os registros com pesos baixos em favor dos registros com pesos maiores.

Geração de Dados

Uma variação de upsampling via bootstrap (veja "Oversampling e Ponderação Acima/Abaixo", antes neste capítulo) é a *geração de dados* pela perturbação dos registros existentes a fim de criar novos registros. A intuição por trás dessa ideia é a de que, como observamos apenas um conjunto limitado de exemplos, o algoritmo não tem um conjunto rico de informações para criar "regras" de classificação. Com a criação de novos registros que são semelhantes, mas não idênticos aos existentes, o algoritmo tem uma oportunidade de aprender um conjunto mais robusto de regras. Esse conceito é, em essência, semelhante aos modelos estatísticos de agrupamento, como boosting e bagging (veja o Capítulo 6).

A ideia ganhou força com a publicação do algoritmo *SMOTE,* da sigla em inglês para "Técnica de Oversampling Minoritário Sintético". O algoritmo SMOTE encontra um registro semelhante ao registro com upsampling (veja "K-vizinhos Mais Próximos", no Capítulo 6) e cria um registro sintético que é uma média aleatoriamente ponderada do registro original e do registro vizinho, em que o peso é gerado separadamente para cada preditora. O número de registros com oversampling sintéticos criados depende da razão de oversampling necessária para trazer o conjunto de dados a um equilíbrio aproximado, no que diz respeito às classes resultantes.

Existem diversas implementações de SMOTE em *R*. O pacote mais abrangente para o tratamento de dados desequilibrados é o `unbalanced`. Ele oferece inúmeras técnicas, incluindo um algoritmo "Racing" para selecionar o melhor método. No entanto, o algoritmo SMOTE é simples o bastante para ser implementado diretamente no *R* usando o pacote `FNN`.

O pacote `imbalanced-learn` do *Python* implementa vários métodos com uma API que é compatível com `scikit-learn`. Ele fornece muitos métodos para oversampling e undersampling, e tem suporte para o uso dessas técnicas com os classificadores de boosting e bagging.

Classificação Baseada em Custos

Na prática, a precisão e a AUC são um jeito ruim de selecionar uma regra de classificação. Geralmente, pode-se atribuir um custo estimado a falsos positivos versus falsos negativos, e é mais adequado incorporar esses custos para determinar o melhor corte ao classificar 1s e 0s. Por exemplo, suponha que o custo esperado da inadimplência em um novo empréstimo seja *C* e que o retorno esperado de um empréstimo pago seja *R*. Então, o retorno esperado desse empréstimo é:

$$\text{retorno esperado} = P(Y = 0) \times R + P(Y = 1) \times C$$

Em vez de simplesmente rotular um empréstimo como inadimplente ou pago, ou determinar a probabilidade de inadimplência, faz mais sentido determinar se o empréstimo tem um retorno esperado positivo. A probabilidade prevista de inadimplência é um passo intermediário e deve ser combinada com o valor total do empréstimo para determinar o lucro esperado, que é a métrica de planejamento mais importante para os negócios. Por exemplo, um empréstimo de valor menor pode ser ignorado em favor de um maior, com uma probabilidade um pouco maior de inadimplência.

Explorando as Predições

Uma única métrica, como a AUC, não consegue capturar todos os aspectos de adequação de um modelo para uma situação. A Figura 5-8 mostra as regras de decisão para quatro modelos diferentes ajustados para os dados de empréstimo usando apenas duas variáveis preditoras: `borrower_score` e `payment_inc_ratio`. Os modelos são a análise linear discriminante (LDA), a regressão logística linear, a regressão logística ajustada usando um modelo aditivo generalizado (GAM) e o modelo de árvore (veja "Modelos de Árvore", no Capítulo 6). A região superior à esquerda das linhas corresponde a uma inadimplência prevista. A LDA e a regressão logística linear têm resultados quase idênticos neste caso. O modelo de árvore produz a regra menos regular, com dois passos. Finalmente, o ajuste GAM da regressão logística representa um comprometimento entre os modelos de árvore e linear.

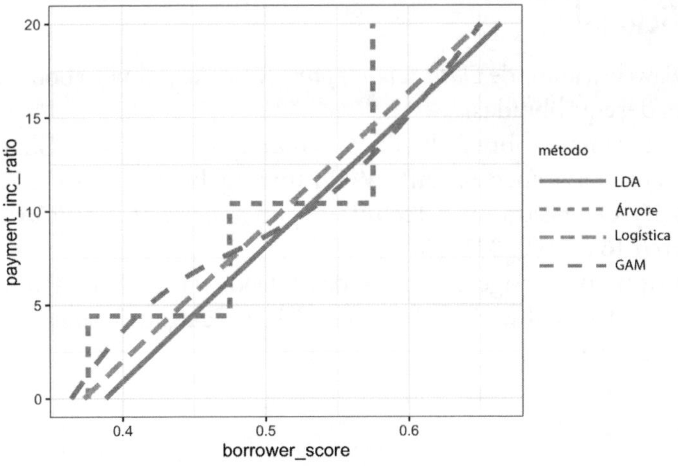

Figura 5-8. Comparação entre as regras de classificação para quatro métodos diferentes

Não é fácil visualizar as regras de predição nas dimensões maiores ou, no caso dos modelos GAM e de árvore, até mesmo gerar as regiões de tais regras. De qualquer forma, a análise exploratória dos valores previstos é sempre necessária.

Ideias-chave

- Dados altamente desequilibrados (ou seja, nos quais os resultados interessantes, os 1s, são raros) são um problema para os algoritmos de classificação.
- Uma estratégia ao trabalhar com dados desequilibrados é equilibrar os dados de treinamento via undersampling do caso abundante (ou oversampling do caso raro).
- Se ao usar todos os 1s eles ainda forem muito poucos, pode-se aplicar bootstrap nos casos raros ou usar SMOTE para criar dados sintéticos semelhantes aos casos raros existentes.
- Os dados desequilibrados geralmente indicam que a classificação correta de uma classe (os 1s) tem maior valor e a razão desse valor deve ser incorporada na métrica de avaliação.

Leitura Adicional

- Tom Fawcett, autor de *Data Science para Negócios*, tem um bom artigo sobre classes desequilibradas.
- Para saber mais sobre SMOTE, leia o artigo de Nitesh V. Chawla, Kevin W. Bowyer, Lawrence O. Hall e W. Philip Kegelmeyer, "SMOTE: Synthetic Minority Over-sampling Technique", no *Journal of Artificial Intelligence Research* 16 (2002): 321–357.
- Leia também o artigo da equipe de conteúdo da Analytics Vidhya, "Practical Guide to Deal with Imbalanced Classification Problems in *R*", 28 de março de 2016.

Resumo

Classificação, o processo de prever à qual, entre duas ou mais categorias, um registro pertence, é uma ferramenta fundamental da análise preditiva. Um empréstimo será inadimplente (sim ou não)? Será antecipado? Um visitante da web clicará em um link? Ele comprará algo? Um pedido de seguro é fraudulento? Geralmente, nos problemas de classificação, uma das classes é a de maior interesse (por exemplo, o pedido de seguro fraudulento) e na classificação binária essa classe é definida como 1, com a outra, a classe mais prevalente, sendo 0. Muitas vezes, uma parte importante no processo é a estimativa de uma *nota de propensão*, uma probabilidade de pertencimento à classe de interesse. Um cenário comum é aquele no qual a classe de interesse é relativamente rara. Ao avaliar um classificador, existem diversas métricas de avaliação do modelo que vão além da simples precisão; elas são importantes na situação de classe rara, quando a classificação de todos os registros como 0s pode resultar uma alta precisão.

CAPÍTULO 6

Aprendizado de Máquina Estatístico

Os recentes avanços em estatística foram no sentido de desenvolver técnicas automatizadas mais potentes de modelagem preditiva — de regressão e classificação. Esses métodos, como os discutidos no capítulo anterior, são *métodos supervisionados* — eles são treinados em dados em que os resultados são conhecidos e aprendem a prever os resultados em novos dados. Esses métodos ficam sob o guarda-chuva do *aprendizado de máquina estatístico* e são distintos dos métodos estatísticos clássicos por serem orientados por dados e não tentarem impor uma estrutura linear ou outra geral aos dados. O método de *K*-vizinhos Mais Próximos, por exemplo, é bem simples: classifica um registro de acordo com a classificação de registros semelhantes. As técnicas mais bem-sucedidas e usadas são baseadas no *aprendizado de agrupamento* aplicado nas *árvores de decisão.* A ideia básica do aprendizado de agrupamento é usar muitos modelos para formar uma predição diferente daquela de um único modelo. As árvores de decisão são uma técnica automática e flexível para aprender regras sobre o relacionamento entre as variáveis preditoras e as variáveis resultantes. Acontece que a combinação do aprendizado agrupado com as árvores de decisão leva a técnicas de modelagem preditiva de ponta com ótimo desempenho.

O desenvolvimento de muitas técnicas no aprendizado de máquina estatístico pode ser conferido aos estatísticos Leo Breiman (veja a Figura 6-1) na Universidade da Califórnia, em Berkeley, e Jerry Friedman, na Universidade de Stanford. O trabalho deles, com outros pesquisadores em Berkeley e Stanford, começou com o desenvolvimento de modelos de árvore em 1984. O desenvolvimento posterior dos métodos de agrupamento de bagging e boosting nos anos 1990 estabeleceu os fundamentos do aprendizado de máquina estatístico.

Figura 6-1. Leo Breiman, professor de estatística em Berkeley, foi pioneiro no desenvolvimento de muitas técnicas cruciais no ferramental dos cientistas de dados

Aprendizado de Máquina Versus Estatística

No contexto da modelagem preditiva, qual é a diferença entre aprendizado de máquina e estatística? Não existe uma fronteira muito definida dividindo as duas disciplinas. O aprendizado de máquina tende a ser mais concentrado no desenvolvimento de algoritmos eficientes que escalonam dados grandes a fim de otimizar o modelo preditivo. A estatística geralmente presta mais atenção à teoria probabilística e à estrutura subjacente do modelo. Bagging e a floresta aleatória (veja "Bagging e a Floresta Aleatória", adiante neste capítulo), cresceram muito no campo da estatística. Boosting (veja "Boosting", adiante neste capítulo), por outro lado, foi desenvolvido nas duas disciplinas, mas recebe mais atenção pelo lado do aprendizado de máquina. Apesar da história, a promessa do boosting garante que ele prosperará como técnica tanto na estatística quanto no aprendizado de máquina.

K-vizinhos Mais Próximos

A ideia por trás dos *K*-vizinhos Mais Próximos (KNN) é muito simples.[1] Para cada registro a ser classificado ou previsto:

1. Encontre *K* registros com características similares (ou seja, valores preditivos semelhantes).
2. Para a classificação, descubra qual é a classe majoritária nesses registros semelhantes e atribua tal classe ao novo registro.

1 Esta seção e as subsequentes deste capítulo têm a licença © 2020 Datastats, LLC, Peter Bruce, Andrew Bruce e Peter Gedeck, usada com permissão.

3. Para a predição (também chamada de *regressão KNN*), encontre a média nesses registros semelhantes e preveja tal média para o novo registro.

> **Termos-chave para K-vizinhos Mais Próximos**
>
> ***Vizinho***
> Um registro que tem valores preditores semelhantes a outro registro.
>
> ***Métricas de distância***
> Medidas que resumem em um único número a distância entre um registro e outro.
>
> ***Padronização***
> Subtrai a média e divide pelo desvio-padrão.
>
> *Sinônimo*
> normalização
>
> ***Escore Z***
> O valor resultante depois da padronização.
>
> ***K***
> O número de vizinhos considerados no cálculo do vizinho mais próximo.

KNN é uma das técnicas mais simples de predição/classificação: não existem modelos a ajustar (como na regressão). Isso não significa que usar KNN seja um procedimento automático. Os resultados previstos dependem de como as características são escalonadas, como a similaridade é medida e qual o tamanho em que *K* é definido. Além disso, todas as variáveis preditoras têm que estar em forma numérica. Ilustraremos como usar o método KNN com um exemplo de classificação.

Um Pequeno Exemplo: Prevendo Inadimplência em Empréstimos

A Tabela 6-1 mostra alguns registros de dados de empréstimo pessoal do Lending Club. O Lending Club é líder em empréstimo pessoal no qual pools de investidores fazem empréstimos pessoais a indivíduos. O objetivo de uma análise seria prever o resultado de um novo empréstimo em potencial: pago versus inadimplente.

Tabela 6-1. Alguns registros e colunas para os dados de empréstimo do Lending Club

Resultado	Quantia do empréstimo	Renda	Destinação	Anos no emprego	Moradia	Estado
Pago	10.000	79.100	consolidação_débito	11	HIPOTECA	NV
Pago	9.600	48.000	mudança	5	HIPOTECA	TN
Pago	18.800	120.036	consolidação_débito	11	HIPOTECA	MD
Inadimplente	15.250	232.000	pequeno_negócio	9	HIPOTECA	CA
Pago	17.050	35.000	consolidação_débito	4	ALUGUEL	MD
Pago	5.500	43.000	consolidação_débito	4	ALUGUEL	KS

Considere um modelo bem simples com apenas duas variáveis preditoras: `dti`, que é a razão entre pagamentos de débitos (exceto hipoteca), e renda, `payment_inc_ratio`, que é a razão entre o pagamento do empréstimo, e a renda. Ambas as razões são multiplicadas por 100. Usando um pequeno conjunto de 200 empréstimos, `loan200`, com resultados binários conhecidos (inadimplente ou não, especificado na preditora `outcome200`), e com *K* definido para 20, a estimativa KNN para um novo empréstimo a ser previsto, `newloan`, com `dti=22.5` e `payment_inc_ratio=9`, pode ser calculada em *R* da seguinte forma:[2]

```
newloan <- loan200[1, 2:3, drop=FALSE]
knn_pred <- knn(train=loan200[-1, 2:3], test=newloan, cl=loan200[-1, 1], k=20)
knn_pred == 'paid off'
[1] TRUE
```

A predição KNN é a de que o empréstimo será pago.

Enquanto *R* possui uma função `knn` nativa, o pacote `FNN` contribuído para *R*, do Vizinho Mais Próximo Rápido (FNN), escalona melhor para big data e oferece mais flexibilidade.

O pacote `scikit-learn` fornece uma implementação rápida e eficiente de KNN em *Python*:

```
predictors = ['payment_inc_ratio', 'dti']
outcome = 'outcome'

newloan = loan200.loc[0:0, predictors]
X = loan200.loc[1:, predictors]
y = loan200.loc[1:, outcome]

knn = KNeighborsClassifier(n_neighbors=20)
knn.fit(X, y)
knn.predict(newloan)
```

2 Para este exemplo, pegamos a primeira linha no conjunto de dados `loan200` como `newloan` e excluímos do conjunto de dados para treinamento.

A Figura 6-2 oferece uma visualização do exemplo. O novo empréstimo a ser previsto é a seção no meio. Os quadrados (pago) e os círculos (inadimplente) são os dados de treinamento. O círculo preto grande mostra a fronteira dos 20 pontos mais próximos. Nesse caso, 9 empréstimos inadimplentes estão dentro do círculo, bem como 11 empréstimos pagos. Portanto, o resultado previsto do empréstimo é pago. Note que se considerássemos apenas os três vizinhos mais próximos, a previsão seria que o empréstimo tem inadimplência.

> Enquanto o resultado de KNN para a classificação costuma ser uma decisão binária, como inadimplente ou pago nos dados de empréstimo, as rotinas de KNN costumam oferecer a oportunidade de gerar uma probabilidade (propensão) entre 0 e 1. A probabilidade é baseada na fração de uma classe nos *K*-vizinhos mais próximos. No exemplo anterior, essa probabilidade de inadimplência teria sido estimada em $\frac{9}{20}$ ou 0.45. Usar uma pontuação de probabilidade nos permite usar regras de classificação além dos simples votos majoritários (probabilidade de 0.5). Isso é ainda mais importante nos problemas com classes desequilibradas (veja "Estratégias para Dados Desequilibrados", no Capítulo 5). Por exemplo, se o objetivo fosse identificar os membros de uma classe rara, o corte geralmente seria ajustado abaixo de 50%. Uma abordagem comum é ajustar o corte na probabilidade do evento raro.

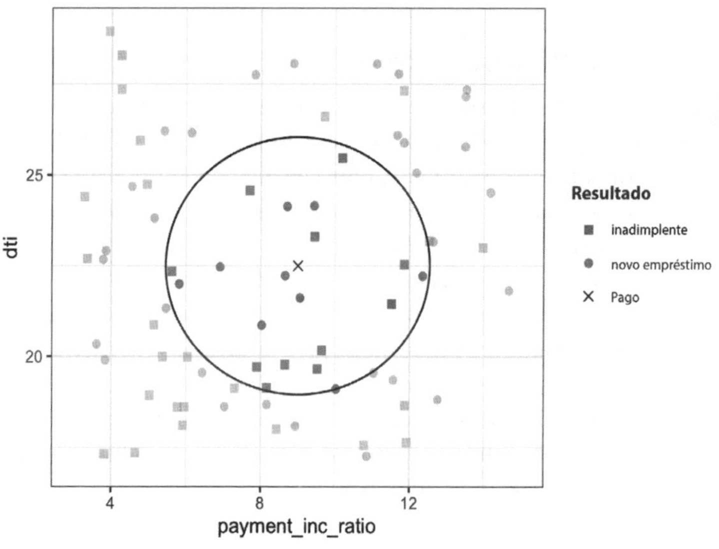

Figura 6-2. Predição KNN de inadimplência em empréstimos usando duas variáveis: razão de débito para renda e razão de pagamento do empréstimo para renda

Métricas de Distância

A similaridade (proximidade) é determinada usando uma *métrica de distância*, que é uma função que mede a distância entre dois registros (x_1, x_2, ..., x_p) e (u_1, u_2, ..., u_p). A métrica de distância mais popular entre dois vetores é a *distância euclidiana*. Para medir essa distância entre dois vetores, subtraia um do outro, coloque a diferença ao quadrado, some e tire a raiz quadrada:

$$\sqrt{(x_1 - u_1)^2 + (x_2 - u_2)^2 + \ldots + (x_p - u_p)^2}.$$

Outra métrica de distância comum para os dados numéricos é a distância de *Manhattan*:

$$|x_1 - u_1| + |x_2 - u_2| + \ldots + |x_p - u_p|$$

A distância euclidiana corresponde à distância em linha reta entre dois pontos. A distância de Manhattan é a distância entre dois pontos traçada em uma única direção de cada vez (por exemplo, caminhar ao redor de quarteirões). Por isso, essa distância é uma aproximação útil se a similaridade é definida como uma viagem de um ponto a outro de cada vez.

Ao medir a distância entre dois vetores, as variáveis (característica) medidas com uma escala relativamente maior dominarão a medida. Por exemplo, nos dados de empréstimo, a distância seria quase totalmente uma função das variáveis de renda e do montante do empréstimo, que são medidas em dezenas ou centenas de milhares. As variáveis de razão quase não contariam na comparação. Lidamos com esse problema padronizando os dados. Veja "Padronização (Normalização, Escores Z)", adiante neste capítulo.

Outras Métricas de Distância

Existem inúmeras outras métricas para a medição da distância entre os vetores. Para os dados numéricos, a *distância de Mahalanobis* é atraente, pois considera a correlação entre duas variáveis. Isso é útil, pois se duas variáveis são altamente correlacionadas, a Mahalanobis basicamente as tratará como uma única variável em termos de distância. As distâncias euclidiana e de Manhattan não consideram a correlação, efetivamente aplicando maior peso no atributo que baseia tais características. O lado ruim de usar a distância de Mahalanobis é o maior esforço computacional e a complexidade. Ela é calculada usando a *matriz de covariância*. Veja "Matriz de Covariância", no Capítulo 5.

Codificação One-hot

Os dados de empréstimo na Tabela 6-1 incluem diversas variáveis fatoriais (linha). A maioria dos modelos estatísticos e de aprendizado de máquina exige que esse tipo de variável seja convertido em uma série de variáveis binárias fictícias contendo a mesma informação, como na Tabela 6-2. Em vez de uma única variável representando o status de moradia como "proprietário com hipoteca", "proprietário sem hipoteca", "aluga" ou "outros", acabamos com quatro variáveis binárias. A primeira seria "proprietário com hipoteca — S/N", a segunda seria "proprietário sem hipoteca — S/N" etc. Essa única preditora, status de moradia, resulta em um vetor com um 1 e três 0s, que podem ser usados nos algoritmos estatísticos e de aprendizado de máquina. A frase *codificação one-hot* vem da terminologia de circuitos digitais, em que descreve as configurações dos circuitos nos quais apenas uma parte pode ser positiva (hot).

Tabela 6-2. Representando os dados do fator de moradia na Tabela 6-1 como uma variável fictícia numérica

Com Hipoteca	Sem Hipoteca	Outro	Aluga
1	0	0	0
1	0	0	0
1	0	0	0
1	0	0	0
0	0	0	1
0	0	0	1

Na regressão linear e logística, a codificação one-hot causa problemas com a multicolinearidade (veja "Multicolinearidade", no Capítulo 4). Nesses casos, uma fictícia é omitida (esse valor pode ser inferido de outros valores). Isso não é um problema no KNN e em outros métodos.

Padronização (Normalização, Escores Z)

Na medição, geralmente não nos interessamos muito por "quanto", mas por "quão diferente é da média". A padronização, também chamada de *normalização*, põe todas as variáveis em escalas semelhantes com a subtração da média e a divisão pelo desvio-padrão. Dessa forma, garantimos que uma variável não influencie demais um modelo simplesmente pela escala de sua medição original.

$$z = \frac{x - \bar{x}}{s}$$

O resultado dessa transformação costuma ser chamado de *escore z*. As medições são então descritas em termos de "desvios-padrão longe da média".

> A *normalização* nesse contexto estatístico não deve ser confundida com a *normalização do banco de dados*, que é a remoção dos dados redundantes e a verificação das dependências de dados.

Para o KNN e alguns outros procedimentos (por exemplo, análise de componentes principais e clusterização), é essencial considerar a padronização dos dados antes de aplicar o procedimento. Para ilustrar a ideia, o KNN está aplicado nos dados de empréstimo usando `dti` e `payment_inc_ratio` (veja "Um Pequeno Exemplo: Prevendo Inadimplência em Empréstimos", antes neste capítulo), mais duas outras variáveis: `revol_bal`, o crédito rotativo total disponível para o tomador em dólares, e `revol_util`, o percentual de crédito em uso. O novo registro a ser previsto está aqui:

```
newloan
  payment_inc_ratio dti revol_bal revol_util
1            2.3932   1      1687        9.4
```

A magnitude de `revol_bal`, em dólares, é muito maior que a das outras variáveis. A função `knn` retorna o índice dos vizinhos mais próximos como um atributo `nn.index` e isso pode ser usado para mostrar as cinco linhas mais próximas em `loan_df`:

```
loan_df <- model.matrix(~ -1 + payment_inc_ratio + dti + revol_bal +
                          revol_util, data=loan_data)
newloan <- loan_df[1, , drop=FALSE]
loan_df <- loan_df[-1,]
outcome <- loan_data[-1, 1]
knn_pred <- knn(train=loan_df, test=newloan, cl=outcome, k=5)
loan_df[attr(knn_pred, "nn.index"),]

          payment_inc_ratio     dti revol_bal     revol_util
35537             1.47212 1.46            1686           10.0
33652             3.38178 6.37            1688            8.4
25864             2.36303 1.39            1691            3.5
42954             1.28160 7.14            1684            3.9
43600             4.12244 8.98            1684            7.2
```

Seguindo o modelo ajustado, podemos usar o método `kneighbors` para identificar as cinco linhas mais próximas no conjunto de treinamento com `scikit-learn`:

```
predictors = ['payment_inc_ratio', 'dti', 'revol_bal', 'revol_util']
outcome = 'outcome'

newloan = loan_data.loc[0:0, predictors]
X = loan_data.loc[1:, predictors]
y = loan_data.loc[1:, outcome]

knn = KNeighborsClassifier(n_neighbors=5)
knn.fit(X, y)

nbrs = knn.kneighbors(newloan)
X.iloc[nbrs[1][0], :]
```

O valor de `revol_bal` nesses vizinhos é muito próximo de seu valor no novo registro, mas as outras variáveis preditoras estão por todo o mapa e basicamente não têm muita influência na determinação dos vizinhos.

Compare isso com o KNN aplicado nos dados padronizados usando a função `scale` de *R*, que calcula o escore *z* para cada variável:

```
loan_df <- model.matrix(~ -1 + payment_inc_ratio + dti + revol_bal +
                        revol_util, data=loan_data)
loan_std <- scale(loan_df)
newloan_std <- loan_std[1, , drop=FALSE]
loan_std <- loan_std[-1,]
loan_df <- loan_df[-1,]              ❶
outcome <- loan_data[-1, 1]
knn_pred <- knn(train=loan_std, test=newloan_std, cl=outcome, k=5)
loan_df[attr(knn_pred, "nn.index"),]
        payment_inc_ratio           dti     revol_bal           revol_util
2081    2.61091                     1.03         1218                  9.7
1439    2.34343                     0.51          278                  9.9
30216   2.71200                     1.34         1075                  8.5
28543   2.39760                     0.74         2917                  7.4
44738   2.34309                     1.37          488                  7.2
```

❶ Precisamos remover a primeira linha de `loan_df` também, para que os números da linha correspondam entre si.

O método `sklearn.preprocessing.StandardScaler` é primeiro treinado com as variáveis preditoras, posteriormente utilizado para transformar o conjunto de dados antes de treinar o modelo KNN:

```
newloan = loan_data.loc[0:0, predictors]
X = loan_data.loc[1:, predictors]
y = loan_data.loc[1:, outcome]

scaler = preprocessing.StandardScaler()
scaler.fit(X * 1.0)

X_std = scaler.transform(X * 1.0)
newloan_std = scaler.transform(newloan * 1.0)

knn = KNeighborsClassifier(n_neighbors=5)
knn.fit(X_std, y)

nbrs = knn.kneighbors(newloan_std)
X.iloc[nbrs[1][0], :]
```

Os cinco vizinhos mais próximos são muito mais parecidos em todas as variáveis, fornecendo um resultado mais sensível. Note que os resultados são exibidos na escala original, mas o KNN foi aplicado nos dados escalonados e no novo empréstimo a ser previsto.

> Usar o escore *z* é apenas um meio de redimensionar as variáveis. Em vez da média, pode-se usar uma estimativa de localização mais robusta, como a mediana. Da mesma forma, poderia ser usada uma estimativa de escala diferente, como a amplitude interquartil, em vez do desvio-padrão. Algumas vezes as variáveis são "espremidas" na amplitude 0–1. Também é importante perceber que escalonar cada variável para ter variância unitária é algo um tanto arbitrário. Isso implica supor que cada variável tem a mesma importância no poder preditivo. Se tivermos o conhecimento subjetivo de que algumas variáveis são mais importantes que outras, então estas poderão ser escalonadas. Por exemplo, nos dados de empréstimo, é razoável esperar que a razão de pagamento para renda seja muito importante.

> A normalização (padronização) não muda o formato distribucional dos dados; não os tornaria normalmente formatados se já não fossem normalmente formatados (veja "Distribuição Normal", no Capítulo 2).

Escolhendo K

A escolha de *K* é muito importante para o desempenho do KNN. A opção mais simples é definir *K* = 1, conhecido como o classificador de 1-vizinho mais próximo. A predição é intuitiva: se baseia em encontrar o registro de dado no conjunto de treinamento que seja mais semelhante ao novo registro a ser previsto. Configurar *K* = 1 raramente é a melhor opção; quase sempre se obterá melhor desempenho usando *K* > 1-vizinhos mais próximos.

Em linhas gerais, se *K* é muito baixo, podemos estar sobreajustando: incluindo ruído nos dados. Os valores de *K* maiores oferecem uma suavização que reduz o risco de sobreajuste nos dados de treinamento. Por outro lado, se *K* é muito alto, podemos supersuavizar os dados e perder a habilidade do KNN de capturar a estrutura local dos dados, uma de suas muitas vantagens.

O *K* que melhor se equilibra entre sobreajuste e supersuavização costuma ser determinado pelas métricas de precisão e, especialmente, pela precisão com dados de retenção ou validação. Não existe uma regra geral para o melhor *K* — depende muito da natureza dos dados. Para os dados altamente estruturados com pouco ruído, os valores menores de *K* funcionam melhor. Pegando um termo da comunidade de processamento de sinal, esse tipo de dado às vezes é citado como aquele que tem uma alta *razão de sinal-ruído* (*SNR*). Exemplos de dados com SNR tipicamente alto são o reconhecimento de escrita à mão e a fala. Para os dados ruidosos com menos estrutura (dados com SNR baixa), como os dados de empréstimo, são adequados valores maiores de *K*. Em geral, os valores de *K* ficam na amplitude de 1 a 20, e é comum escolher um número ímpar para evitar empates.

Dilema entre Viés e Variância

A tensão entre supersuavização e sobreajuste é um exemplo do *dilema entre viés e variância*, um problema onipresente no ajuste de modelos estatísticos. A variância se refere ao erro de modelagem que ocorre por causa da escolha dos dados de treinamento, ou seja, se escolhêssemos um conjunto de dados de treinamento diferente, o modelo resultante seria diferente. O viés se refere ao erro de modelagem que ocorre por não identificarmos adequadamente o cenário real subjacente, e esse erro não desapareceria com a simples adição de mais dados de treinamento. Quando um modelo flexível é sobreajustado, a variância aumenta. Podemos reduzir isso usando um modelo mais simples, mas o viés pode aumentar devido à perda de flexibilidade na modelagem da real situação subjacente. Uma abordagem geral para o tratamento desse dilema é por meio da *validação cruzada*. Veja mais detalhes em "Validação Cruzada", no Capítulo 4.

KNN como um Motor de Característica

O KNN ganhou popularidade devido à sua simplicidade e natureza intuitiva. Em termos de desempenho, o KNN sozinho não costuma competir com as técnicas de classificação mais sofisticadas. Nos ajustes práticos de modelos, no entanto, o KNN pode ser usado para adicionar "conhecimento local" em um processo em etapas com outras técnicas de classificação.

1. O KNN é executado nos dados e para cada registro, uma classificação (ou quase probabilidade de uma classe) é derivada.
2. Tal resultado é adicionado ao registro como uma nova característica e outro método de classificação é executado nos dados. As variáveis preditoras originais são, então, usadas duas vezes.

Em princípio, você pode se perguntar se esse processo, já que usa algumas variáveis preditoras duas vezes, causa problemas na multicolinearidade (veja "Multicolinearidade", no Capítulo 4). Isso não é um problema, já que a informação sendo incorporada no modelo da segunda etapa é altamente local, derivando apenas de alguns registros próximos, sendo então informação adicional e não redundante.

> Podemos pensar nesse uso em etapas do KNN como uma forma de aprendizado agrupado, em que múltiplos métodos de modelagem preditiva são usados em conjunto. Pode também ser considerada uma forma de engenharia de características em que o objetivo é derivar características (variáveis preditoras) que têm poder preditivo. Costuma envolver alguma análise manual dos dados e o KNN oferece um jeito bem automático de fazer isso.

Por exemplo, considere os dados imobiliários de King County. Ao precificar uma casa para venda, o corretor baseará o preço em casas semelhantes vendidas recentemente, conhecido como "comps" ou complementos. Em suma, os corretores fazem uma versão manual do KNN: ao olhar os preços de venda de casas semelhantes, podem estimar qual será o preço de venda de uma casa. Podemos criar uma nova característica para um modelo estatístico a fim de imitar o corretor aplicando KNN nas vendas recentes. O valor previsto é o preço de venda e as variáveis preditoras existentes podem incluir a localização, os metros quadrados totais, o tipo de estrutura, o tamanho do terreno e o número de banheiros e quartos. A nova variável preditora (característica) que adicionamos via KNN é a preditora KNN para cada registro (semelhante ao complemento dos corretores). Como estamos prevendo um valor numérico, a média dos *K*-vizinhos Mais Próximos é usada no lugar de um voto majoritário (conhecido como *regressão KNN*).

De maneira semelhante, para os dados de empréstimo, podemos criar características que representam os diferentes aspectos do processo de empréstimo. Por exemplo, o código em *R* a seguir criaria uma característica que representa o crédito de um tomador:

```
borrow_df <- model.matrix(~ -1 + dti + revol_bal + revol_util + open_acc +
                          delinq_2yrs_zero + pub_rec_zero, data=loan_data)
borrow_knn <- knn(borrow_df, test=borrow_df, cl=loan_data[, 'outcome'],
                  prob=TRUE, k=20)
prob <- attr(borrow_knn, "prob")
borrow_feature <- ifelse(borrow_knn=='default', prob, 1-prob)
summary(borrow_feature)
   Min. 1st Qu.  Median    Mean 3rd Qu.    Max.
  0.000   0.400   0.500   0.501   0.600   0.950
```

Com `scikit-learn`, usamos o método `predict_proba` do modelo treinado para obter as probabilidades:

```
predictors = ['dti', 'revol_bal', 'revol_util', 'open_acc',
              'delinq_2yrs_zero', 'pub_rec_zero']
outcome = 'outcome'

X = loan_data[predictors]
y = loan_data[outcome]

knn = KNeighborsClassifier(n_neighbors=20)
knn.fit(X, y)

loan_data['borrower_score'] = knn.predict_proba(X)[:, 1]
loan_data['borrower_score'].describe()
```

O resultado é uma característica que prevê a possibilidade de um tomador ser inadimplente com base em seu histórico de crédito.

Ideias-chave

- *Os K*-vizinhos Mais Próximos (KNN) classificam um registro atribuindo-o à classe que contém registros semelhantes.
- A similaridade (distância) é determinada pela distância euclidiana ou outras métricas relacionadas.
- O número de vizinhos mais próximos com os quais comparar um registro, *K*, é determinado pelo desempenho do algoritmo nos dados de treinamento usando diferentes valores em *K*.

- Geralmente as variáveis preditoras são padronizadas de modo que as variáveis de alta escala não dominem a métrica de distância.
- KNN costuma ser usado como uma primeira etapa na modelagem preditiva e o valor previsto é adicionado de volta aos dados como uma *preditora* para a modelagem na segunda etapa (não KNN).

Modelos de Árvore

Os modelos de árvore, também chamados de *Árvores de Classificação e Regressão (CART)*,[3] *árvores de decisão* ou apenas *árvores*, são um método de classificação (e regressão) efetivo e popular, inicialmente desenvolvido por Leo Breiman e outros em 1984. Os modelos de árvore e seus descendentes mais avançados, *florestas aleatórias* e *boosting* (veja "Bagging e a Floresta Aleatória" e "Boosting", ambos adiante neste capítulo), formam a base das ferramentas de modelagem preditiva mais potentes e amplamente usadas na ciência de dados tanto para a regressão quanto para a classificação.

Termos-chave para Árvores

Repartição recursiva
: Dividir e subdividir repetitivamente os dados com o objetivo de tornar os resultados homogêneos em cada subdivisão final o mais possível.

Valor dividido
: Um valor preditor que divide os registros naqueles em que a preditora é menor que o valor dividido e naqueles em que é maior.

Nó
: Na árvore de decisão, ou no conjunto de regras de ramificação correspondentes, um nó é a representação gráfica ou de regra de um valor dividido.

Folha
: O fim de um conjunto de regras if-then ou galhos de uma árvore — a regra que leva à folha fornece uma das regras de classificação para qualquer registro na árvore.

Perda
: O número de classificações erradas em um estágio do processo de divisão. Quanto mais perdas, mais impureza.

3 O termo CART é marca registrada da Salford Systems relacionada à sua implementação específica de modelos de árvores.

Impureza

A extensão da mistura de classes em uma subpartição dos dados (quanto mais misturados, mais impuros).

Sinônimo

heterogeneidade

Antônimos

homogeneidade, pureza

Poda

O processo de pegar uma árvore totalmente desenvolvida e cortar seus galhos progressivamente para reduzir o sobreajuste.

Um modelo de árvore é um conjunto de regras "if-then-else" fáceis de entender e implementar. Diferente das regressões linear e logística, as árvores têm a capacidade de descobrir padrões escondidos correspondentes a iterações complexas nos dados. No entanto, diferente de KNN ou Naive Bayes, os modelos de árvore simples podem ser expressos em termos de relacionamentos das variáveis preditoras que são facilmente interpretáveis.

Árvores de Decisão na Pesquisa de Operações

O termo *árvores de decisão* tem um significado diferente (e mais antigo) de ciência de decisões e pesquisa de operações, em que se refere a um processo de análise da decisão humana. Nesse significado, os pontos de decisão, os possíveis resultados e suas probabilidades estimadas são dispostos em um diagrama ramificado e o caminho de decisão com o valor máximo esperado é escolhido.

Um Exemplo Simples

Os dois principais pacotes para ajustar os modelos de árvore em *R* são `rpart` e `tree`. Usando o pacote `rpart`, um modelo é ajustado em uma amostra de 3.000 registros dos dados de empréstimo usando as variáveis `payment_inc_ratio` e `borrower_score` (veja uma descrição dos dados em "K-vizinhos mais Próximos", antes neste capítulo).

```
library(rpart)
loan_tree <- rpart(outcome ~ borrower_score + payment_inc_ratio,
                   data=loan3000 , control = rpart.control(cp=0.005))
plot(loan_tree, uniform=TRUE, margin=0.05)
text(loan_tree)
```

O `sklearn.tree.DecisionTreeClassifier` fornece a implementação de uma árvore de decisão. O pacote `dmba` fornece uma função conveniente para criar uma visualização dentro de um notebook Jupyter:

```
predictors = ['borrower_score', 'payment_inc_ratio']
outcome = 'outcome'

X = loan3000[predictors]
y = loan3000[outcome]

loan_tree = DecisionTreeClassifier(random_state=1, criterion='entropy',
                                   min_impurity_decrease=0.003)
loan_tree.fit(X, y)
plotDecisionTree(loan_tree, feature_names=predictors,
                 class_names=loan_tree.classes_)
```

A árvore resultante está na Figura 6-3. Devido às diferentes implementações, você verá que os resultados de *R* e *Python* não são idênticos; isso é esperado. Essas regras de classificação são determinadas percorrendo uma árvore hierárquica, começando na raiz e movendo-se para a esquerda se o nó é true e para a direita se não é, até chegar a uma folha.
Geralmente a árvore é representada de cabeça para baixo, então a raiz fica no topo e as folhas, na base. Por exemplo, se pegamos um empréstimo com `borrower_score` de 0.6 e `payment_inc_ratio` de 8.0, chegamos à folha mais à esquerda e prevemos que o empréstimo será pago.

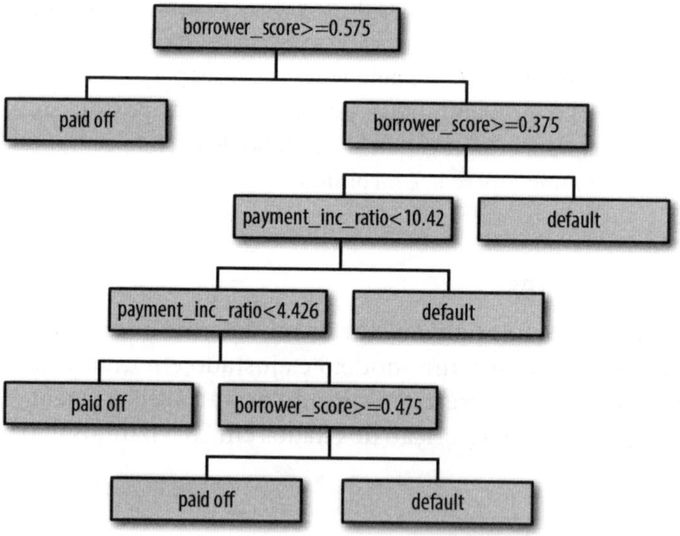

Figura 6-3. As regras para um modelo de árvore simples ajustado aos dados de empréstimo

É fácil produzir uma boa versão impressa da árvore em *R*:

```
loan_tree
n= 3000

node), split, n, loss, yval, (yprob)
      * denotes terminal node

 1) root 3000 1445 paid off (0.5183333 0.4816667)
   2) borrower_score>=0.575 878 261 paid off (0.7027335 0.2972665) *
   3) borrower_score< 0.575 2122 938 default (0.4420358 0.5579642)
     6) borrower_score>=0.375 1639 802 default (0.4893228 0.5106772)
       12) payment_inc_ratio< 10.42265 1157 547 paid off (0.5272256 0.4727744)
         24) payment_inc_ratio< 4.42601 334 139 paid off (0.5838323 0.4161677) *
         25) payment_inc_ratio>=4.42601 823 408 paid off (0.5042527 0.4957473)
           50) borrower_score>=0.475 418 190 paid off (0.5454545 0.4545455) *
           51) borrower_score< 0.475 405 187 default (0.4617284 0.5382716) *
       13) payment_inc_ratio>=10.42265 482 192 default (0.3983402 0.6016598) *
   7) borrower_score< 0.375 483 136 default (0.2815735 0.7184265) *
```

A profundidade da árvore é exibida pelo recuo. Cada nó corresponde a uma classificação provisória determinada pelo resultado prevalente naquela partição. A "perda" é o número de classificações erradas geradas pela classificação provisória em uma partição. Por exemplo, no nó 2 havia 261 classificações erradas, em um total de 878 registros. Os valores entre parênteses correspondem à proporção de registros que são pagos e inadimplentes, respectivamente. Por exemplo, no nó 13, que prevê inadimplência, mais de 60% dos registros são empréstimos inadimplentes.

A documentação do `scikit-learn` descreve como criar uma representação textual de um modelo de árvore de decisão. Incluímos uma função conveniente em nosso pacote `dmba`:

```
print(textDecisionTree(loan_tree))
--
node=0 test node: go to node 1 if 0 <= 0.5750000178813934 else to node 6
  node=1 test node: go to node 2 if 0 <= 0.32500000298023224 else to node 3
    node=2 leaf node: [[0.785, 0.215]]
    node=3 test node: go to node 4 if 1 <= 10.42264986038208 else to node 5
         node=4 leaf node: [[0.488, 0.512]]
         node=5 leaf node: [[0.613, 0.387]]
  node=6 test node: go to node 7 if 1 <= 9.19082498550415 else to node 10
    node=7 test node: go to node 8 if 0 <= 0.7249999940395355 else to node 9
         node=8 leaf node: [[0.247, 0.753]]
         node=9 leaf node: [[0.073, 0.927]]
  node=10 leaf node: [[0.457, 0.543]]
```

Algoritmo de Repartição Recursiva

O algoritmo para construir uma árvore de decisão, chamada de *repartição recursiva*, é simples e intuitivo. Os dados são repetidamente particionados usando valores preditores que fazem um bom trabalho ao separar os dados em partições relativamente homogêneas. A Figura 6-4 mostra as partições criadas para a árvore na Figura 6-3. A primeira regra, representada por 1, é `borrower_score >= 0.575` e os segmentos na parte direita do gráfico. A segunda regra é `borrower_score < 0.375` e os segmentos na parte esquerda.

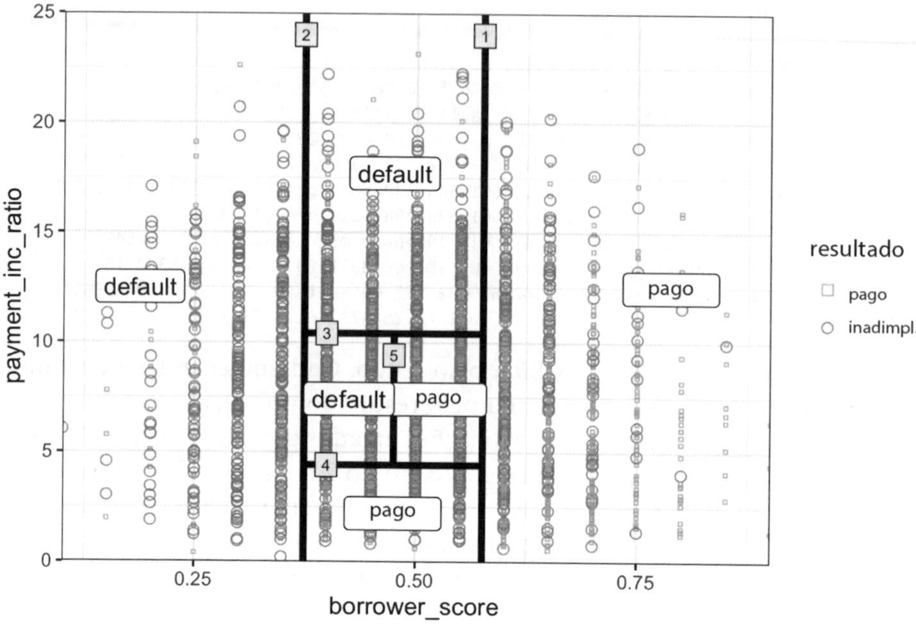

Figura 6-4. As três primeiras regras para um modelo de árvore simples ajustado aos dados de empréstimo

Suponha que temos uma variável responsiva Y e um conjunto de P variáveis preditoras X_j para $j = 1, ..., P$. Para uma partição A de registros, o particionamento recursivo encontrará o melhor jeito de particionar A em duas subpartições:

1. Para cada variável preditora X_j:
   a. Para cada valor s_j de X_j:
      i. Divida os registros em A com X_j valores $< s_j$ como uma partição e os registros restantes em que $X_j \geq s_j$ como outra partição.
      ii. Meça a homogeneidade das classes dentro de cada subpartição de A.
   b. Selecione o valor de s_j que produz a máxima homogeneidade de classes dentro da partição.
2. Selecione a variável X_j e divida o valor s_j que produz a máxima homogeneidade de classes dentro da partição.

Agora vem a parte recursiva:

1. Inicialize A com o conjunto de dados inteiro.
2. Aplique o algoritmo de particionamento para dividir A em duas subpartições, A_1 e A_2.
3. Repita o passo 2 nas subpartições A_1 e A_2.
4. O algoritmo acaba quando nenhuma outra partição pode ser feita a fim de melhorar suficientemente a homogeneidade das partições.

O resultado final é uma partição dos dados, como na Figura 6-4, exceto nas dimensões P, com cada partição prevendo um resultado de 0 ou 1, dependendo do voto majoritário da resposta naquela partição.

Além da predição binária 0/1, os modelos de árvore podem produzir uma estimativa de probabilidade baseada no número de 0s e 1s na partição. A estimativa é simplesmente a soma de 0s ou 1s na partição dividida pelo número de observações na partição.

$$\text{Prob}(Y = 1) = \frac{\text{Número de 1s na partição}}{\text{Tamanho da partição}}$$

A $\text{Prob}(Y = 1)$ estimada pode então ser convertida em uma decisão binária. Por exemplo, defina a estimativa para 1 se $\text{Prob}(Y = 1) > 0.5$.

Medindo Homogeneidade ou Impureza

Os modelos de árvore criam partições recursivamente (conjuntos de registros), A, que preveem um resultado de $Y = 0$ ou $Y = 1$. Pode-se ver pelo algoritmo anterior que precisamos de um meio de medir a homogeneidade, também chamada de *pureza da classe*, dentro de uma partição. Ou igualmente precisamos medir a impureza de uma partição. A precisão das predições é a proporção p dos registros classificados com erro dentro dessa partição, o que varia de 0 (perfeita) a 0.5 (adivinhação aleatória pura).

Acontece que a precisão não é uma boa medida para a impureza. Em vez disso, duas medidas comuns para a impureza são *impureza de Gini* e *entropia da informação*. Embora essas (e outras) medidas de impureza se apliquem a problemas de classificação com mais de duas classes, focamos o caso binário. A impureza de Gini para um conjunto de registros A é:

$$I(A) = p(1 - p)$$

A medida da entropia é dada por:

$$I(A) = -p \log_2(p) - (1 - p)\log_2(1 - p)$$

A Figura 6-5 mostra que as medidas da impureza de Gini (redimensionada) e a entropia são semelhantes, com a entropia dando maiores pontuações de impureza para as taxas de precisão alta e moderada.

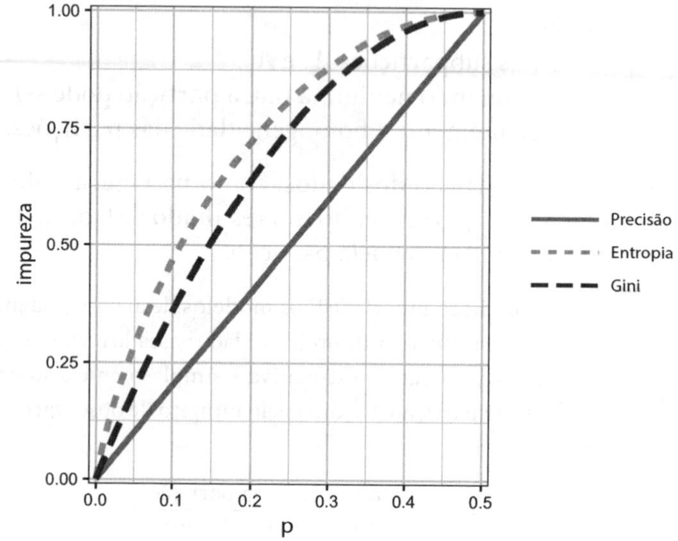

Figura 6-5. Medidas da impureza de Gini e da entropia

Coeficiente de Gini

A impureza de Gini não deve ser confundida com o *coeficiente de Gini*. Eles representam conceitos semelhantes, mais o coeficiente de Gini se limita ao problema de classificação binária e está relacionado à métrica AUC (veja "AUC", no Capítulo 5).

A métrica da impureza é usada no algoritmo de divisão descrito anteriormente. Para cada partição de dados proposta, a impureza é medida para cada uma das partições resultantes da divisão. Uma média ponderada é então calculada, e seja qual for a partição (em qualquer etapa) que produzir, a média ponderada mais baixa será selecionada.

Fazendo a Árvore Parar de Crescer

Conforme a árvore cresce, as regras de divisão ficam mais detalhadas e a árvore para de identificar as regras "grandes" que apontam relacionamentos reais e confiáveis nos dados e passa a identificar regras "pequenas" que refletem apenas ruídos. Uma árvore totalmente crescida resulta em folhas totalmente puras, portanto tem 100% de precisão na classificação dos dados em que é treinada. Essa precisão é, obviamente, ilusória — sobreajustamos (veja "Dilema entre Viés e Variância", antes neste capítulo) os dados ajustando os ruídos nos dados de treinamento, e não o sinal que queremos identificar nos novos dados.

Precisamos de um jeito de determinar quando parar o crescimento de uma árvore em uma etapa que se generalizará para novos dados. Existem vários jeitos de parar a divisão em *R* e *Python*:

- Evite dividir uma partição se a subpartição resultante é muito pequena ou se uma folha terminal é muito pequena. Em `rpart` (*R*), essas restrições são controladas separadamente pelos parâmetros `minsplit` e `minbucket`, respectivamente, com as predefinições `20` e `7`. Em `DecisionTreeClassifier` do *Python*, podemos controlar isso usando os parâmetros `min_samples_split` (padrão 2) e `min_samples_leaf` (padrão 1).
- Não divida uma partição se a nova não reduz "significativamente" a impureza. Em `rpart`, isso é controlado pelo *parâmetro de complexidade* `cp`, que é uma medida de quão complexa é uma árvore — quanto mais complexa, maior o valor de `cp`. Na prática, o `cp` é usado para limitar o crescimento da árvore anexando uma penalidade às complexidades (divisões) adicionais em uma árvore. `DecisionTreeClassifier` (*Python*) tem o parâmetro `min_impurity_decrease`, que limita a divisão com base em um valor que diminui a impureza ponderada. Aqui, os valores menores levarão a árvores mais complexas.

Esses métodos envolvem regras arbitrárias e podem ser úteis em trabalhos exploratórios, mas não podemos determinar facilmente valores ideais (ou seja, os valores que maximizam a precisão preditiva com novos dados). Precisamos combinar a validação cruzada com mudar sistematicamente os parâmetros do modelo ou modificar a árvore com a poda.

Controlando a complexidade da árvore em *R*

Com o parâmetro de complexidade, `cp`, podemos estimar qual tamanho da árvore terá melhor desempenho com novos dados. Se o `cp` for muito pequeno, a árvore sobreajustará os dados, ajustando o ruído, e não o sinal. Por outro lado, se o `cp` for muito grande, a árvore será muito pequena e terá pouco poder preditivo. O padrão em `rpart` é 0.01, apesar de que, para os conjuntos de dados maiores, provavelmente veremos que isso é muito. No exemplo anterior, o `cp` foi definido para `0.005`, já que o padrão levou a uma árvore com uma única divisão. Na análise exploratória, basta experimentar alguns valores.

Determinar o `cp` ideal é um exemplo do dilema entre viés e variância (veja "Dilema entre Viés e Variância", antes neste capítulo). O jeito mais comum de estimar um bom valor de cp é com a validação cruzada (veja "Validação Cruzada", no Capítulo 4):

1. Divida os dados em conjuntos de treinamento e validação (retenção).
2. Aumente a árvore com os dados de treinamento.
3. Pode-a sucessivamente, passo a passo, registrando o cp (usando os dados de *treinamento*) em cada passo.
4. Observe o cp que corresponde ao erro (perda) mínimo nos dados de *validação*.
5. Particione os dados em treinamento e validação, e repita o processo de crescimento, poda e registro de cp.
6. Faça isso repetidamente e tire a média dos cps que refletem o erro mínimo para cada árvore.
7. Volte aos dados originais, ou dados futuros, e aumente a árvore, parando no valor ideal de cp.

Em `rpart`, é possível usar o argumento `cptable` para produzir uma tabela dos valores cp e seus erros de validação cruzada associados (`xerror` em *R*), a partir dos quais podemos determinar o valor cp que tem o menor erro de validação cruzada.

Controlando a complexidade da árvore em *Python*

Na implementação da árvore de decisão do `scikit-learn`, o parâmetro de complexidade é chamado `cpp_alpha`. O valor padrão é 0, o que significa que a árvore não é podada; aumentar o valor leva a árvores menores. Você pode usar `GridSearchCV` para encontrar o valor ideal.

Há uma série de outros parâmetros do modelo que permitem controlar o tamanho da árvore. Por exemplo, podemos variar `max_depth` na amplitude de 5 a 30 e `min_samples_split` entre 20 e 100. O método `GridSearchCV` em `scikit-learn` é uma maneira conveniente de combinar a busca exaustiva em todas as combinações com a validação cruzada. Um conjunto de parâmetros ideal é selecionado usando o desempenho do modelo de validação cruzada.

Prevendo um Valor Contínuo

A predição de um valor contínuo (também chamado de *regressão*) com uma árvore segue também a mesma lógica e procedimento, exceto pelo fato de a impureza ser medida pelos desvios quadráticos da média (erros quadráticos) em cada subpartição e o desempenho preditivo ser julgado pela raiz quadrada do erro quadrado médio (RMSE) (veja "Avaliando o Modelo", no Capítulo 4) em cada partição.

`scikit-learn` tem o método `sklearn.tree.DecisionTreeRegressor` para treinar um modelo de regressão da árvore de decisão.

Como as Árvores São Usadas

Um dos grandes obstáculos enfrentados pelos modeladores preditivos nas organizações é a natureza percebida de "caixa-preta" dos métodos que eles usam, o que dá origem à oposição de outros elementos da organização. Nesse aspecto, os modelos de árvore têm dois aspectos atraentes:

- Os modelos de árvore têm uma ferramenta visual para explorar os dados, ter uma ideia de quais variáveis são importantes e como elas se relacionam entre si. As árvores são capazes de capturar os relacionamentos não lineares entre as variáveis preditoras.
- Os modelos de árvore oferecem um conjunto de regras que pode ser efetivamente comunicado a não especialistas, para a implementação ou para "vender" um projeto de mineração de dados.

Mas quando se trata de predição, aproveitar os resultados de múltiplas árvores costuma ser mais potente do que simplesmente usar uma única árvore. Em especial, a floresta aleatória e os algoritmos de árvore com boosting sempre oferecem maior precisão e desempenho preditivos (veja "Bagging e a Floresta Aleatória" e "Boosting", adiante neste capítulo), mas as vantagens antes mencionadas de uma única árvore são perdidas.

Ideias-chave

- As árvores de decisão produzem um conjunto de regras para classificar ou prever um resultado.
- As regras correspondem ao particionamento sucessivo dos dados em subpartições.
- Cada partição, ou divisão, se refere a um valor específico de uma variável preditora e divide os dados em registros cujo valor preditor está acima ou abaixo do valor dividido.
- Em cada etapa, o algoritmo de árvore escolhe a divisão que minimiza a impureza do resultado dentro de cada subpartição.
- Quando não houver mais nenhuma divisão, a árvore estará totalmente crescida e cada nó terminal, ou folha, terá os registros de uma única classe. Os novos casos seguindo esse caminho de regra (divisão) seriam atribuídos à classe.

- Uma árvore totalmente crescida sobreajusta os dados e deve ser podada de modo a capturar sinais, e não ruídos.
- Os algoritmos de árvores múltiplas, como as florestas aleatórias e as árvores com boosting, resultam no melhor desempenho preditivo, mas perdem o poder comunicativo baseado em regras das árvores únicas.

Leitura Adicional

- Equipe de conteúdo da Analytics Vidhya, " Tree Based Algorithms: A Complete Tutorial from Scratch (in *R* & *Python*)", 12 de abril de 2016).
- Terry M. Therneau, Elizabeth J. Atkinson e Mayo Foundation, "An Introduction to Recursive Partitioning Using the RPART Routines", 11 de abril de 2019.

Bagging e a Floresta Aleatória

Em 1906, o estatístico sir Francis Galton visitava uma feira popular na Inglaterra, onde havia uma competição para adivinhar o peso limpo de um touro que estava em exibição. Havia 800 palpites, e embora os palpites variassem muito individualmente, tanto a média quanto a mediana estavam dentro de 1% do peso real do touro. James Suroweicki explorou esse fenômeno em seu livro *A Sabedoria das Multidões* (2004). Esse princípio também se aplica aos modelos preditivos: tirar a média (ou pegar os votos majoritários) de múltiplos modelos — um *agrupamento* de modelos — acaba sendo mais preciso do que simplesmente escolher um modelo.

Termos-chave para Bagging e a Floresta Aleatória

Agrupamento
Formar uma predição usando uma coleção de modelos.

Sinônimo
média de modelos

Bagging
Uma técnica geral para formar uma coleção de modelos aplicando bootstrap nos dados.

Sinônimo
agregação por bootstrap

Floresta aleatória
Um tipo de estimativa bagging baseada nos modelos de árvore de decisão.

Sinônimo

árvores de decisão bagging

Importância da variável

Uma medida da importância de uma variável preditora no desempenho do modelo.

A abordagem de agrupamento tem sido aplicada em muitos métodos de modelagem diferentes, mais publicamente no Concurso Netflix, no qual a Netflix ofereceu um prêmio de US$1 milhão para qualquer candidato que desenvolvesse um modelo que trouxesse uma melhora de 10% na taxa ao prever a nota que um cliente da Netflix daria a um filme. A versão simples de agrupamentos é a seguinte:

1. Desenvolva um modelo preditivo e registre as predições de certo conjunto de dados.
2. Repita em múltiplos modelos nos mesmos dados.
3. Para cada registro a ser previsto, tire uma média (uma média ponderada ou um voto majoritário) das predições.

Os métodos de agrupamento têm sido aplicados mais sistemática e efetivamente nas árvores de decisão. Os modelos de árvore de agrupamento são tão avançados que oferecem um meio de construir bons modelos preditivos com um esforço relativamente pequeno.

Indo além do algoritmo de agrupamento simples, existem duas variantes principais nos modelos de agrupamento: *bagging* e *boosting*. Os modelos de árvore de agrupamento são chamados de modelos de *floresta aleatória* e modelos de *árvore boosting*. Esta seção se concentra em bagging; boosting é descrito em "Boosting", adiante neste capítulo.

Bagging

Bagging, que significa "bootstrap agregador", foi apresentado por Leo Breiman em 1994. Suponha que temos uma resposta Y e P variáveis preditoras = X_1, X_2, ..., X_P com N registros.

Bagging é como o algoritmo básico de agrupamentos, exceto pelo fato de que, em vez de ajustar diversos modelos aos mesmos dados, cada modelo é ajustado a uma reamostra bootstrap. Veja o algoritmo apresentado mais formalmente:

1. Inicialize M, o número de modelos a ajustar, e n, o número de registros a escolher ($n < N$). Defina a iteração para $m = 1$.
2. Tire uma reamostra bootstrap (ou seja, com reposição) de n registros dos dados de treinamento para formar uma subamostra Y_m e $\mathbf{X}_m$ (bag).

3. Treine um modelo usando Y_m e $\mathbf{X}_m$ para criar um conjunto de regras de decisão $\hat{f}_m(\mathbf{X})$.
4. Incremente o contador do modelo $m = m + 1$. Se $m <= M$, volte ao passo 2.

No caso em que $\hat{f}_m$ prevê a probabilidade $Y = 1$, a estimativa bagging é dada por:

$$\hat{f} = \frac{1}{M}\left(\hat{f}_1(\mathbf{X}) + \hat{f}_2(\mathbf{X}) + \ldots \hat{f}_M(\mathbf{X})\right)$$

Floresta Aleatória

A *floresta aleatória* se baseia na aplicação de bagging nas árvores de decisão, com uma importante extensão: além de amostrar os registros, o algoritmo também amostra as variáveis.[4] Nas árvores de decisão tradicionais, para determinar como criar uma subpartição de uma partição A, o algoritmo escolhe uma variável e um ponto de divisão minimizando um critério como a impureza de Gini (veja "Medindo Homogeneidade ou Impureza", antes neste capítulo). Com as florestas aleatórias, em cada etapa do algoritmo, a escolha de uma variável é limitada a um *subconjunto aleatório de variáveis*. Comparado com o algoritmo de árvore básico (veja "Algoritmo de Repartição Recursiva", antes neste capítulo), o algoritmo de floresta aleatória adiciona mais dois passos: o bagging, discutido anteriormente (veja "Bagging e a Floresta Aleatória", neste capítulo), e a amostragem bootstrap das variáveis em cada divisão:

1. Tire uma subamostra bootstrap (com reposição) dos *registros*.
2. Para a primeira divisão, amostre $p < P$ *variáveis* aleatoriamente sem reposição.
3. Para cada uma das variáveis amostradas $X_{j(1)}, X_{j(2)}, \ldots, X_{j(p)}$, aplique o algoritmo de divisão:
    a. Para cada valor $s_{j(k)}$ de $X_{j(k)}$:
        i. Divida os registros na partição A, com $X_{j(k)} < s_{j(k)}$ como uma partição e os registros restantes em que $X_{j(k)} \geq s_{j(k)}$ como outra partição.
        ii. Meça a homogeneidade das classes dentro de cada subpartição de A.
    b. Selecione o valor de $s_{j(k)}$ que produz a máxima homogeneidade de classes dentro da partição.
4. Selecione a variável $X_{j(k)}$ e o valor de divisão $s_{j(k)}$ que produzem a máxima homogeneidade de classes dentro da partição.

---

4 O termo *floresta aleatória* é marca registrada de Leo Breiman e Adele Cutler, e licenciado para a Salford Systems. Não existe um nome padrão sem licença e o termo floresta aleatória é sinônimo do algoritmo, da mesma forma que Maizena é de amido de milho.

5. Vá para a próxima divisão e repita os passos anteriores, começando com o passo 2.
6. Continue com as divisões adicionais, seguindo o mesmo procedimento até que a árvore tenha crescido.
7. Volte ao passo 1, tire outra subamostra bootstrap e recomece todo o processo.

Quantas variáveis amostrar em cada passo? Uma regra de ouro é escolher $\sqrt{P}$, em que *P* é o número de variáveis preditoras. O pacote `randomForest` implementa a floresta aleatória em *R*. O código a seguir aplica esse pacote nos dados de empréstimo (veja uma descrição dos dados em "*K*-vizinhos Mais Próximos", antes neste capítulo):

```
rf <- randomForest(outcome ~ borrower_score + payment_inc_ratio,
                   data=loan3000)
rf

Call:
randomForest(formula = outcome ~ borrower_score + payment_inc_ratio,
         data = loan3000)
                   Type of random forest: classification
                            Number of trees: 500
No. of variables tried at each split: 1


         OOB estimate of error rate: 39.17%
Confusion matrix:
                   default  paid off        class.error
default                873       572         0.39584775
paid off               603       952         0.38778135
```

Em *Python*, usamos o método `sklearn.ensemble.RandomForestClassifier`:

```
predictors = ['borrower_score', 'payment_inc_ratio']
outcome = 'outcome'

X = loan3000[predictors]
y = loan3000[outcome]

rf = RandomForestClassifier(n_estimators=500, random_state=1, oob_score=True)
rf.fit(X, y)
```

Por padrão, 500 árvores são treinadas. Já que existem apenas duas variáveis no conjunto preditor, o algoritmo seleciona aleatoriamente a variável para dividir em cada etapa (ou seja, uma subamostra bootstrap de tamanho 1).

A estimativa de erro *OOB* (*out-of-bag*) é a taxa de erro para os modelos treinados, aplicada aos dados não incluídos no conjunto de treinamento da árvore. Usando o resultado do modelo, o erro OOB pode ser representado versus o número de árvores na floresta aleatória em *R*:

```
error_df = data.frame(error_rate = rf$err.rate[,'OOB'],
                      num_trees = 1:rf$ntree)
ggplot(error_df, aes(x=num_trees, y=error_rate)) +
  geom_line()
```

A implementação de `RandomForestClassifier` não tem uma maneira fácil de obter as estimativas OOB em função do número de árvores na floresta aleatória. Podemos treinar uma sequência de classificadores com um número crescente de árvores e controlar os valores `oob_score_`. Porém, esse método não é eficiente:

```
n_estimator = list(range(20, 510, 5))
oobScores = []
for n in n_estimator:
        rf = RandomForestClassifier(n_estimators=n, criterion='entropy',
                                    max_depth=5, random_state=1, oob_score=True)
        rf.fit(X, y)
        oobScores.append(rf.oob_score_)
df = pd.DataFrame({ 'n': n_estimator, 'oobScore': oobScores })
df.plot(x='n', y='oobScore')
```

O resultado aparece na Figura 6-6. A taxa de erro diminui rapidamente em mais de 0.44 antes de estabilizar em cerca de 0.385. Os valores previstos podem ser obtidos na função `predict` e representados da seguinte forma em *R*:

```
pred <- predict(rf, prob=TRUE)
rf_df <- cbind(loan3000, pred = pred)
ggplot(data=rf_df, aes(x=borrower_score, y=payment_inc_ratio,
                       shape=pred, color=pred, size=pred)) +
      geom_point(alpha=.8) +
      scale_color_manual(values = c('paid off'='#b8e186', 'default'='#d95f02')) +
      scale_shape_manual(values = c('paid off'=0, 'default'=1)) +
      scale_size_manual(values = c('paid off'=0.5, 'default'=2))
```

Em *Python*, podemos criar uma representação parecida assim:

```
predictions = X.copy()
predictions['prediction'] = rf.predict(X)
predictions.head()

fig, ax = plt.subplots(figsize=(4, 4))


predictions.loc[predictions.prediction=='paid off'].plot(
        x='borrower_score', y='payment_inc_ratio', style='.',
        markerfacecolor='none', markeredgecolor='C1', ax=ax)
predictions.loc[predictions.prediction=='default'].plot(
        x='borrower_score', y='payment_inc_ratio', style='o',
        markerfacecolor='none', markeredgecolor='C0', ax=ax)
ax.legend(['paid off', 'default']);
ax.set_xlim(0, 1)
ax.set_ylim(0, 25)
ax.set_xlabel('borrower_score')
ax.set_ylabel('payment_inc_ratio')
```

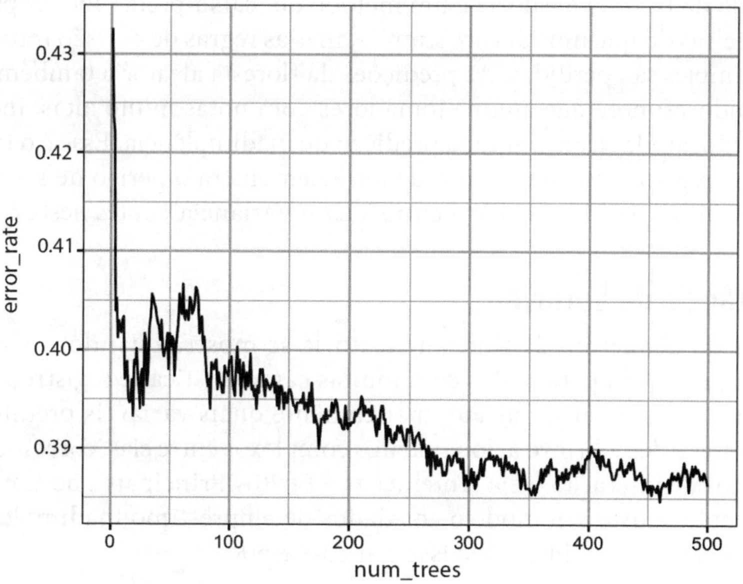

Figura 6-6. Um exemplo de melhora na precisão da floresta aleatória com a adição de mais árvores

O gráfico mostrado na Figura 6-7 revela muito sobre a natureza da floresta aleatória.

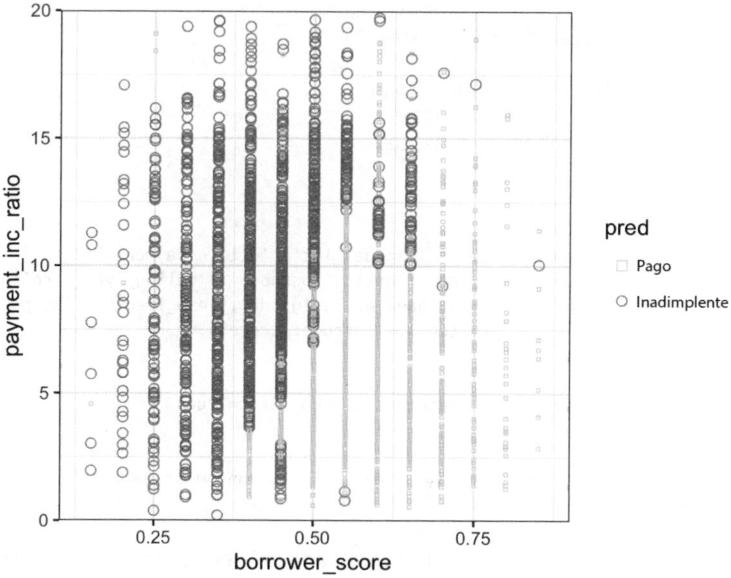

Figura 6-7. Os resultados previstos da floresta aleatória aplicados nos dados de empréstimos inadimplentes

O método da floresta aleatória é um método de "caixa-preta". Ele faz predições mais precisas do que uma árvore simples, mas as regras de decisão intuitivas da árvore simples são perdidas. As predições da floresta aleatória também são um tanto ruidosas: note que alguns tomadores com notas muito altas, indicando alto crédito, ainda ficam em uma predição de inadimplência. Esse é o resultado de alguns registros incomuns nos dados e demonstra o perigo de sobreajustar a floresta aleatória (veja "Dilema entre Viés e Variância", antes neste capítulo).

Importância da Variável

O poder do algoritmo de floresta aleatória se mostra quando construímos modelos preditivos para dados com muitas características e registros. Ela tem a capacidade de determinar automaticamente quais variáveis preditoras são importantes e descobrir relacionamentos complexos entre elas, correspondentes aos termos de interação (veja "Interações e Efeitos Principais", no Capítulo 4). Por exemplo, ajuste um modelo aos dados de empréstimo inadimplente com todas as colunas incluídas. Veja isso a seguir em *R*:

```
rf_all  <- randomForest(outcome ~ ., data=loan_data, importance=TRUE)
rf_all

Call:
 randomForest(formula = outcome ~ ., data = loan_data, importance = TRUE)
               Type of random forest: classification
                     Number of trees: 500
No. of variables tried at each split: 4

        OOB estimate of  error rate: 33.79%
Confusion matrix:
         paid off default class.error
paid off    14676    7995   0.3526532
default      7325   15346   0.3231000
```

E em *Python*:

```
predictors = ['loan_amnt', 'term', 'annual_inc', 'dti', 'payment_inc_ratio',
              'revol_bal', 'revol_util', 'purpose', 'delinq_2yrs_zero',
              'pub_rec_zero', 'open_acc', 'grade', 'emp_length', 'purpose_',
              'home_', 'emp_len_', 'borrower_score']
outcome = 'outcome'

X = pd.get_dummies(loan_data[predictors], drop_first=True)
y = loan_data[outcome]

rf_all = RandomForestClassifier(n_estimators=500, random_state=1)
rf_all.fit(X, y)
```

O argumento `importance=TRUE` exige que `randomForest` armazene informações adicionais sobre a importância de diferentes variáveis. A função `varImpPlot` representará o desempenho relativo das variáveis (relativo à permuta dessa variável):

```
varImpPlot(rf_all, type=1)      ❶
varImpPlot(rf_all, type=2)      ❷
```

❶ a média diminui em precisão
❷ a média diminui em impureza do nó

Em *Python*, `RandomForestClassifier` coleta informações sobre a importância da característica durante o treinamento e disponibiliza-as com o campo `feature_importances_`:

```
importances = rf_all.feature_importances_
```

A "diminuição de Gini" está disponível como a propriedade `feature_importance_` do classificador ajustado. Mas a diminuição da precisão não está disponível para o *Python*. Podemos calculá-la (`scores`) usando o seguinte código:

```
rf = RandomForestClassifier(n_estimators=500)
scores = defaultdict(list)

# validação cruzada nos escores em divisões aleatórias diferentes dos dados
for _ in range(3):
        train_X, valid_X, train_y, valid_y = train_test_split(X, y, test_size=0.3)
        rf.fit(train_X, train_y)
        acc = metrics.accuracy_score(valid_y, rf.predict(valid_X))
        for column in X.columns:
                X_t = valid_X.copy()
                X_t[column] = np.random.permutation(X_t[column].values)
                shuff_acc = metrics.accuracy_score(valid_y, rf.predict(X_t))
                scores[column].append((acc-shuff_acc)/acc)
```

O resultado é mostrado na Figura 6-8. Um gráfico parecido pode ser criado com este código em *Python*:

```
df = pd.DataFrame({
        'feature': X.columns,
        'Accuracy decrease': [np.mean(scores[column]) for column in X.columns],
        'Gini decrease': rf_all.feature_importances_,
})
df = df.sort_values('Accuracy decrease')

fig, axes = plt.subplots(ncols=2, figsize=(8, 4.5))
ax = df.plot(kind='barh', x='feature', y='Accuracy decrease',
        legend=False, ax=axes[0])
ax.set_ylabel('')

ax = df.plot(kind='barh', x='feature', y='Gini decrease',
        legend=False, ax=axes[1])
ax.set_ylabel('')
ax.get_yaxis().set_visible(False)
```

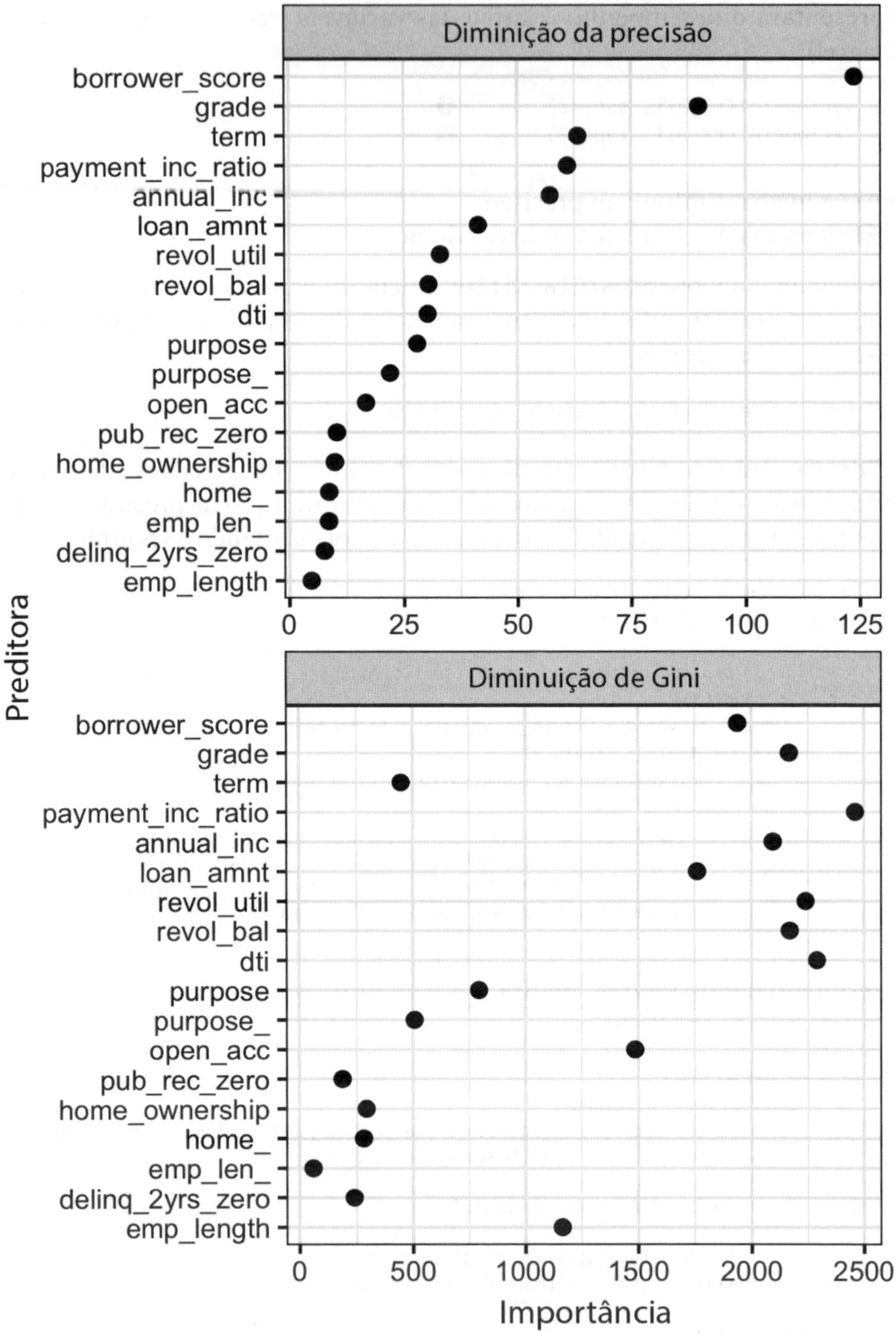

Figura 6-8. A importância das variáveis para o modelo completo ajustado aos dados de empréstimo

Existem dois jeitos de medir a importância da variável:

- Pela diminuição na precisão do modelo, se os valores de uma variável são aleatoriamente permutados (`type=1`). Permutar aleatoriamente os valores tem o efeito de remover todo o poder preditivo dessa variável. A precisão é calculada a partir dos dados OOB (então essa medida é realmente uma estimativa de validação cruzada).
- Pela diminuição da média na pontuação de impureza de Gini (veja "Medindo Homogeneidade ou Impureza", antes neste capítulo) para todos os nós que foram divididos em uma variável (`type=2`). Isso mede o quanto a variável contribui com a melhora da pureza dos nós. Essa medida se baseia no conjunto de treinamento, portanto é menos confiável do que uma medida calculada nos dados OOB.

Os painéis superior e inferior da Figura 6-8 mostram a importância da variável conforme a diminuição na precisão e na impureza de Gini, respectivamente. As variáveis em ambos os painéis são classificadas pela diminuição na precisão. As pontuações de importância da variável produzidas por essas duas medidas são bem diferentes.

Como a diminuição na precisão é uma métrica mais confiável, por que deveríamos usar a medida de diminuição na impureza de Gini? Por padrão, `randomForest` calcula apenas essa impureza de Gini, que é um subproduto do algoritmo, enquanto a precisão do modelo por variável exige cálculos extras (permutar aleatoriamente os dados e prever esses dados). Em casos em que a complexidade computacional é importante, como em um cenário de produção no qual milhares de modelos estão sendo ajustados, pode não valer a pena o esforço computacional extra. Além disso, a diminuição de Gini mostra quais variáveis a floresta aleatória usa para fazer suas regras de divisão (lembre-se de que essa informação, prontamente visível em uma árvore simples, é de fato perdida em uma floresta aleatória).

Hiperparâmetros

A floresta aleatória, como muitos algoritmos de aprendizado de máquina estatísticos, pode ser considerada um algoritmo de caixa preta com botões para ajustar o funcionamento da caixa. Esses botões são chamados de *hiperparâmetros*, que são parâmetros que devem ser definidos antes de ajustar um modelo. Eles não são otimizados como parte do processo de treinamento. Enquanto os modelos estatísticos tradicionais exigem escolhas (por exemplo, a escolha das variáveis preditoras usadas em um modelo de regressão), os hiperparâmetros da floresta aleatória são mais críticos, sobretudo para evitar o sobreajuste. Os dois hiperparâmetros mais importantes para a floresta aleatória são:

`nodesize/min_samples_leaf`
: O tamanho mínimo para os nós terminais (folhas na árvore). O padrão é 1 para classificação e 5 para regressão em *R*. A implementação do `scikit-learn` em *Python* usa o padrão 1 para ambos.

`maxnodes/max_leaf_nodes`
: O número máximo de nós em cada árvore de decisão. Por padrão, não existe um limite e as árvores maiores serão ajustadas conforme as restrições de `nodesize`. Note que, em *Python*, você especifica o número máximo de nós terminais. Os dois parâmetros estão relacionados:

$$\text{maxnodes} = 2\text{max\_leaf\_nodes} - 1$$

Pode ser uma tentação ignorar esses parâmetros e simplesmente seguir com os valores padrão. No entanto, usar o padrão pode levar a sobreajustes ao aplicar a floresta aleatória em dados ruidosos. Quando aumentamos `nodesize/min_samples_leaf` ou definimos `maxnodes/max_leaf_nodes`, o algoritmo ajusta árvores menores e é menos provável que crie regras preditivas falsas. É possível usar a validação cruzada (veja "Validação Cruzada", no Capítulo 4) para testar os efeitos de definir diferentes valores para os hiperparâmetros.

Ideias-chave

- Os modelos de agrupamento aumentam a precisão do modelo com a combinação dos resultados de muitos modelos.
- Bagging é um tipo especial de modelo de agrupamento baseado no ajuste de muitos modelos para amostras com bootstrap dos dados e na média dos modelos.
- A floresta aleatória é um tipo especial de bagging aplicado nas árvores de decisão. Além da reamostragem dos dados, o algoritmo de floresta aleatória amostra as variáveis preditoras ao dividir as árvores.
- Um resultado útil da floresta aleatória é uma medida da importância da variável que classifica as variáveis preditoras em termos de sua contribuição para a precisão do modelo.
- A floresta aleatória tem um conjunto de hiperparâmetros que devem ser ajustados usando a validação cruzada para evitar o sobreajuste.

Boosting

Os modelos agrupados se tornaram uma ferramenta padrão para a modelagem preditiva. O *boosting* é uma técnica geral para criar um agrupamento de modelos. Foi desenvolvido na mesma época do *bagging* (veja "Bagging e a Floresta Aleatória", antes neste capítulo). Como o bagging, o boosting é mais usado com árvores de decisão. Apesar de suas similaridades, o boosting tem uma abordagem muito diferente — uma com muito mais parafernálias. Como resultado, enquanto o bagging pode ser feito relativamente com pouco ajuste, o boosting exige muito mais cuidado em sua aplicação. Se esses dois métodos fossem carros, o bagging poderia ser considerado um Honda Accord (confiável e estável), já o boosting poderia ser um Porsche (potente, mas que exige mais cuidado).

Nos modelos de regressão linear, os resíduos costumam ser examinados para ver se o ajuste pode ser melhorado (veja "Gráficos Residuais Parciais e Não Linearidade", no Capítulo 4). O boosting leva esse conceito muito além e ajusta uma série de modelos, com cada modelo sucessivo ajustado para minimizar o erro dos anteriores. Algumas variantes do algoritmo costumam ser usadas: *Adaboost*, *boosting gradiente* e *boosting gradiente estocástico*. O último, boosting gradiente estocástico, é o mais geral e usado. É óbvio que, com a escolha correta dos parâmetros, o algoritmo pode emular a floresta aleatória.

Termos-chave para Boosting

Agrupar
: Formar uma predição com o uso de uma coleção de modelos.

  Sinônimo
  : cálculo da média do modelo

Boosting
: Uma técnica geral para ajustar uma sequência de modelos pela aplicação de mais peso em registros com grandes resíduos para cada rodada sucessiva.

Adaboost
: Uma versão anterior do boosting baseada em reponderação dos dados com base nos resíduos.

Boosting gradiente
: Uma forma mais geral de boosting moldada em termos de minimizar uma função de custo.

Boosting gradiente estocástico
: O algoritmo mais geral para boosting que incorpora a reamostragem de registros e colunas em cada rodada.

Regularização

Uma técnica para evitar o sobreajuste adicionando um termo de penalidade à função de custo no número de parâmetros no modelo.

Hiperparâmetros

Os parâmetros que precisam ser ajustados antes de ajustar o algoritmo.

Algoritmo de Boosting

Existem vários algoritmos de boosting e a ideia básica por trás deles é basicamente a mesma. O mais fácil de entender é o Adaboost, cujo procedimento é o seguinte:

1. Inicialize M, o número máximo de modelos a serem ajustados, e defina o contador de iterações $m = 1$. Inicialize os pesos de observação $w_i = 1/N$ para $i = 1, 2, ..., N$. Inicialize o modelo de agrupamento $\hat{F}_0 = 0$.
2. Treine um modelo $\hat{f}_m$ utilizando os pesos de observação $w_1, w_2, ... w_N$, que minimiza o erro ponderado e_m definido pela soma dos pesos para as observações classificadas incorretamente.
3. Adicione o modelo ao grupo: $\hat{F}_m = \hat{F}_{m-1} + \alpha_m \hat{f}_m$, onde $\alpha_m = \frac{\log 1 - e_m}{e_m}$.
4. Atualize os pesos $w_1, w_2, ..., w_N$ de forma que os pesos sejam aumentados para as observações mal classificadas. O tamanho do aumento depende de α_m, com valores maiores de α_m levando a maiores pesos.
5. Incremente o contador de modelo $m = m + 1$. Se $m \leq M$, volte ao passo 2.

A estimativa boosting é dada por:

$$\hat{F} = \alpha_1 \hat{f}_1 + \alpha_2 \hat{f}_2 + ... + \alpha_M \hat{f}_M$$

Ao aumentar os pesos para as observações mal classificadas, o algoritmo força os modelos a treinarem mais pesadamente nos dados em que teve um mal desempenho. O fator α_m garante que os modelos com menor erro tenham maior peso. O boosting gradiente é semelhante ao Adaboost, mas molda o problema como uma otimização da função de custo. Em vez de ajustar os pesos, o boosting gradiente ajusta os modelos a um *pseudorresíduo*, que tem o efeito de treinar mais pesadamente em resíduos maiores. No âmbito da floresta aleatória, o boosting gradiente estocástico inclui aleatoriedade no algoritmo por meio de amostragem de observações e variáveis preditoras em cada estágio.

XGBoost

O software de domínio público mais usado para boosting é o XGBoost, uma implementação do boosting gradiente estocástico originalmente desenvolvido por Tianqi Chen e Carlos Guestrin na Universidade de Washington. Uma implementação computacionalmente eficiente com muitas opções está disponível como um pacote para as principais linguagens de software de ciência de dados. Em *R*, o XGBoost está disponível como o pacote `xgboost`, tendo o mesmo nome no *Python*.

O método `xgboost` tem muitos parâmetros que podem, e devem, ser ajustados (veja "Hiperparâmetros e Validação Cruzada", adiante neste capítulo). Dois parâmetros muito importantes são `subsample`, que controla a fração de observações que devem ser amostradas em cada iteração, e `eta`, um fator de encolhimento aplicado em α_m no algoritmo de boosting (veja "Algoritmo de Boosting", antes neste capítulo). Usar `subsample` faz o boosting agir como a floresta aleatória, exceto pelo fato de a amostragem ser feita sem reposição. O parâmetro de encolhimento `eta` é útil para prevenir o sobreajuste com a redução da mudança de pesos (uma mudança menor nos pesos significa que o algoritmo é menos propenso a sobreajustar o conjunto de treinamento). O código a seguir aplica o `xgboost` em *R* nos dados de empréstimo com apenas duas variáveis preditoras:

```
predictors <- data.matrix(loan3000[, c('borrower_score', 'payment_inc_ratio')])
label <- as.numeric(loan3000[,'outcome']) - 1
xgb <- xgboost(data=predictors, label=label, objective="binary:logistic",
               params=list(subsample=0.63, eta=0.1), nrounds=100)
[1] train-error:0.358333
[2] train-error:0.346333
[3] train-error:0.347333
...
[99] train-error:0.239333
[100] train-error:0.241000
```

Observe que `xgboost` não suporta a sintaxe da fórmula, então as variáveis preditoras precisam ser convertidas em `data.matrix` e a resposta precisa ser convertida nas variáveis 0/1. O argumento `objective` diz a `xgboost` qual é o problema. Baseado nisso, `xgboost` escolherá uma métrica para otimizar.

Em *Python*, `xgboost` tem duas interfaces diferentes: uma API do `scikit-learn` e mais uma interface funcional como em *R*. Para ser consistente com os outros métodos de `scikit-learn`, alguns parâmetros foram renomeados. Por exemplo, `eta` é renomeado como `learning_rate`; usar `eta` não falhará, mas não terá o efeito desejado:

```
predictors = ['borrower_score', 'payment_inc_ratio']
outcome = 'outcome'

X = loan3000[predictors]
y = loan3000[outcome]

xgb = XGBClassifier(objective='binary:logistic', subsample=0.63)
xgb.fit(X, y)
--
XGBClassifier(base_score=0.5, booster='gbtree', colsample_bylevel=1,
        colsample_bynode=1, colsample_bytree=1, gamma=0, learning_rate=0.1,
        max_delta_step=0, max_depth=3, min_child_weight=1, missing=None,
        n_estimators=100, n_jobs=1, nthread=None, objective='binary:logistic',
        random_state=0, reg_alpha=0, reg_lambda=1, scale_pos_weight=1, seed=None,
        silent=None, subsample=0.63, verbosity=1)
```

Os valores previstos podem ser obtidos com a função `predict` em *R* e, como há apenas duas variáveis, representados em comparação com as variáveis preditoras:

```
pred <- predict(xgb, newdata=predictors)
xgb_df <- cbind(loan3000, pred_default=pred>.5, prob_default=pred)
ggplot(data=xgb_df, aes(x=borrower_score, y=payment_inc_ratio,
                    color=pred_default, shape=pred_default)) +
      geom_point(alpha=.8) +
      scale_color_manual(values = c('FALSE'='#b8e186', 'TRUE'='#d95f02')) +
      scale_shape_manual(values = c('FALSE'=0, 'TRUE'=1)) +
      scale_size_manual(values = c('FALSE'=0.5, 'TRUE'=2))
```

A mesma figura pode ser criada em *Python* usando o código a seguir:

```
fig, ax = plt.subplots(figsize=(6, 4))

xgb_df.loc[xgb_df.prediction=='paid off'].plot(
        x='borrower_score', y='payment_inc_ratio', style='.',
        markerfacecolor='none', markeredgecolor='C1', ax=ax)
xgb_df.loc[xgb_df.prediction=='default'].plot(
        x='borrower_score', y='payment_inc_ratio', style='o',
        markerfacecolor='none', markeredgecolor='C0', ax=ax)
ax.legend(['paid off', 'default']);
ax.set_xlim(0, 1)
ax.set_ylim(0, 25)
ax.set_xlabel('borrower_score')
ax.set_ylabel('payment_inc_ratio')
```

O resultado está na Figura 6-9. Qualitativamente, é semelhante às predições da floresta aleatória; veja a Figura 6-7. As predições são um tanto ruidosas, de modo que alguns tomadores com uma pontuação muito alta ainda ficam na predição de inadimplência.

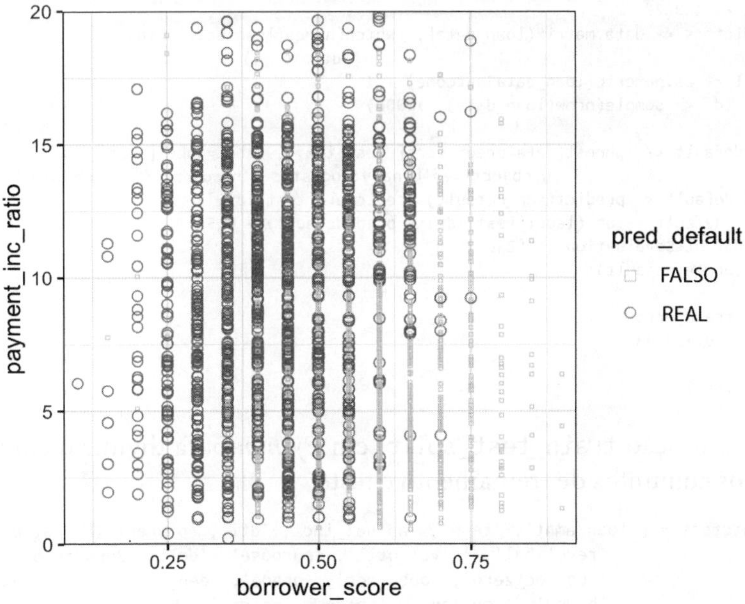

Figura 6-9. Os resultados previstos de XGBoost aplicados nos dados de empréstimo inadimplente

Regularização: Evitando o Sobreajuste

A aplicação cega do `xgboost` pode levar a modelos instáveis como resultado de *sobreajustar* os dados de treinamento. O problema com o sobreajuste é duplo:

- A precisão do modelo nos novos dados que não estão no conjunto de treinamento será degradada.
- As predições do modelo são altamente variáveis, levando a resultados instáveis.

Qualquer técnica de modelagem é potencialmente inclinada ao sobreajuste. Por exemplo, se são incluídas muitas variáveis em uma equação de regressão, o modelo pode acabar tendo predições falsas. No entanto, para a maioria das técnicas estatísticas, o sobreajuste pode ser evitado com uma seleção criteriosa das variáveis preditoras. Até mesmo a floresta aleatória costuma produzir um modelo razoável sem ajustar os parâmetros.

Esse, no entanto, não é o caso de `xgboost`. Ajuste `xgboost` aos dados de empréstimo para um conjunto de dados com todas as variáveis incluídas no modelo. Em *R*, pode ser feito assim:

```
seed <- 400820
predictors <- data.matrix(loan_data[, -which(names(loan_data) %in%
                                             'outcome')])
label <- as.numeric(loan_data$outcome) - 1
test_idx <- sample(nrow(loan_data), 10000)

xgb_default <- xgboost(data=predictors[-test_idx,], label=label[-test_idx],
                       objective='binary:logistic', nrounds=250, verbose=0)
pred_default <- predict(xgb_default, predictors[test_idx,])
error_default <- abs(label[test_idx] - pred_default) > 0.5
xgb_default$evaluation_log[250,]
mean(error_default)
-
iter train_error
1: 250 0.133043

[1] 0.3529
```

Usamos a função `train_test_split` em *Python* para dividir o conjunto de dados nos conjuntos de treinamento e teste:

```
predictors = ['loan_amnt', 'term', 'annual_inc', 'dti', 'payment_inc_ratio',
              'revol_bal', 'revol_util', 'purpose', 'delinq_2yrs_zero',
              'pub_rec_zero', 'open_acc', 'grade', 'emp_length', 'purpose_',
              'home_', 'emp_len_', 'borrower_score']
outcome = 'outcome'

X = pd.get_dummies(loan_data[predictors], drop_first=True)
y = pd.Series([1 if o == 'default' else 0 for o in loan_data[outcome]])

train_X, valid_X, train_y, valid_y = train_test_split(X, y, test_size=10000)

xgb_default = XGBClassifier(objective='binary:logistic', n_estimators=250,
                            max_depth=6, reg_lambda=0, learning_rate=0.3,
                            subsample=1)
xgb_default.fit(train_X, train_y)

pred_default = xgb_default.predict_proba(valid_X)[:, 1]
error_default = abs(valid_y - pred_default) > 0.5
print('default: ', np.mean(error_default))
```

O conjunto de teste é composto por 10 mil registros aleatoriamente amostrados dos dados completos e o conjunto de treinamento é composto pelos registros restantes. O boosting leva a uma taxa de erro de apenas 13,3% para o conjunto de treinamento. O conjunto de teste, no entanto, tem uma taxa de erro muito maior, de 35,3%. Isso é resultado do sobreajuste: o boosting pode explicar muito bem a variabilidade no conjunto de treinamento, mas as regras de predição não se aplicam aos novos dados.

O boosting tem diversos parâmetros para evitar o sobreajuste, incluindo os parâmetros `eta` (ou `learning_rate`) e `subsample` (veja "XGBoost", antes neste capítulo). Outra abordagem é a *regularização*, uma técnica que modifica a função de custo a fim de *penalizar* a complexidade do modelo. As árvores de decisão são ajustadas pela minimização dos critérios de custo, como a nota de impureza de Gini (veja "Medindo Homogeneidade ou Impureza", antes neste capítulo). Em `xgboost` é possível modificar a função de custo adicionando um termo que mede a complexidade do modelo.

Existem dois parâmetros em `xgboost` para regularizar o modelo: `alpha` e `lambda`, que correspondem à distância de Manhattan (regularização L1) e à distância euclidiana quadrada (regularização L2), respectivamente (veja "Métricas de Distância", antes neste capítulo). O aumento desses parâmetros penalizará os modelos mais complexos e reduzirá o tamanho das árvores ajustadas. Por exemplo, veja o que acontece se definimos `lambda` para 1.000 em *R*:

```
xgb_penalty <- xgboost(data=predictors[-test_idx,], label=label[-test_idx],
                       params=list(eta=.1, subsample=.63, lambda=1000),
                       objective='binary:logistic', nrounds=250, verbose=0)
pred_penalty <- predict(xgb_penalty, predictors[test_idx,])
error_penalty <- abs(label[test_idx] - pred_penalty) > 0.5
xgb_penalty$evaluation_log[250,]
mean(error_penalty)
-
iter train_error
1: 250 0.30966

[1] 0.3286
```

Na API do `scikit-learn` os parâmetros são `reg_alpha` e `reg_lambda`:

```
xgb_penalty = XGBClassifier(objective='binary:logistic', n_estimators=250,
                            max_depth=6, reg_lambda=1000, learning_rate=0.1,
                            subsample=0.63)
xgb_penalty.fit(train_X, train_y)
pred_penalty = xgb_penalty.predict_proba(valid_X)[:, 1]
error_penalty = abs(valid_y - pred_penalty) > 0.5
print('penalty: ', np.mean(error_penalty))
```

Agora, o erro de treinamento é apenas um pouco menor que o erro no conjunto de teste.

O método `predict` em *R* tem um argumento conveniente, `ntreelimit`, que força apenas as primeiras *i* árvores a serem usadas na predição. Isso nos permite comparar diretamente as taxas de erro na amostra e fora da amostra conforme mais modelos são incluídos:

```
error_default  <- rep(0, 250)
error_penalty  <- rep(0, 250)
for (i in 1:250){
  pred_def <- predict(xgb_default, predictors[test_idx,], ntreelimit=i)
  error_default[i] <- mean(abs(label[test_idx] - pred_def) >= 0.5)
  pred_pen <- predict(xgb_penalty, predictors[test_idx,], ntreelimit = i)
  error_penalty[i] <- mean(abs(label[test_idx] - pred_pen) >= 0.5)
}
```

Em *Python*, podemos chamar o método `predict_proba` com o argumento `ntree_limit`:

```
results = []
for i in range(1, 250):
        train_default = xgb_default.predict_proba(train_X, ntree_limit=i)[:, 1]
        train_penalty = xgb_penalty.predict_proba(train_X, ntree_limit=i)[:, 1]
        pred_default = xgb_default.predict_proba(valid_X, ntree_limit=i)[:, 1]
        pred_penalty = xgb_penalty.predict_proba(valid_X, ntree_limit=i)[:, 1]
        results.append({
                'iterations': i,
                'default train': np.mean(abs(train_y - train_default) > 0.5),
                'penalty train': np.mean(abs(train_y - train_penalty) > 0.5),
                'default test': np.mean(abs(valid_y - pred_default) > 0.5),
                'penalty test': np.mean(abs(valid_y - pred_penalty) > 0.5),
        })

results = pd.DataFrame(results)
results.head()
```

O resultado do modelo retorna o erro do conjunto de treinamento no componente `xgb_default$evaluation_log`. Ao combinar isso com os erros fora da amostra, podemos representar os erros em comparação com o número de iterações:

```
errors <- rbind(xgb_default$evaluation_log,
                xgb_penalty$evaluation_log,
                data.frame(iter=1:250, train_error=error_default),
              data.frame(iter=1:250, train_error=error_penalty))
errors$type <- rep(c('default train', 'penalty train',
                     'default test', 'penalty test'), rep(250, 4))
ggplot(errors, aes(x=iter, y=train_error, group=type))
   geom_line(aes(linetype=type, color=type))
```

Podemos usar o método de representação do `pandas` para criar o gráfico de linhas. O eixo retornado da primeira representação nos permite sobrepor linhas adicionais no mesmo gráfico. É um padrão que muitos pacotes de gráfico do *Python* suportam:

```
ax = results.plot(x='iterations', y='default test')
results.plot(x='iterations', y='penalty test', ax=ax)
results.plot(x='iterations', y='default train', ax=ax)
results.plot(x='iterations', y='penalty train', ax=ax)
```

O resultado, que aparece na Figura 6-10, mostra como o modelo padrão melhora progressivamente a precisão do conjunto de treinamento, mas piora no conjunto de teste. O modelo penalizado não mostra esse comportamento.

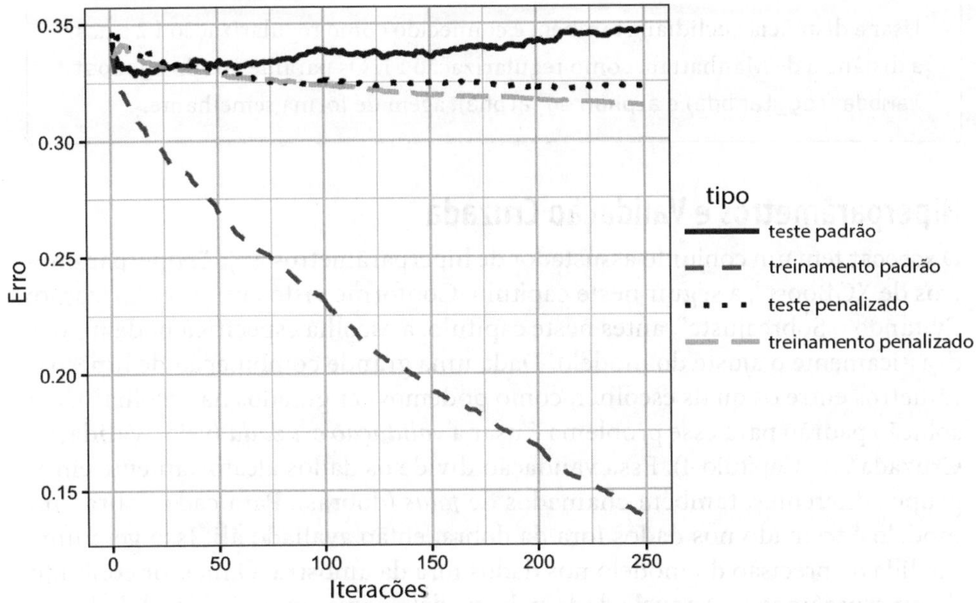

Figura 6-10. A taxa de erro do XGBoost padrão versus a versão penalizada dele

Regressão Ridge e Lasso

A adição de uma penalidade à complexidade de um modelo para evitar o sobreajuste tem origem nos anos 1970. A regressão de mínimos quadrados minimiza a soma residual dos quadrados (RSS) (veja "Mínimos Quadrados", no Capítulo 4). A *regressão ridge* minimiza a soma dos resíduos quadrados mais um termo de penalidade que é uma função do número e do tamanho dos coeficientes:

$$\sum_{i=1}^{n}\left(Y_i - \hat{b}_0 - \hat{b}_1 X_i - \ldots \hat{b} X_p\right)^2 + \lambda\left(\hat{b}_1^2 + \ldots + \hat{b}_p^2\right)$$

O valor de λ determina o quanto os coeficientes são penalizados. Os valores maiores produzem modelos menos propensos a sobreajustar os dados. *Lasso* é semelhante, exceto por usar a distância de Manhattan, em vez da distância euclidiana, como um termo de penalidade:

$$\sum_{i=1}^{n}\left(Y_i - \hat{b}_0 - \hat{b}_1 X_i - \ldots \hat{b} X_p\right)^2 + \alpha\left(\left|\hat{b}_1\right| + \ldots + \left|\hat{b}_p\right|\right)$$

Usar a distância euclidiana também é conhecido como regularização L2 e usar a distância de Manhattan, como regularização L1. Os parâmetros do `xgboost`, `lambda` (`reg_lambda`) e `alpha`(`reg_alpha`), agem de forma semelhante.

Hiperparâmetros e Validação Cruzada

O `xgboost` tem um conjunto assustador de hiperparâmetros; veja "Hiperparâmetros de XGBoost", a seguir neste capítulo. Conforme visto em "Regularização: Evitando o Sobreajuste", antes neste capítulo, a escolha específica pode mudar drasticamente o ajuste do modelo. Dada uma grande combinação de hiperparâmetros entre os quais escolher, como podemos ser guiados na escolha? Uma solução padrão para esse problema é usar a *validação cruzada* (veja "Validação Cruzada", no Capítulo 4). Essa validação divide os dados aleatoriamente em *K* grupos diferentes, também chamados de *folds* (dobras). Para cada dobra, um modelo é treinado nos dados fora da dobra, então avaliado ali. Isso gera uma medida de precisão do modelo nos dados fora da amostra. O melhor conjunto de hiperparâmetros é aquele dado pelo modelo com o menor erro global conforme calculado pela média dos erros de cada uma das dobras.

Para ilustrar a técnica, nós a aplicamos à seleção de parâmetros para `xgboost`. Neste exemplo, exploramos dois parâmetros: o parâmetro de encolhimento `eta` (`learning_rate` — veja "XGBoost", antes neste capítulo) e a profundidade máxima das árvores `max_depth`. O parâmetro `max_depth` é a profundidade máxima de um nó de folha até a raiz da árvore com um valor padrão 6. Isso nos fornece outro meio de controlar o sobreajuste: as árvores profundas tendem a ser mais complexas e podem sobreajustar os dados. Primeiro definimos as dobras e a lista de parâmetros. Em *R* é feito assim:

```
N <- nrow(loan_data)
fold_number <- sample(1:5, N, replace = TRUE)
params <- data.frame(eta = rep(c(.1, .5, .9), 3),
                     max_depth = rep(c(3, 6, 12), rep(3,3)))
```

Agora aplicamos o algoritmo anterior para calcular o erro de cada modelo e cada dobra usando cinco dobras:

```
error <- matrix(0, nrow=9, ncol=5)
for(i in 1:nrow(params)){
  for(k in 1:5){
    fold_idx <- (1:N)[fold_number == k]
    xgb <- xgboost(data=predictors[-fold_idx,], label=label[-fold_idx],
                   params = list(eta = params[i, 'eta'],
                                 max_depth = params[i, 'max_depth']),
                 objective = "binary:logistic", nrounds=100, verbose=0)
    pred <- predict(xgb, predictors[fold_idx,])
    error[i, k] <- mean(abs(label[fold_idx] - pred) >= 0.5)
  }
}
```

No código *Python* a seguir, criamos todas as combinações possíveis de hiperparâmetros, ajustamos e avaliamos os modelos com cada combinação:

```
idx = np.random.choice(range(5), size=len(X), replace=True)
error = []
for eta, max_depth in product([0.1, 0.5, 0.9], [3, 6, 9]):    ❶
        xgb = XGBClassifier(objective='binary:logistic', n_estimators=250,
                            max_depth=max_depth, learning_rate=eta)
        cv_error = []
        for k in range(5):
                fold_idx = idx == k
                train_X = X.loc[~fold_idx]; train_y = y[~fold_idx]
                valid_X = X.loc[fold_idx]; valid_y = y[fold_idx]

                xgb.fit(train_X, train_y)
                pred = xgb.predict_proba(valid_X)[:, 1]
                cv_error.append(np.mean(abs(valid_y - pred) > 0.5))
        error.append({
                'eta': eta,
                'max_depth': max_depth,
                'avg_error': np.mean(cv_error)
        })
        print(error[-1])
errors = pd.DataFrame(error)
```

❶ Usamos a função `itertools.product` da biblioteca padrão do *Python* para criar todas as combinações possíveis dos dois hiperparâmetros.

Como estamos ajustando 45 modelos no total, isso pode demorar um pouco. Os erros são armazenados como uma matriz com os modelos nas linhas e as dobras nas colunas. Usando a função `rowMeans`, podemos comparar a taxa de erro para os diferentes conjuntos de parâmetros:

```
avg_error <- 100 * rowMeans(error), 4)
cbind(params, avg_error)
  eta max_depth avg_error
1 0.1         3     32.90
2 0.5         3     33.43
3 0.9         3     34.36
4 0.1         6     33.08
5 0.5         6     35.60
6 0.9         6     37.82
7 0.1        12     34.56
8 0.5        12     36.83
9 0.9        12     38.18
```

A validação cruzada sugere que o uso de árvores mais rasas com um menor valor de `eta/learning_rate` gera resultados mais precisos. Como esses modelos são também mais estáveis, os melhores parâmetros a usar são `eta=0.1` e `max_depth=3` (ou talvez `max_depth=6`).

Hiperparâmetros de XGBoost

Os hiperparâmetros de `xgboost` são usados principalmente para equilibrar o sobreajuste com precisão e complexidade computacional. Para ter informações completas sobre os parâmetros, consulte a documentação do xgboost.

`eta/learning_rate`
: O fator de encolhimento entre 0 e 1 aplicado em α no algoritmo de boosting. O padrão é 0.3, mas para os dados ruidosos, recomendam-se valores menores (por exemplo, 0.1). Em *Python*, o padrão é 0.1.

`nrounds/n_estimators`
: O número de rodadas de boosting. Se `eta` está definido para um valor pequeno, é importante aumentar o número de rodadas, já que o algoritmo aprende mais lentamente. Contanto que alguns parâmetros sejam incluídos para evitar o sobreajuste, ter mais rodadas não atrapalha.

`max_depth`
: A profundidade máxima da árvore (o padrão é 6). Ao contrário da floresta aleatória, que ajusta árvores muito profundas, o boosting costuma ajustar árvores rasas. Isso tem a vantagem de evitar interações falsas e complexas no modelo, as quais podem ser resultado de dados ruidosos. Em *Python*, o padrão é 3.

`subsample` *e* `colsample_bytree`
: A fração dos registros a amostrar sem reposição e a fração das variáveis preditoras a amostrar para usar no ajuste das árvores. Esses parâmetros, semelhantes aos das florestas aleatórias, evitam o sobreajuste. O padrão é 1.0

`lambda/reg_lambda` *e* `alpha/reg_alpha`
: Os parâmetros de regularização para ajudar a controlar o sobreajuste (veja "Regularização: Evitando o Sobreajuste", antes neste capítulo). Os valores padrão para *Python* são `reg_lambda=1` e `reg_alpha=0`. Em *R*, ambos os valores têm o padrão 0.

Ideias-chave

- Boosting é uma classe de modelos de agrupamento baseada no ajuste de uma sequência de modelos, com mais peso dado aos registros com erros grandes em rodadas sucessivas.
- Boosting gradiente estocástico é o tipo mais geral de boosting e tem o melhor desempenho. A forma mais comum de boosting gradiente estocástico usa modelos de árvore.
- XGBoost é um pacote de software popular e computacionalmente eficiente para o boosting gradiente estocástico; está disponível em todas as linguagens comumente usadas na ciência de dados.
- O boosting tende a sobreajustar os dados e os hiperparâmetros precisam ser ajustados para evitar isso.
- A regularização é um jeito de evitar o sobreajuste incluindo um termo de penalidade no número de parâmetros (por exemplo, tamanho da árvore) em um modelo.
- A validação cruzada é especialmente importante para o boosting devido ao grande número de hiperparâmetros que precisam ser ajustados.

Resumo

Este capítulo descreve duas classificações e métodos de predição que "aprendem" de forma flexível e localmente com os dados, em vez de começar com um modelo estrutural (por exemplo, uma regressão linear) ajustado a todo o conjunto de dados. Os *K*-vizinhos Mais Próximos são um processo simples que procura registros semelhantes e atribui sua classe majoritária (ou valor médio) ao registro sendo previsto. Experimentando diversos valores de corte (divisão) das variáveis preditoras, os modelos de árvore dividem iterativamente os dados em seções e subseções que são progressivamente homogêneas no que diz respeito à classe. Os valores de divisão mais eficientes formam um caminho, e também uma "regra", para uma classificação ou uma predição. Os modelos de árvores são uma ferramenta preditiva muito potente e popular, geralmente superando outros métodos. Eles originaram diversos métodos de agrupamento (florestas aleatórias, boosting, bagging) que aprimoram o poder preditivo das árvores.

CAPÍTULO 7

Aprendizado Não Supervisionado

O termo *aprendizado não supervisionado* se refere a métodos estatísticos que extraem significado dos dados sem treinar um modelo nos dados rotulados (dados em que um resultado de interesse é conhecido). Nos Capítulos 4 a 6, o objetivo é construir um modelo (conjunto de regras) para prever uma resposta de um conjunto de variáveis preditoras. É o aprendizado supervisionado. Por outro lado, o aprendizado não supervisionado também constrói um modelo dos dados, mas não diferencia entre variável responsiva e variáveis preditoras.
O aprendizado não supervisionado pode ter diferentes objetivos possíveis. Em alguns casos, pode ser usado para criar uma regra preditiva, na ausência de uma resposta rotulada. Os métodos de *clusterização* podem ser usados para identificar grupos de dados significativos. Por exemplo, usando os cliques da web e os dados demográficos de usuários em um site, conseguimos agrupar diferentes tipos de usuário. O site poderia, então, ser personalizado para esses diferentes tipos.
Em outros casos, o objetivo pode ser *reduzir a dimensão* dos dados para um conjunto mais gerenciável de variáveis. Esse conjunto reduzido poderia ser usado como entrada em um modelo preditivo, como regressão ou classificação. Por exemplo, podemos ter milhares de sensores para monitorar um processo industrial. Reduzindo os dados para um conjunto menor de características, somos capazes de construir um modelo mais potente e interpretável para prever as falhas no processo pela inclusão dos fluxos de dados de milhares de sensores.
Por fim, o aprendizado não supervisionado pode ser visto como uma extensão da análise exploratória de dados (veja o Capítulo 1) em situações em que somos confrontados com um grande número de variáveis e registros. O objetivo é ter uma melhor percepção do conjunto de dados e como as diferentes variáveis se relacionam. As técnicas não supervisionadas oferecem meios de filtrar e analisar essas variáveis e descobrir relacionamentos.

Aprendizado Não Supervisionado e Predição

O aprendizado não supervisionado pode ter um papel importante na predição para problemas de regressão e classificação. Em alguns casos, queremos prever uma categoria na ausência de qualquer dado rotulado. Por exemplo, queremos prever o tipo de vegetação em uma área a partir de um conjunto de dados sensoriais de satélites. Como não temos uma variável responsiva para treinar o modelo, a clusterização nos permite identificar padrões comuns e categorizar as regiões.

Clusterização é uma ferramenta especialmente importante para o "problema da partida a frio". Nesses tipos de problemas, como lançar uma nova campanha de marketing ou identificar os potenciais novos tipos de fraude ou spam, podemos inicialmente não ter nenhuma resposta para treinar um modelo. Com o tempo, conforme os dados são coletados, podemos aprender mais sobre o sistema e construir um modelo preditivo tradicional. Mas a clusterização nos ajuda a iniciar o processo de aprendizado mais rapidamente por meio da identificação de segmentos populacionais.

O aprendizado não supervisionado também é importante como um bloco de construção para as técnicas de regressão e classificação. Com big data, se uma pequena subpopulação não é bem representada na população global, o modelo treinado pode não ter um bom desempenho nessa subpopulação. Com a clusterização, é possível identificar e rotular as subpopulações. Modelos separados podem então ser ajustados às diferentes subpopulações. Ou a subpopulação pode ser representada com sua própria característica, forçando o modelo global a considerar explicitamente a identidade dela como uma preditora.

Análise de Componentes Principais

Em geral, as variáveis mudam em conjunto (covariam) e algumas variações em uma delas são, na verdade, duplicadas pela variação em outra (ex.: pagamentos e gorjetas em restaurantes). A análise de componentes principais (ACP) é uma técnica para descobrir o modo como as variáveis numéricas covariam.[1]

1 Esta seção e as subsequentes deste capítulo têm a licença © 2020 Datastats, LLC, Peter Bruce, Andrew Bruce e Peter Gedeck, usada com permissão.

Termos-chave para Análise de Componentes Principais

Componente principal
Uma combinação linear das variáveis preditoras.

Cargas
Os pesos que transformam as variáveis preditoras em componentes.

Sinônimo
pesos

Screeplot
Um gráfico das variâncias dos componentes, mostrando a importância relativa dos componentes, como variância explicada ou proporção da variância explicada.

A ideia na ACP é combinar múltiplas variáveis preditoras numéricas em um conjunto menor de variáveis, que são combinações lineares ponderadas do conjunto original. O menor conjunto de variáveis, os *componentes principais*, "explica" a maior parte da variabilidade do conjunto completo de variáveis, reduzindo a dimensão dos dados. Os pesos usados para formar os componentes principais revelam as contribuições relativas das variáveis originais para os novos componentes principais.

A ACP foi originalmente proposta por Karl Pearson. No que foi possivelmente o primeiro artigo sobre aprendizado não supervisionado, Pearson reconheceu que em muitos problemas existe variabilidade nas variáveis preditoras, então ele desenvolveu a ACP como uma técnica para modelar essa variabilidade. A ACP pode ser vista como a versão não supervisionada da análise discriminante linear (veja "Análise Discriminante", no Capítulo 5).

Um Exemplo Simples

Para duas variáveis, X_1 e X_2, existem dois componentes principais Z_i ($i = 1$ ou 2):

$$Z_i = w_{i,1}X_1 + w_{i,2}X_2$$

Os pesos ($w_{i,1}$, $w_{i,2}$) são conhecidos como *cargas* do componente. Eles transformam as variáveis originais nos componentes principais. O primeiro componente principal, Z_1, é a combinação linear que melhor explica a variação total. O segundo componente principal, Z_2, é ortogonal ao primeiro e explica a variação restante (se houvesse componentes adicionais, cada um seria ortogonal aos outros).

> Também é comum calcular os componentes principais nos desvios das médias das variáveis preditoras, em vez dos próprios valores.

Podemos calcular os componentes principais em *R* usando a função `princomp`. O código a seguir realiza uma ACP nos retornos de preços das ações para Chevron (CVX) e ExxonMobil (XOM):

```
oil_px <- sp500_px[, c('CVX', 'XOM')]
pca <- princomp(oil_px)
pca$loadings

Loadings:
    Comp.1 Comp.2
CVX -0.747  0.665
XOM -0.665 -0.747

               Comp.1  Comp.2
SS loadings       1.0     1.0
Proportion Var    0.5     0.5
Cumulative Var    0.5     1.0
```

Em *Python*, podemos usar a implementação `sklearn.decomposition.ACP` de `scikit-learn`:

```
pcs = PCA(n_components=2)
pcs.fit(oil_px)
loadings = pd.DataFrame(pcs.components_, columns=oil_px.columns)
loadings
```

Os pesos para CVX e XOM do primeiro componente principal são −0.747 e −0.665, e para o segundo componente principal são 0.665 e −0.747. Como interpretar isso? O primeiro componente principal é basicamente uma média de CVX e XOM, refletindo a correlação entre as duas companhias de energia. O segundo componente principal mede quando os preços das ações de CVX e XOM divergem.

É instrutivo representar os componentes principais com dados. Aqui criamos uma visualização em *R*:

```
loadings <- pca$loadings
ggplot(data=oil_px, aes(x=CVX, y=XOM)) +
  geom_point(alpha=.3) +
  stat_ellipse(type='norm', level=.99) +
  geom_abline(intercept = 0, slope = loadings[2,1]/loadings[1,1]) +
  geom_abline(intercept = 0, slope = loadings[2,2]/loadings[1,2])
```

O código a seguir cria uma visualização parecida em *Python*:

```
def abline(slope, intercept, ax):
        """Calcular as coordenadas de uma linha com base na inclinação e no intercepto"""
        x_vals = np.array(ax.get_xlim())
        return (x_vals, intercept + slope * x_vals)

ax = oil_px.plot.scatter(x='XOM', y='CVX', alpha=0.3, figsize=(4, 4))
ax.set_xlim(-3, 3)
ax.set_ylim(-3, 3)
ax.plot(*abline(loadings.loc[0, 'CVX'] / loadings.loc[0, 'XOM'], 0, ax),
        '--', color='C1')
ax.plot(*abline(loadings.loc[1, 'CVX'] / loadings.loc[1, 'XOM'], 0, ax),
        '--', color='C1')
```

O resultado está na Figura 7-1.

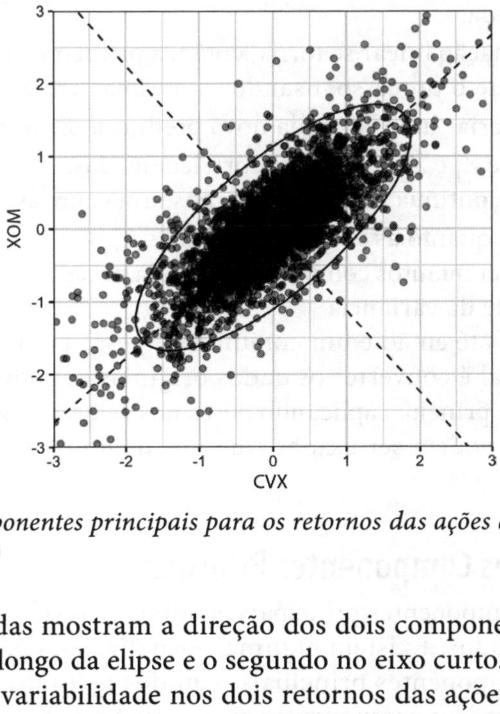

Figura 7-1. Os componentes principais para os retornos das ações de Chevron (CVX) e ExxonMobil (XOM)

As linhas tracejadas mostram a direção dos dois componentes principais: o primeiro no eixo longo da elipse e o segundo no eixo curto. Podemos ver que a maior parte da variabilidade nos dois retornos das ações é explicada pelo primeiro componente principal. Isso faz sentido, já que os preços das ações de energia tendem a se mover como um grupo.

> Os dois pesos para o primeiro componente principal são negativos, mas reverter o sinal de todos os pesos não muda o componente principal. Por exemplo, usar os pesos 0.747 e 0.665 para o primeiro componente principal é equivalente aos pesos negativos, assim como uma linha infinita definida pela origem e 1,1 é igual à definida pela origem e –1, –1.

Calculando os Componentes Principais

Passar de duas variáveis para mais variáveis é fácil. Para o primeiro componente, basta incluir variáveis preditoras adicionais na combinação linear, atribuindo pesos que otimizem a coleção da covariação de todas as variáveis preditoras nesse primeiro componente principal (*covariância* é o termo estatístico; veja "Matriz de Covariância", no Capítulo 5). O cálculo dos componentes principais é um método estatístico clássico, baseado na matriz de correlação dos dados ou na matriz de covariância, e é executado rapidamente, sem depender de iterações. Conforme observado antes, funciona apenas com variáveis numéricas, não com categóricas. O processo completo pode ser descrito da seguinte forma:

1. Ao criar o primeiro componente principal, a ACP chega à combinação linear das variáveis preditoras que maximiza o percentual da variância total explicada.
2. Essa combinação linear se torna, então, a primeira "nova" preditora, Z_1.
3. A ACP repete o processo, usando as mesmas variáveis com diferentes pesos, para criar uma segunda nova preditora, Z_2. A ponderação é feita de modo que Z_1 e Z_2 não sejam correlacionadas.
4. O processo continua até que tenhamos tantas novas variáveis, ou componentes, Z_i quanto as variáveis originais X_i.
5. Opte por reter quantos componentes forem necessários para contabilizar a maior parte da variância.
6. O resultado até então é um conjunto de pesos para cada componente. O passo final é converter os dados originais em novas pontuações do componente principal aplicando pesos nos valores originais. Essas novas pontuações podem ser usadas como o conjunto reduzido de variáveis preditoras.

Interpretando os Componentes Principais

A natureza dos componentes principais geralmente revela informações sobre a estrutura dos dados. Existem algumas visualizações padrão para ajudar a entender os componentes principais. Um dos métodos para visualizar a importância relativa dos componentes principais é o *screeplot* (o nome vem da semelhança do gráfico com uma scree slope [inclinação de encosta]; aqui, o eixo y é o autovalor). O código em *R* a seguir mostra um exemplo para as primeiras companhias no S&P 500:

```
syms <- c( 'AAPL', 'MSFT', 'CSCO', 'INTC', 'CVX', 'XOM',
    'SLB', 'COP', 'JPM', 'WFC', 'USB', 'AXP', 'WMT', 'TGT', 'HD', 'COST')
top_sp <- sp500_px[row.names(sp500_px)>='2005-01-01', syms]
sp_pca <- princomp(top_sp)
screeplot(sp_pca)
```

As informações para criar um gráfico de cargas a partir do resultado de `scikit-learn` estão disponíveis em `explained_variance_`. Aqui, convertemos em um data frame do `pandas` e o usamos para criar um gráfico de barras:

```
syms = sorted(['AAPL', 'MSFT', 'CSCO', 'INTC', 'CVX', 'XOM', 'SLB', 'COP',
               'JPM', 'WFC', 'USB', 'AXP', 'WMT', 'TGT', 'HD', 'COST'])
top_sp = sp500_px.loc[sp500_px.index >= '2011-01-01', syms]

sp_pca = PCA()
sp_pca.fit(top_sp)

explained_variance = pd.DataFrame(sp_pca.explained_variance_)
ax = explained_variance.head(10).plot.bar(legend=False, figsize=(4, 4))
ax.set_xlabel('Component')
```

Como vimos na Figura 7-2, a variância do primeiro componente principal é bem grande (como costuma ser), mas os outros componentes principais superiores são significativos.

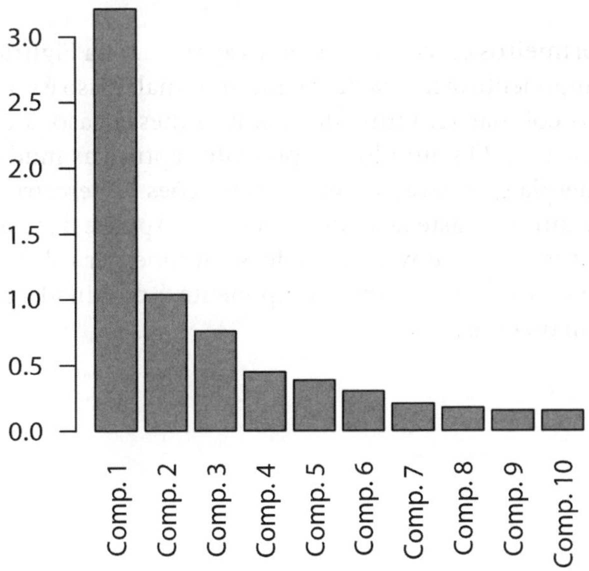

Figura 7-2. Um screeplot para uma ACP das principais ações do S&P 500

Pode ser muito revelador representar os pesos dos primeiros componentes principais. Um jeito de fazer isso em *R* é usando a função `gather` do pacote `tidyr` junto com `ggplot`:

```
library(tidyr)
loadings <- sp_pca$loadings[,1:5]
loadings$Symbol <- row.names(loadings)
loadings <- gather(loadings, "Component", "Weight", -Symbol)
ggplot(loadings, aes(x=Symbol, y=Weight)) +
  geom_bar(stat='identity') +
  facet_grid(Component ~ ., scales='free_y')
```

Veja o código para criar a mesma visualização em *Python*:

```
loadings = pd.DataFrame(sp_pca.components_[0:5, :], columns=top_sp.columns)
maxPC = 1.01 * np.max(np.max(np.abs(loadings.loc[0:5, :])))

f, axes = plt.subplots(5, 1, figsize=(5, 5), sharex=True)
for i, ax in enumerate(axes):
        pc_loadings = loadings.loc[i, :]
        colors = ['C0' if l > 0 else 'C1' for l in pc_loadings]
        ax.axhline(color='#888888')
        pc_loadings.plot.bar(ax=ax, color=colors)
        ax.set_ylabel(f'PC{i+1}')
        ax.set_ylim(-maxPC, maxPC)
```

As cargas dos primeiros cinco componentes aparecem na Figura 7-3. As cargas do primeiro componente principal têm o mesmo sinal, e isso é normal nos dados em que todas as colunas têm um fator comum (nesse caso, a tendência geral do mercado de ações). O segundo componente captura as mudanças de preço das ações de energia comparadas com outras ações. O terceiro componente é principalmente um contraste nos movimentos da Apple e da CostCo. O quarto componente contrasta os movimentos de Schlumberger (SLB) com as outras ações de energia. Por fim, o quinto componente é dominado principalmente por empresas financeiras.

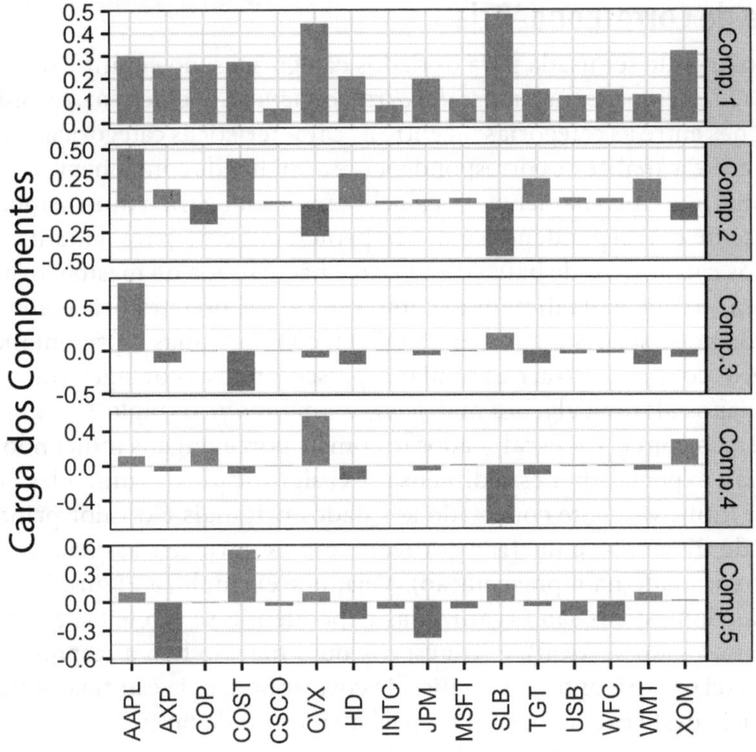

Figura 7-3. As cargas para os cinco primeiros componentes principais de retornos do preço de ações

Quantos Componentes Escolher?

Se o objetivo é reduzir a dimensão dos dados, é preciso decidir quantos componentes principais selecionar. A abordagem mais comum é usar uma regra pontual para selecionar os componentes que explicam "a maior parte" da variância. Podemos visualizar por meio do screeplot, por exemplo, na Figura 7-2. Uma alternativa seria selecionar os primeiros componentes de modo que a variância cumulativa excedesse um limite, como de 80%. Além disso, podemos inspecionar as cargas para determinar se o componente tem uma interpretação intuitiva. A validação cruzada tem um método mais formal para escolher o número de componentes significativos (veja mais em "Validação Cruzada", no Capítulo 4).

Análise de Correspondência

A ACP não pode ser usada para os dados categóricos; no entanto, uma técnica um pouco relacionada é a *análise de correspondência*. O objetivo é reconhecer as associações entre as categorias ou entre as características categóricas. As semelhanças entre a análise de correspondência e a análise de componentes principais estão sobretudo internamente — a álgebra matricial para o dimensionamento. A análise de correspondência é usada principalmente para a análise gráfica dos dados categóricos de baixa dimensão e não é usada da mesma forma que a ACP para a redução da dimensão como uma etapa preparatória com big data. A entrada pode ser vista como uma tabela, com as linhas representando uma variável, as colunas, outra, e as células representando as contagens de registros. A saída (após alguma álgebra matricial) é um *bigráfico* (biplot) — um gráfico de dispersão com eixos escalonados (e com as porcentagens indicando quanta variância é explicada por essa dimensão). O significado das unidades nos eixos não está intuitivamente conectado aos dados originais e o valor principal do gráfico de dispersão é ilustrar graficamente as variáveis associadas entre si (por proximidade na representação). Veja, por exemplo, a Figura 7-4, em que as tarefas domésticas são organizadas dependendo se são feitas em conjunto ou sozinhas (eixo vertical), e se a esposa ou o marido tem a responsabilidade primária (eixo horizontal). A análise de correspondência é antiga, assim como é a essência deste exemplo, a julgar pela atribuição de tarefas.

Há inúmeros pacotes para a análise de correspondência em *R*. Aqui, usamos o pacote `ca`:

```
ca_analysis <- ca(housetasks)
plot(ca_analysis)
```

Em *Python*, podemos usar o pacote `prince`, que implementa a análise de correspondência usando a API do `scikit-learn`:

```
ca = prince.CA(n_components=2)
ca = ca.fit(housetasks)

ca.plot_coordinates(housetasks, figsize=(6, 6))
```

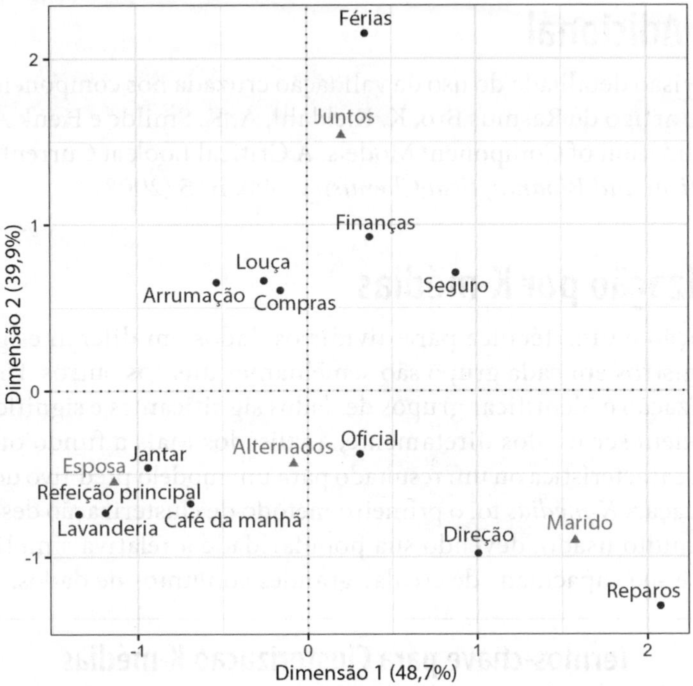

Figura 7-4. Representação gráfica de uma análise de correspondência dos dados de tarefas domésticas

Ideias-chave

- Os componentes principais são as combinações lineares de variáveis preditoras (apenas dados numéricos).
- São calculados de modo a minimizar a correlação entre os componentes, reduzindo a redundância.
- Um número limitado de componentes normalmente explicará a maior parte da variância na variável resultante.
- O conjunto limitado de componentes principais pode então ser usado no lugar das variáveis preditoras originais (mais numerosas), reduzindo a dimensionalidade.
- Uma técnica superficialmente semelhante para os dados categóricos é a análise de correspondência, mas não é útil no contexto de big data.

Leitura Adicional

Para uma visão detalhada do uso da validação cruzada nos componentes principais, veja o artigo de Rasmus Bro, K. Kjeldahl, A. K. Smilde e Henk A. L. Kiers, "Cross-Validation of Component Models: A Critical Look at Current Methods" em *Analytical and Bioanalytical Chemistry*, 390, nº 5 (2008).

Clusterização por K-médias

Clusterização é uma técnica para dividir os dados em diferentes grupos, na qual os registros em cada grupo são semelhantes uns aos outros. Um objetivo da clusterização é identificar grupos de dados significantes e significativos. Os grupos podem ser usados diretamente, analisados mais a fundo ou passados como uma característica ou um resultado para um modelo preditivo de regressão ou classificação. *K-médias* foi o primeiro método de clusterização desenvolvido, e ainda é muito usado, devendo sua popularidade à relativa simplicidade do algoritmo e sua capacidade de escalar grandes conjuntos de dados.

Termos-chave para Clusterização K-médias

Cluster
Um grupo de registros que são semelhantes.

Média do cluster
O vetor das médias das variáveis para os registros em um cluster.

K
O número de clusters.

K-médias divide os dados em *K* clusters minimizando a soma das distâncias ao quadrado de cada registro até a *média* de seu cluster atribuído. Isso é chamado de *soma dos quadrados dentro do cluster* ou *SS dentro do cluster*. *K*-médias não garante que os clusters terão o mesmo tamanho, mas encontra os clusters mais bem separados.

Normalização

É comum normalizar (padronizar) as variáveis contínuas subtraindo a média e dividindo pelo desvio-padrão. Do contrário, as variáveis com grande escala dominarão o processo de clusterização (veja "Padronização (Normalização, Escores Z)", no Capítulo 6).

Um Exemplo Simples

Comece considerando um conjunto de dados com n registros e apenas duas variáveis, x e y. Suponha que queiramos dividir os dados em $K = 4$ clusters. Isso significa atribuir cada registro (x_i, y_i) a um cluster k. Dada uma atribuição de n_k registros a um cluster k, o centro do cluster $(\bar{x}_k, \bar{y}_k)$ é a média dos pontos no cluster:

$$\bar{x}_k = \frac{1}{n_k} \sum_{\substack{i \in \\ \text{Cluster } k}} x_i$$

$$\bar{y}_k = \frac{1}{n_k} \sum_{\substack{i \in \\ \text{Cluster } k}} y_i$$

Média do Cluster

Ao clusterizar os registros com múltiplas variáveis (o caso comum), o termo *média do cluster* não se refere a um único número, mas ao vetor das médias das variáveis.

A soma dos quadrados dentro de um cluster é dada por:

$$SS_k = \sum_{i \in \text{Cluster } k} (x_i - \bar{x}_k)^2 + (y_i - \bar{y}_k)^2$$

K-médias encontra a atribuição dos registros que minimiza a soma dos quadrados dentro do cluster em todos os quatro clusters $SS_1 + SS_2 + SS_3 + SS_4$.

$$\sum_{k=1}^{4} SS_k$$

Um uso típico da clusterização é localizar os clusters naturais e separados nos dados. Outra aplicação é dividir os dados em um número predeterminado de grupos separados, em que a clusterização é usada para garantir que os grupos sejam tão diferentes quanto possível uns dos outros.

Por exemplo, suponha que queiramos dividir os retornos de ações diários em quatro grupos. A clusterização *K*-médias pode ser usada para separar os dados nos melhores agrupamentos. Observe que os retornos de ações são reportados, na verdade, de modo padronizado, então não precisamos padronizar os dados. Em *R*, a clusterização *K*-médias pode ser realizada usando a função `kmeans`. Por exemplo, o código a seguir encontra os quatro clusters com base em duas variáveis: os retornos de ações diários de ExxonMobil (`XOM`) e Chevron (`CVX`):

```
df <- sp500_px[row.names(sp500_px)>='2011-01-01', c('XOM', 'CVX')]
km <- kmeans(df, centers=4)
```

Usamos o método `sklearn.cluster.KMeans` do `scikit-learn` no *Python*:

```
df = sp500_px.loc[sp500_px.index >= '2011-01-01', ['XOM', 'CVX']]
kmeans = KMeans(n_clusters=4).fit(df)
```

A atribuição de cluster para cada registro é retornada como o componente `cluster` (*R*):

```
> df$cluster <- factor(km$cluster)
> head(df)
                  XOM        CVX cluster
2011-01-03 0.73680496  0.2406809       2
2011-01-04 0.16866845 -0.5845157       1
2011-01-05 0.02663055  0.4469854       2
2011-01-06 0.24855834 -0.9197513       1
2011-01-07 0.33732892  0.1805111       2
2011-01-10 0.00000000 -0.4641675       1
```

No `scikit-learn`, os rótulos do cluster estão disponíveis no campo `labels_`:

```
df['cluster'] = kmeans.labels_
df.head()
```

Os primeiros seis registros são atribuídos ao cluster 1 ou 2. As médias dos clusters também são retornadas (*R*):

```
> centers <- data.frame(cluster=factor(1:4), km$centers)
> centers
  cluster        XOM        CVX
1       1 -0.3284864 -0.5669135
2       2  0.2410159  0.3342130
3       3 -1.1439800 -1.7502975
4       4  0.9568628  1.3708892
```

No `scikit-learn`, os centros dos clusters estão disponíveis no campo `cluster_centers_`:

```
centers = pd.DataFrame(kmeans.cluster_centers_, columns=['XOM', 'CVX'])
centers
```

Os clusters 1 e 3 representam mercados "em baixa", já os clusters 2 e 4 representam os mercados "em alta".

Como o algoritmo *K*-médias usa pontos de partida aleatórios, os resultados podem ser diferentes entre as execuções subsequentes e as diferentes implementações do método. Em geral, você deve verificar que as flutuações não são muito grandes.

Neste exemplo, com apenas duas variáveis, é simples visualizar os clusters e suas médias:

```
ggplot(data=df, aes(x=XOM, y=CVX, color=cluster, shape=cluster)) +
  geom_point(alpha=.3) +
  geom_point(data=centers,  aes(x=XOM, y=CVX), size=3, stroke=2)
```

A função `scatterplot` do `seaborn` facilita colorir (`hue`) e estilizar (`style`) os pontos por propriedade:

```
fig, ax = plt.subplots(figsize=(4, 4))
ax = sns.scatterplot(x='XOM', y='CVX', hue='cluster', style='cluster',
                     ax=ax, data=df)
ax.set_xlim(-3, 3)
ax.set_ylim(-3, 3)
centers.plot.scatter(x='XOM', y='CVX', ax=ax, s=50, color='black')
```

O gráfico resultante, dado pela Figura 7-5, mostra as atribuições dos clusters e as médias deles. Note que *K*-médias atribuirá registros aos clusters, mesmo que esses clusters não estejam bem separados (o que pode ser útil se você precisa dividir os registros de forma ideal em grupos).

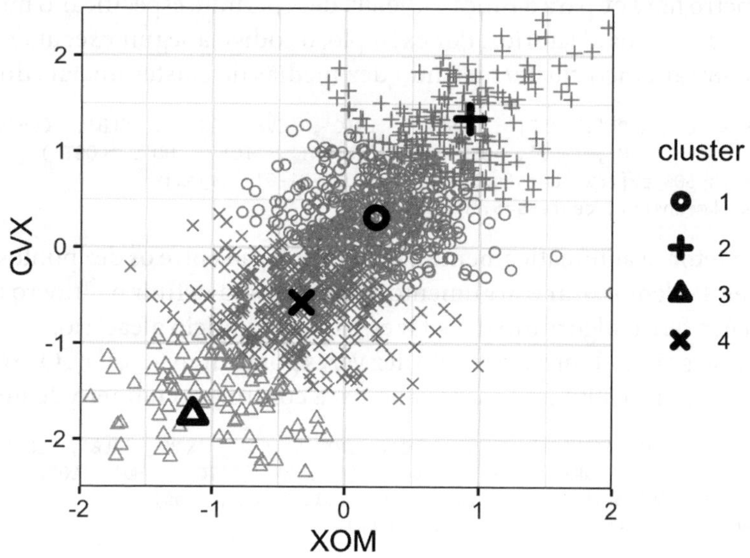

Figura 7-5. Os clusters de K-médias aplicados nos retornos de ação diários de ExxonMobil e Chevron (os centros dos clusters estão destacados com os símbolos)

Algoritmo de K-médias

Em geral, *K*-médias pode ser aplicado em um conjunto de dados com *p* variáveis $X_1, ..., X_p$. Embora a solução exata para *K*-médias seja computacionalmente muito difícil, os algoritmos heurísticos têm um jeito eficiente de calcular uma solução localmente ideal.

O algoritmo começa com um *K* especificado pelo usuário e um conjunto inicial de médias do cluster, então itera os seguintes passos:

1. Atribua cada registro à média do cluster mais próxima como medida pela distância quadrada.
2. Calcule a nova média do cluster com base na atribuição dos registros.

O algoritmo converge quando a atribuição de registros aos clusters não muda. Para a primeira iteração, é necessário especificar um conjunto inicial de médias do cluster. Geralmente, isso é feito pela atribuição aleatória de cada registro a um dos *K* clusters, então, encontrando a média de tais clusters.

Como não é certo encontrar a melhor solução possível com esse algoritmo, recomenda-se executá-lo diversas vezes usando diferentes amostras aleatórias para inicializá-lo. Quando se usa mais de um conjunto de iterações, o resultado de *K*-médias é dado pela iteração com a menor soma dos quadrados dentro do cluster.

O parâmetro `nstart` para a função `kmeans` de *R* permite especificar o número de tentativas de inícios aleatórios. Por exemplo, o código a seguir executa *K*-médias para encontrar cinco clusters usando dez médias de cluster iniciais diferentes:

```
syms <- c( 'AAPL', 'MSFT', 'CSCO', 'INTC', 'CVX', 'XOM', 'SLB', 'COP',
           'JPM', 'WFC', 'USB', 'AXP', 'WMT', 'TGT', 'HD', 'COST')
df <- sp500_px[row.names(sp500_px)>='2011-01-01', syms]
km <- kmeans(df, centers=5, nstart=10)
```

A função retorna automaticamente a melhor solução entre os dez pontos iniciais diferentes. Podemos usar o argumento `iter.max` para definir o número máximo de iterações que o algoritmo deve fazer para cada início aleatório.

O algoritmo `scikit-learn` é repetido dez vezes por padrão (`n_init`). O argumento `max_iter` (padrão 300) pode ser usado para controlar o número de iterações:

```
syms = sorted(['AAPL', 'MSFT', 'CSCO', 'INTC', 'CVX', 'XOM', 'SLB', 'COP',
               'JPM', 'WFC', 'USB', 'AXP', 'WMT', 'TGT', 'HD', 'COST'])
top_sp = sp500_px.loc[sp500_px.index >= '2011-01-01', syms]
kmeans = KMeans(n_clusters=5).fit(top_sp)
```

Interpretando os Clusters

Uma parte importante da análise de clusters pode envolver a interpretação deles. Os dois resultados mais importantes de `kmeans` são os tamanhos dos clusters e as médias deles. Para o exemplo na subseção anterior, os tamanhos dos clusters resultantes são dados por este comando em *R*:

```
km$size
[1] 106 186 285 288 266
```

Em *Python*, podemos usar a classe `collections.Counter` da biblioteca padrão para obter essas informações. Devido às diferenças na implementação e na aleatoriedade inerente do algoritmo, os resultados irão variar:

```
from collections import Counter
Counter(kmeans.labels_)

Counter({4: 302, 2: 272, 0: 288, 3: 158, 1: 111})
```

Os tamanhos do cluster são relativamente equilibrados. Os clusters desequilibrados podem resultar de valores atípicos distantes ou de grupos de registros muito distintos do resto dos dados — ambos podem necessitar de maior inspeção. Podemos representar os centros dos clusters usando a função `gather` junto com `ggplot`:

```
centers <- as.data.frame(t(centers))
names(centers) <- paste("Cluster", 1:5)
centers$Symbol <- row.names(centers)
centers <- gather(centers, 'Cluster', 'Mean', -Symbol)
centers$Color = centers$Mean > 0
ggplot(centers, aes(x=Symbol, y=Mean, fill=Color)) +
  geom_bar(stat='identity', position='identity', width=.75) +
  facet_grid(Cluster ~ ., scales='free_y')
```

O código para criar essa visualização em *Python* é parecido com o que usamos para a ACP:

```
centers = pd.DataFrame(kmeans.cluster_centers_, columns=syms)

f, axes = plt.subplots(5, 1, figsize=(5, 5), sharex=True)
for i, ax in enumerate(axes):
        center = centers.loc[i, :]
        maxPC = 1.01 * np.max(np.max(np.abs(center)))
        colors = ['C0' if l > 0 else 'C1' for l in center]
        ax.axhline(color='#888888')
        center.plot.bar(ax=ax, color=colors)
        ax.set_ylabel(f'Cluster {i + 1}')
        ax.set_ylim(-maxPC, maxPC)
```

O gráfico resultante está na Figura 7-6 e revela a natureza de cada cluster. Por exemplo, os clusters 4 e 5 correspondem aos dias em que o mercado está em baixa e alta, respectivamente. Os clusters 2 e 3 são caracterizados por dias de mercado em alta para as ações de consumidores e mercado em baixa para as ações de energia, respectivamente. Por fim, o cluster 1 captura os dias em que as ações de energia estavam em alta e as ações do consumidor estavam em baixa.

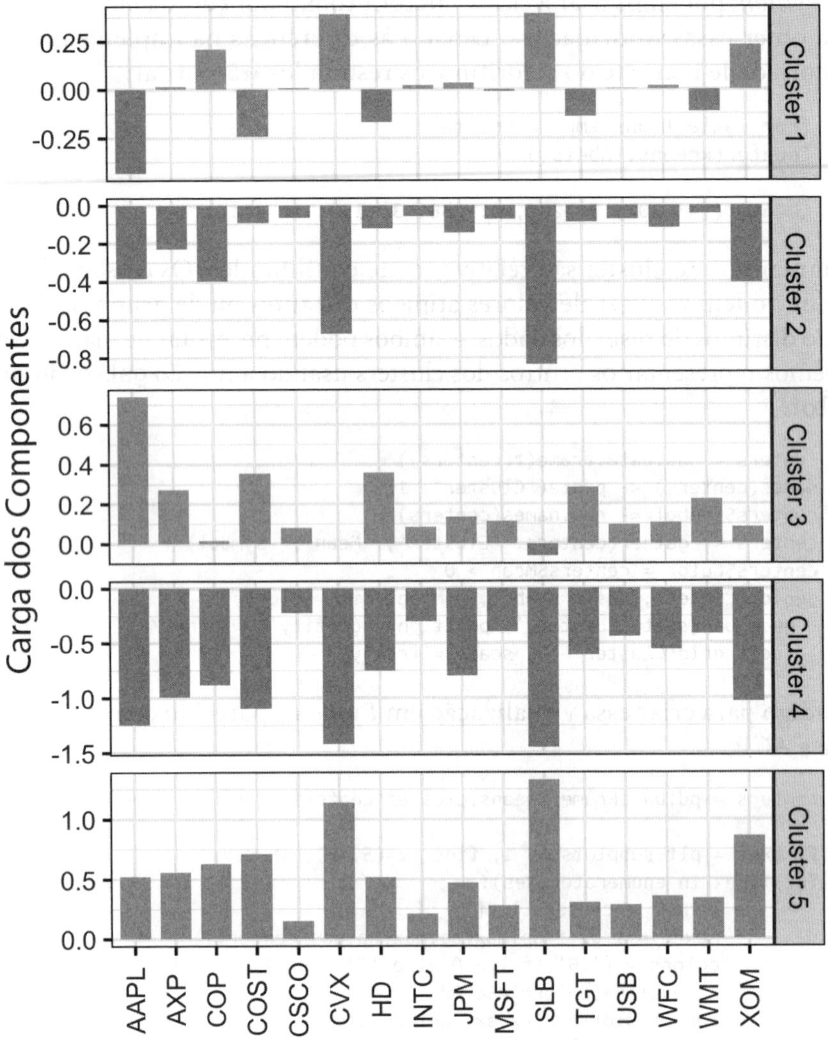

Figura 7-6. As médias das variáveis em cada cluster ("médias do cluster")

Análise de Cluster versus ACP

O gráfico das médias do cluster é basicamente semelhante a observar as cargas na análise de componentes principais (ACP). Veja "Interpretando os Componentes Principais", antes neste capítulo. Uma grande diferença é que, ao contrário da ACP, o sinal das médias do cluster é significante. A ACP identifica as principais direções da variação, enquanto a análise de cluster encontra os grupos de registros localizados próximos uns dos outros.

Escolhendo o Número de Clusters

O algoritmo de *K*-médias exige a especificação do número de clusters *K*. Às vezes, esse número é direcionado pela aplicação. Por exemplo, uma empresa gerenciando uma equipe de vendas pode querer agrupar os clientes em "personas" para focar e direcionar as ligações de venda. Nesse caso, as considerações gerenciais ditariam o número desejado de seguimentos de clientes — por exemplo, dois poderiam não resultar em uma diferenciação de clientes útil, já oito poderiam ser muito para gerenciar.

Na ausência de um número de clusters orientado por considerações práticas ou gerenciais, poderia ser usada uma abordagem estatística, pois não há um único método padrão para encontrar o "melhor" número de clusters.

Uma abordagem comum, chamada de *método cotovelo*, é identificar quando o conjunto de clusters explica a "maioria" da variância nos dados. Adicionar novos clusters além desse conjunto gera uma contribuição incremental relativamente pequena na variância explicada. O cotovelo é o ponto em que a variância explicada cumulativa se estabiliza depois de uma subida brusca, daí o nome do método.

A Figura 7-7 mostra o percentual cumulativo de variância explicada para os dados de ações para o número de clusters variando de 2 a 14. Onde está o cotovelo no exemplo? Não há um candidato óbvio, já que o aumento incremental na variância explicada cai gradualmente. Isso é bem comum em dados que não têm clusters bem definidos. Talvez seja uma desvantagem do método cotovelo, mas ele revela a natureza dos dados.

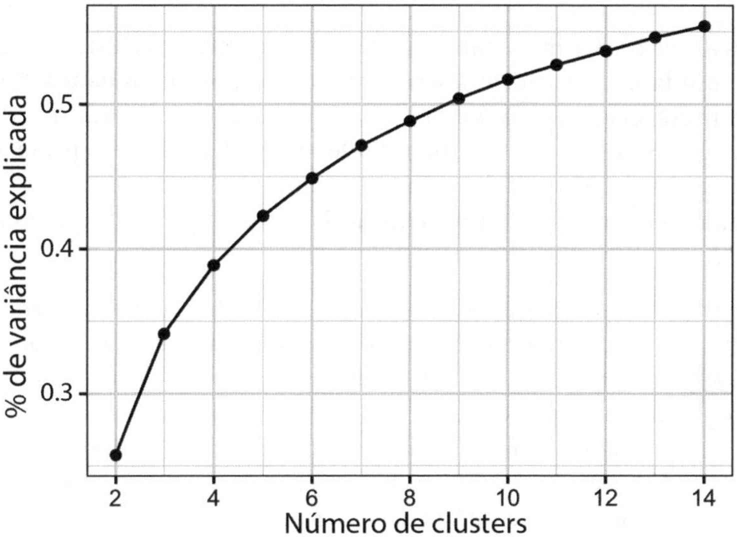

Figura 7-7. O método cotovelo aplicado nos dados de ações

Em *R*, a função `kmeans` não oferece um comando para a aplicação do método cotovelo, mas ele pode ser prontamente aplicado a partir dos resultados de `kmeans`, como mostrado aqui:

```
pct_var <- data.frame(pct_var = 0,
                      num_clusters=2:14)
totalss <- kmeans(df, centers=14, nstart=50, iter.max = 100
for (i in 2:14) {
  kmCluster <- kmeans(df, centers=i, nstart=50, iter.max=100)
  pct_var[i-1, 'pct_var'] <- kmCluster$betweenss / totalss
}
```

Para o resultado `Kmeans`, obtemos essa informação na propriedade `inertia_`. Após a conversão em um data frame do `pandas`, podemos usar seu método `plot` para criar o gráfico:

```
inertia = []
for n_clusters in range(2, 15):
        kmeans = KMeans(n_clusters=n_clusters, random_state=0).fit(top_sp)
        inertia.append(kmeans.inertia_ / n_clusters)

inertias = pd.DataFrame({'n_clusters': range(2, 15), 'inertia': inertia})
ax = inertias.plot(x='n_clusters', y='inertia')
plt.xlabel('Number of clusters(k)')
plt.ylabel('Average Within-Cluster Squared Distances')
plt.ylim((0, 1.1 * inertias.inertia.max()))
ax.legend().set_visible(False)
```

Talvez esse seja o teste mais importante ao avaliar quantos clusters manter: qual é a probabilidade de os clusters serem replicados nos novos dados? Os clusters são interpretáveis e se relacionam a uma característica geral dos dados, ou apenas refletem um caso específico? Podemos avaliar isso, em parte, usando a validação cruzada. Veja "Validação Cruzada", no Capítulo 4.
Em geral, não há uma regra única que guiará com segurança quantos clusters produzir.

> Existem diversos jeitos mais formais de determinar o número de clusters com base na teoria estatística ou de informação. Por exemplo, Robert Tibshirani, Guenther Walther e Trevor Hastie propuseram uma estatística "gap" baseada na teoria estatística para identificar o cotovelo. Para a maioria das aplicações, uma abordagem teórica provavelmente não será necessária ou até mesmo adequada.

Ideias-chave

- O número de clusters desejados, *K*, é escolhido pelo usuário.
- O algoritmo desenvolve clusters por meio da atribuição iterativa dos registros à média do cluster mais próxima até que as atribuições de cluster não mudem.
- As considerações práticas geralmente dominam a escolha de *K*. Não há um número ideal de cluster estatisticamente determinado.

Clusterização Hierárquica

A *clusterização hierárquica* é uma alternativa a *K*-médias que pode gerar clusters muito diferentes. Essa clusterização permite ao usuário visualizar o efeito de especificar diferentes números de clusters. É mais sensível ao descobrir grupos ou registros anormais ou atípicos. A clusterização hierárquica também se presta à exibição gráfica intuitiva, levando a uma interpretação mais fácil dos clusters.

Termos-chave para Clusterização Hierárquica

Dendrograma
Uma representação visual dos registros e da hierarquia dos clusters aos quais pertencem.

Distância
Uma medida da proximidade entre um *registro* e outro.

Dissimilaridade
Uma medida da proximidade entre um *cluster* e outro.

A flexibilidade da clusterização hierárquica tem um custo e ela não escala bem para os grandes conjuntos de dados com milhões de registros. Mesmo para os dados de tamanho modesto, com apenas dezenas de milhares de registros, essa clusterização pode exigir muitos recursos de computação. Na verdade, a maioria das aplicações da clusterização hierárquica é focada em conjuntos de dados relativamente pequenos.

Um Exemplo Simples

A clusterização hierárquica funciona em um conjunto de dados com *n* registros e *p* variáveis, e se baseia em dois blocos de construção básicos:

- Uma métrica da distância $d_{i,j}$ para medir a distância entre dois registros *i* e *j*.
- Uma métrica da dissimilaridade $D_{A,B}$ para medir a diferença entre dois clusters *A e B* com base nas distâncias $d_{i,j}$ entre os membros de cada cluster.

Para as aplicações envolvendo dados numéricos, a escolha mais importante é a métrica de dissimilaridade. A clusterização hierárquica começa definindo cada registro com seu próprio cluster e itera a fim de combinar os clusters menos dissimilares.

Em *R*, a função `hclust` pode ser usada para realizar a clusterização hierárquica. Uma grande diferença entre `hclust` versus `kmeans` é que ela opera nas distâncias em pares $d_{i,j}$, em vez dos próprios dados. Podemos calcular isso usando a função `dist`. Por exemplo, o código a seguir aplica a clusterização hierárquica nos retornos de ações para um conjunto de empresas:

```
syms1 <- c('GOOGL', 'AMZN', 'AAPL', 'MSFT', 'CSCO', 'INTC', 'CVX', 'XOM', 'SLB',
           'COP', 'JPM', 'WFC', 'USB', 'AXP', 'WMT', 'TGT', 'HD', 'COST')
# fazer transposição: para agrupar as empresas, precisamos das ações nas linhas
df <- t(sp500_px[row.names(sp500_px) >= '2011-01-01', syms1])
d <- dist(df)
hcl <- hclust(d)
```

Os algoritmos de clusterização agruparão os registros (linhas) de um data frame. Como queremos agrupar as empresas, precisamos *transpor* (`t`) o data frame e colocar as ações nas linhas e as datas nas colunas.

O pacote `scipy` tem uma série de métodos diferentes para a clusterização hierárquica no módulo `scipy.cluster.hierarchy`. Aqui usamos a função `linkage` com o método "completo":

```
syms1 = ['AAPL', 'AMZN', 'AXP', 'COP', 'COST', 'CSCO', 'CVX', 'GOOGL', 'HD',
         'INTC', 'JPM', 'MSFT', 'SLB', 'TGT', 'USB', 'WFC', 'WMT', 'XOM']
df = sp500_px.loc[sp500_px.index >= '2011-01-01', syms1].transpose()

Z = linkage(df, method='complete')
```

Dendrograma

A clusterização hierárquica se presta a uma exibição gráfica natural, chamada de *dendrograma*. O nome vem das palavras gregas *dendro* (árvore) e *gramma* (desenho). Em *R*, podemos produzir isso facilmente usando o comando `plot`:

```
plot(hcl)
```

Podemos usar o método `dendogram` para representar o resultado da função `linkage` no *Python*:

```
fig, ax = plt.subplots(figsize=(5, 5))
dendrogram(Z, labels=list(df.index), color_threshold=0)
plt.xticks(rotation=90)
ax.set_ylabel('distance')
```

O resultado está na Figura 7-8 (note que agora representamos as empresas parecidas, não os dias). As folhas da árvore correspondem aos registros. O comprimento dos galhos da árvore indica o grau de dissimilaridade entre os clusters correspondentes. Os retornos do Google e da Amazon não são nada similares entre si e aos retornos das outras ações. As ações de petróleo (SLB, CVX, XOM, COP) têm seus próprios clusters, a Apple (AAPL) fica sozinha e o restante é semelhante entre si.

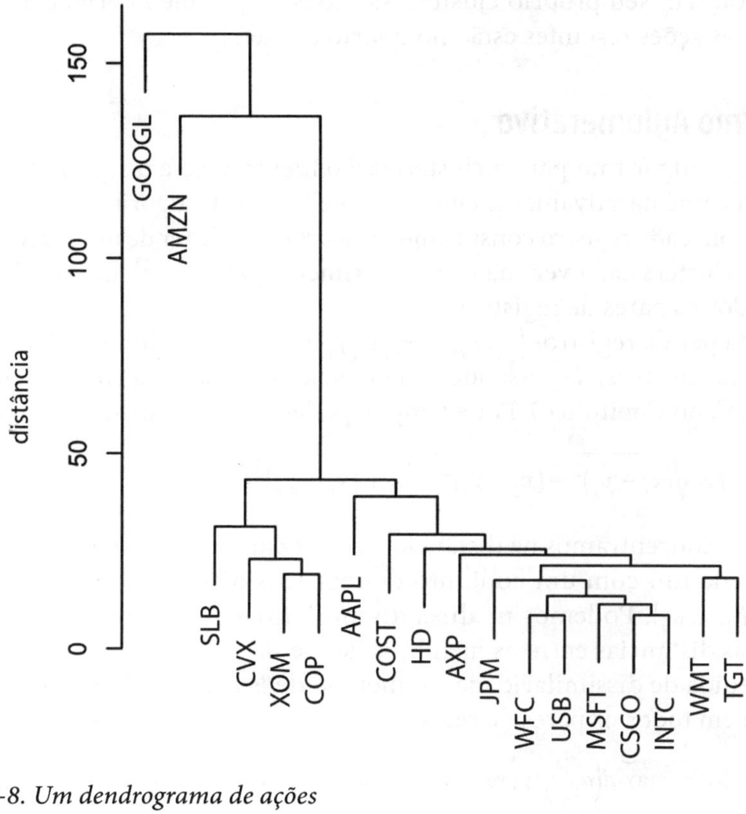

Figura 7-8. Um dendrograma de ações

Ao contrário de *K*-médias, não é necessário especificar previamente o número de clusters. Graficamente, você pode identificar os diferentes números de clusters com uma linha horizontal que sobe ou desce; um cluster é definido onde a linha horizontal cruza a vertical. Para extrair o número específico de clusters, podemos usar a função `cutree`:

```
cutree(hcl, k=4)
GOOGL  AMZN  AAPL  MSFT  CSCO  INTC   CVX   XOM   SLB   COP   JPM   WFC
    1     2     3     3     3     3     4     4     4     4     3     3
  USB   AXP   WMT   TGT    HD  COST
    3     3     3     3     3     3
```

Em *Python*, conseguimos o mesmo com o método `fcluster`:

```
memb = fcluster(Z, 4, criterion='maxclust')
memb = pd.Series(memb, index=df.index)
for key, item in memb.groupby(memb):
        print(f"{key} : {', '.join(item.index)}")
```

O número de clusters a extrair está definido para 4 e é possível ver que Google e Amazon têm seu próprio cluster. As ações de petróleo pertencem a outro cluster e as ações restantes estão no quarto cluster.

Algoritmo Aglomerativo

O principal algoritmo para a clusterização hierárquica é o algoritmo *aglomerativo*, que une iterativamente clusters semelhantes. O algoritmo aglomerativo começa com cada registro constituindo seu próprio cluster de um registro, então constrói clusters cada vez maiores. O primeiro passo é calcular as distâncias entre todos os pares de registros.

Para cada par de registros $\left(x_1, x_2, ..., x_p\right)$ e $\left(y_1, y_2, ..., y_p\right)$, medimos a distância entre os dois registros, $d_{x,y}$, usando uma métrica de distância (veja "Métricas de Distância", no Capítulo 6). Por exemplo, podemos usar a distância euclidiana:

$$d(x, y) = \sqrt{(x_1 - y_1)^2 + (x_2 - y_2)^2 + \ldots + \left(x_p - y_p\right)^2}$$

Agora nos concentramos na distância entre os clusters. Considere dois clusters A e B, cada um com um conjunto de registros distinto, $A = \left(a_1, a_2, ..., a_m\right)$ e $B = \left(b_1, b_2, ..., b_q\right)$. Podemos medir a dissimilaridade entre os grupos $D(A, B)$ usando as distâncias entre os membros de A e B.

Uma medida de dissimilaridade é o método de *ligação total*, que é a distância máxima em todos os pares de registros entre A e B:

$$D(A, B) = \max d\left(a_i, b_j\right) \text{para todos os pares } i, j$$

Isso define a dissimilaridade como a maior diferença entre todos os pares.

Os passos principais do algoritmo aglomerativo são:

1. Crie um conjunto inicial de clusters em que cada cluster é composto de um único registro para todos os registros nos dados.
2. Calcule a dissimilaridade $D(C_k, C_\ell))$ entre todos os pares de clusters k, ℓ.

3. Una os dois clusters C_k e C_ℓ, que são menos dissimilares conforme medido por $D(C_k, C_\ell)$).
4. Se houver mais de um cluster restante, retorne ao passo 2. Se não, terminamos.

Medidas de Dissimilaridade

Existem quatro medidas de dissimilaridade comuns: *ligação total, ligação única, ligação média* e *variância mínima*. Essas (mais outras medidas) são todas suportadas pela maioria dos softwares de cluster hierárquico, inclusive `hclust` e `linkage`. O método de ligação total definido anteriormente tende a produzir clusters com membros que são semelhantes. O método de ligação única é a distância mínima entre os registros em dois clusters:

$$D(A, B) = \min d\left(a_i, b_j\right) \text{ para todos os pares } i, j$$

Esse método é "ganancioso" e produz clusters que podem conter elementos bem diferentes. O método de ligação média é a média de todos os pares de distâncias e representa um meio-termo entre os métodos de ligação única e total. Por fim, o método de variância mínima, também chamado de método de *Ward*, é semelhante a *K*-médias, pois minimiza a soma dos quadrados dentro do cluster (veja "Clusterização por *K*-médias", antes neste capítulo).

A Figura 7-9 aplica a clusterização hierárquica usando as quatro medidas nos retornos das ações ExxonMobil e Chevron. Para cada medida são retidos quatro clusters.

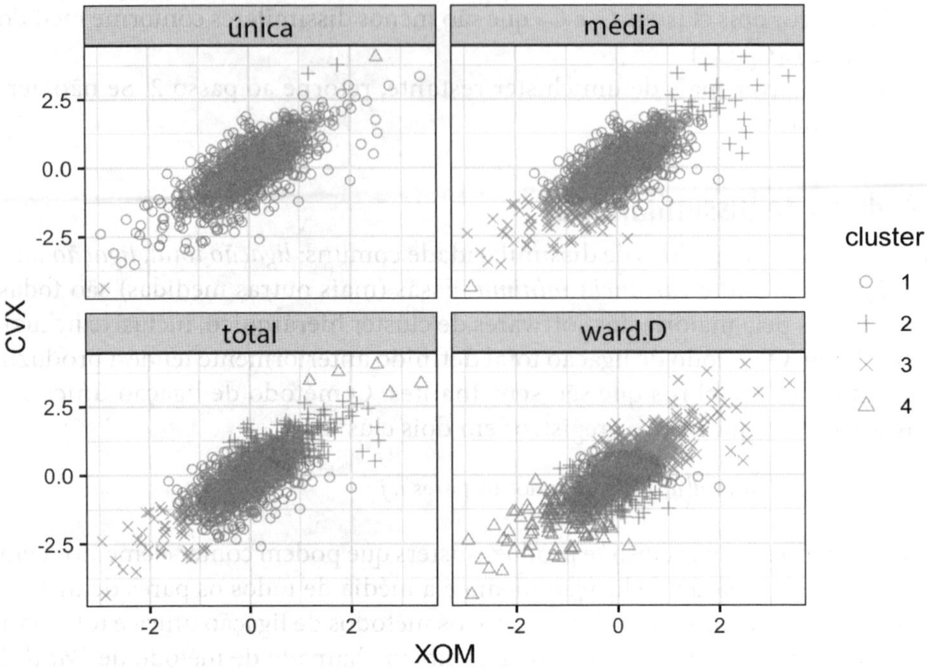

Figura 7-9. Uma comparação das medidas de dissimilaridade aplicada aos dados de ações

Os resultados são muito diferentes: a medida de ligação única atribui quase todos os pontos a um único cluster. Com exceção do método de variância mínima (*R*: `Ward.D`; *Python*: `ward`), todas as medidas acabam com ao menos um cluster e apenas alguns pontos distantes. O método de variância mínima é mais semelhante ao cluster por *K*-médias. Compare com a Figura 7-5.

Ideias-chave

- A clusterização hierárquica começa com todos os registros em seu próprio cluster.
- Progressivamente, os clusters são unidos aos clusters próximos até que todos os registros pertençam a um único cluster (o algoritmo aglomerativo)..
- O histórico de aglomeração é retido e representado, e o usuário (sem especificar o número de clusters com antecedência) pode visualizar o número e a estrutura dos clusters em diferentes estágios.
- As distâncias entre os clusters são calculadas de modos diferentes, baseadas no conjunto de todas as distâncias entre os registros.

Clusterização Baseada em Modelos

Os métodos de clusterização, como a clusterização hierárquica e *K*-médias, são baseados em heurística e dependem basicamente de encontrar clusters cujos membros estão próximos uns dos outros, conforme medidos diretamente com os dados (sem modelos de probabilidade envolvidos). Nos últimos 20 anos, esforços significativos foram dedicados ao desenvolvimento de métodos de *clusterização baseada em modelos*. Adrian Raftery e outros pesquisadores na Universidade de Washington fizeram contribuições críticas à clusterização baseada em modelos, incluindo teoria e software. As técnicas são fundamentadas em teorias estatísticas e oferecem jeitos mais rigorosos de determinar a natureza e o número de clusters. Elas poderiam ser usadas, por exemplo, em casos nos quais pode haver um grupo de registros semelhantes entre si, mas não necessariamente próximos uns dos outros (por exemplo, ações de tecnologia com alta variância de retornos), e outros grupos de registros semelhantes e também próximos (por exemplo, títulos públicos com baixa variância).

Distribuição Normal Multivariada

Os métodos de clusterização baseada em modelos mais usados se apoiam na distribuição *normal multivariada*. Essa distribuição é uma generalização da distribuição normal para definir um conjunto de p variáveis $X_1, X_2, \ldots, X_p$. A distribuição é definida por um conjunto de médias $\mu = \mu_1, \mu_2, \ldots, \mu_p$ e uma matriz de covariância Σ. A matriz de covariância é uma medida de como as variáveis se correlacionam entre si (veja mais detalhes sobre covariância em "Matriz de Covariância", no Capítulo 5). A matriz de covariância Σ é composta por p variâncias $\sigma_1^2, \sigma_2^2, \ldots, \sigma_p^2$ e covariâncias $\sigma_{i,j}$ para todos os pares de variáveis $i \neq j$. Com as variáveis colocadas nas linhas e as duplicadas nas colunas, a matriz fica assim:

$$\Sigma = \begin{bmatrix} \sigma_1^2 & \sigma_{1,2} & \cdots & \sigma_{1,p} \\ \sigma_{2,1} & \sigma_2^2 & \cdots & \sigma_{2,p} \\ \vdots & \vdots & \ddots & \vdots \\ \sigma_{p,1} & \sigma_{p,2}^2 & \cdots & \sigma_p^2 \end{bmatrix}$$

Note que a matriz de covariância é simétrica em torno da diagonal da esquerda superior à direita inferior. Como $\sigma_{i,j} = \sigma_{j,i}$, existem apenas $(p \times (p - 1))/2$ termos de covariância. Ao todo, a matriz de covariância tem $(p \times (p - 1))/2 + p$ parâmetros. A distribuição é indicada por:

$$\left(X_1, X_2, \ldots, X_p\right) \sim N_p(\mu, \Sigma)$$

É um jeito simbólico de dizer que as variáveis são todas normalmente distribuídas e a distribuição geral é completamente descrita pelo vetor das médias variáveis e pela matriz de covariância.

A Figura 7-10 mostra os contornos de probabilidade para uma distribuição normal multivariada para duas variáveis *X* e *Y* (o contorno de probabilidade 0.5, por exemplo, contém 50% da distribuição).

As médias são $\mu_x = 0.5$ e $\mu_y = -0.5$, e a matriz de covariância é:

$$\Sigma = \begin{bmatrix} 1 & 1 \\ 1 & 2 \end{bmatrix}$$

Como a covariância σ_{xy} é positiva, *X* e *Y* estão positivamente correlacionadas.

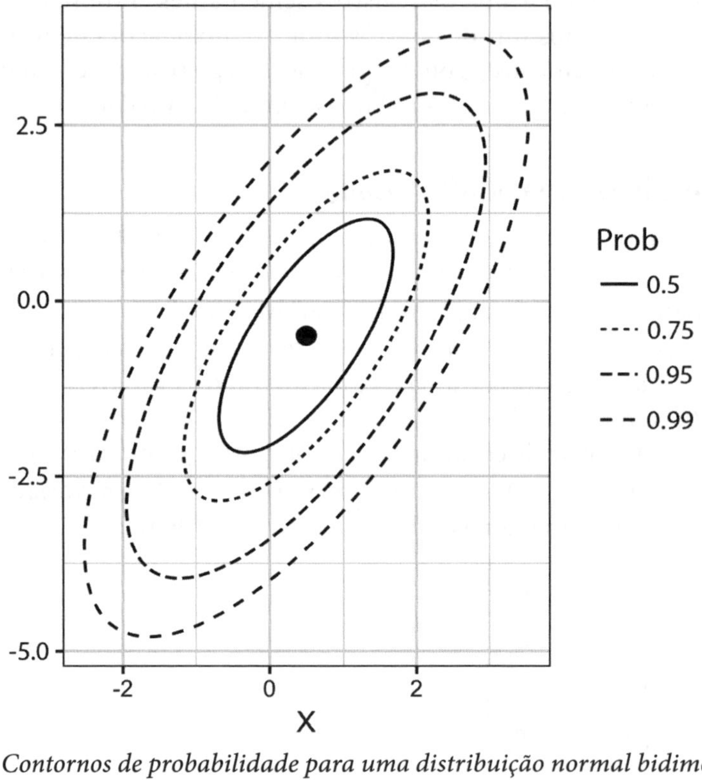

Figura 7-10. Contornos de probabilidade para uma distribuição normal bidimensional

Misturas de Normais

A ideia principal por trás da clusterização baseada em modelos é que cada registro é tido como sendo distribuído como uma das *K* distribuições multivariadas normais, em que *K* é o número de clusters. Cada distribuição tem uma média

μ e uma matriz de covariância Σ diferentes. Por exemplo, se temos duas variáveis, X e Y, então cada linha (X_i, Y_i) é modelada como tendo sido amostrada a partir de uma das K distribuições multivariadas normais $N(\mu_1, \Sigma_1)$, $N(\mu_2, \Sigma_2)$, ..., $N(\mu_K, \Sigma_K)$.

R tem um pacote muito avançado para a clusterização baseada em modelos chamado `mclust`, originalmente desenvolvido por Chris Fraley e Adrian Raftery. Com esse pacote, podemos aplicar essa clusterização nos dados de retorno de ações que analisamos anteriormente usando *K*-médias e a clusterização hierárquica:

```
> library(mclust)
> df <- sp500_px[row.names(sp500_px)>='2011-01-01', c('XOM', 'CVX')]
> mcl <- Mclust(df)
> summary(mcl)
Mclust VEE (ellipsoidal, equal shape and orientation) model with 2 components:

 log.likelihood    n df       BIC       ICL
      -2255.134 1131  9 -4573.546 -5076.856

Clustering table:
  1   2
963 168
```

`scikit-learn` tem a classe `sklearn.mixture.GaussianMixture` para a clusterização baseada em modelos:

```
df = sp500_px.loc[sp500_px.index >= '2011-01-01', ['XOM', 'CVX']]
mclust = GaussianMixture(n_components=2).fit(df)
mclust.bic(df)
```

Se executarmos esse código, perceberemos que a computação demora bem mais do que nos outros procedimentos. Extraindo as atribuições de cluster com a função `predict`, podemos visualizar os clusters:

```
cluster <- factor(predict(mcl)$classification)
ggplot(data=df, aes(x=XOM, y=CVX, color=cluster, shape=cluster)) +
  geom_point(alpha=.8)
```

Veja o código em *Python* para criar uma figura parecida:

```
fig, ax = plt.subplots(figsize=(4, 4))
colors = [f'C{c}' for c in mclust.predict(df)]
df.plot.scatter(x='XOM', y='CVX', c=colors, alpha=0.5, ax=ax)
ax.set_xlim(-3, 3)
ax.set_ylim(-3, 3)
```

O gráfico resultante aparece na Figura 7-11. Existem dois clusters: um no meio dos dados e um segundo cluster na borda externa dos dados. Isso é muito diferente dos clusters obtidos usando *K*-médias (Figura 7-5) e a clusterização hierárquica (Figura 7-9), que encontram clusters que são compactos.

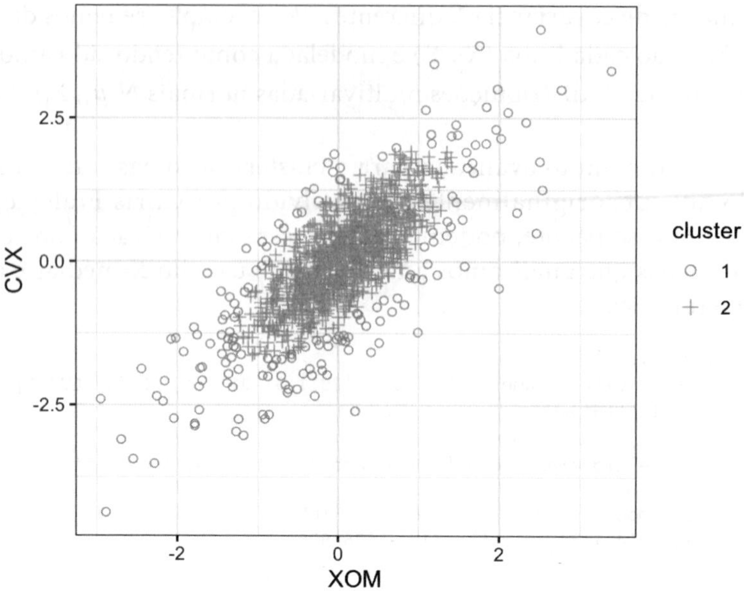

Figura 7-11. Dois clusters são obtidos para os dados de retorno de ações usando `mclust`

Podemos extrair os parâmetros para as distribuições normais usando a função `summary`:

```
> summary(mcl, parameters=TRUE)$mean
          [,1]        [,2]
XOM 0.05783847 -0.04374944
CVX 0.07363239 -0.21175715
> summary(mcl, parameters=TRUE)$variance
, , 1
          XOM       CVX
XOM 0.3002049 0.3060989
CVX 0.3060989 0.5496727
, , 2

         XOM      CVX
XOM 1.046318 1.066860
CVX 1.066860 1.915799
```

Em *Python*, você obtém essas informações nas propriedades `means_` e `covariances_` do resultado:

```
print('Mean')
print(mclust.means_)
print('Covariances')
print(mclust.covariances_)
```

As distribuições têm médias e correlações semelhantes, mas a segunda distribuição tem variâncias e covariâncias muito maiores. Devido à aleatoriedade do algoritmo, os resultados podem variar um pouco entre as diferentes execuções. Os clusters de `mclust` podem ser surpreendentes, mas ilustram a natureza estatística do método. O objetivo da clusterização baseada em modelos é encontrar o conjunto de distribuições multivariadas normais com o melhor ajuste. Os dados de ações parecem ter um formato de aparência normal; veja os contornos da Figura 7-10. Na verdade, os retornos de ações têm uma distribuição de cauda mais longa que uma distribuição normal. Para tratar isso, `mclust` ajusta uma distribuição a grande parte dos dados, depois ajusta uma segunda distribuição com uma variância maior.

Selecionando o Número de Clusters

Diferente de *K*-médias e da clusterização hierárquica, `mclust` seleciona automaticamente o número de clusters em *R* (nesse caso, dois). Isso é feito escolhendo o número de clusters para os quais o *critério bayesiano de informação* (*BIC*) tem o maior valor (BIC é similar a AIC; veja "Seleção do Modelo e Regressão Passo a Passo", no Capítulo 4). BIC atua selecionando o modelo de melhor ajuste com uma penalidade para o número de parâmetros no modelo. No caso da clusterização baseada em modelos, adicionar mais clusters sempre melhorará o ajuste ao custo de introduzir mais parâmetros no modelo.

> Note que na maioria dos casos, BIC é geralmente minimizado. Os autores do pacote de `mclust` decidiram definir BIC como tendo o sinal oposto para facilitar a interpretação dos gráficos.

`mclust` ajusta quatorze modelos diferentes com um número crescente de componentes e escolhe o modelo ideal automaticamente. Podemos representar os valores BIC desses modelos usando uma função em `hclust`:

```
plot(mcl, what='BIC', ask=FALSE)
```

O número de clusters — ou o número de modelos multivariados normais diferentes (componentes) — aparece no eixo x (veja a Figura 7-12).

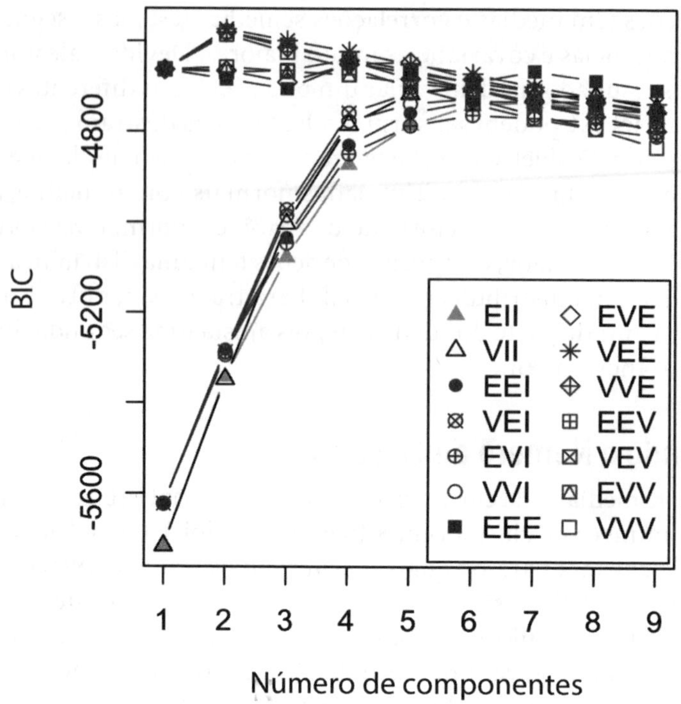

Figura 7-12. Valores BIC para quatorze modelos de dados de retorno de ações com números crescentes de componentes

Já a implementação `GaussianMixture` não testará várias combinações. Como mostrado aqui, é fácil executar várias combinações usando o *Python*. Essa implementação define BIC como sempre. Portanto, o valor BIC será positivo e precisamos minimizá-lo.

```
results = []
covariance_types = ['full', 'tied', 'diag', 'spherical']
for n_components in range(1, 9):
  for covariance_type in covariance_types:
        mclust = GaussianMixture(n_components=n_components, warm_start=True,
                                 covariance_type=covariance_type) ❶
        mclust.fit(df)
        results.append({
          'bic': mclust.bic(df),
          'n_components': n_components,
          'covariance_type': covariance_type,
        })

results = pd.DataFrame(results)

colors = ['C0', 'C1', 'C2', 'C3']
styles = ['C0-','C1:','C0-.', 'C1--']
```

```
fig, ax = plt.subplots(figsize=(4, 4))
for i, covariance_type in enumerate(covariance_types):
  subset = results.loc[results.covariance_type == covariance_type, :]
  subset.plot(x='n_components', y='bic', ax=ax, label=covariance_type,
              kind='line', style=styles[i])
```

❶ Com o argumento `warm_start`, o cálculo reutilizará as informações do ajuste anterior. Isso acelerará a convergência dos cálculos subsequentes.

Esse gráfico é semelhante ao gráfico cotovelo usado para identificar o número de clusters a escolher para *K*-médias, exceto pelo valor representado ser BIC, em vez do percentual da variância explicada (veja a Figura 7-7). Uma grande diferença é que, em vez de uma linha, `mclust` mostra quatorze linhas diferentes! É porque `mclust` está, na verdade, ajustando quatorze modelos diferentes para cada tamanho de cluster, para afinal escolher o modelo de melhor ajuste. `GaussianMixture` implementa menos abordagens, de modo que o número de linhas será apenas quatro.

Por que `mclust` ajusta tantos modelos para determinar o melhor conjunto de multivariadas normais? É que existem jeitos diferentes de parametrizar a matriz de covariância Σ para ajustar um modelo. Na maior parte, não é necessário se preocupar com os detalhes dos modelos e é possível simplesmente usar o modelo escolhido por `mclust`. No exemplo, de acordo com BIC, três modelos diferentes (chamados VEE, VEV e VVE) têm o melhor ajuste usando dois componentes.

> A clusterização baseada em modelos é uma área de estudo avançada e em rápido desenvolvimento, e este texto cobre apenas uma pequena parte desse campo. Fato é que o arquivo de ajuda do `mclust` tem atualmente 154 páginas. Desvendar as nuanças da clusterização baseada em modelos requer um esforço provavelmente maior que o necessário para a resolução da maioria dos problemas encontrados pelos cientistas de dados.

As técnicas de clusterização baseada em modelos têm algumas limitações. Os métodos exigem uma suposição subjetiva de um modelo para os dados e os resultados do cluster dependem muito de tal suposição. As exigências computacionais são maiores que as da clusterização hierárquica, dificultando escalar para grandes dados. Finalmente, o algoritmo é mais sofisticado e menos acessível do que o de outros métodos.

> **Ideias-chave**
>
> - Os clusters são tidos como sendo derivados de diferentes processos geradores de dados com diferentes distribuições de probabilidade.
> - São ajustados diferentes modelos, presumindo diferentes números de distribuições (geralmente, normais).
> - O método escolhe o modelo (e o número associado de clusters) que ajusta bem os dados usando parâmetros em excesso (ou seja, sobreajustando).

Leitura Adicional

Para mais detalhes sobre a clusterização baseada em modelos, veja a documentação de `mclust` e `GaussianMixture`.

Escalonamento e Variáveis Categóricas

As técnicas de aprendizado não supervisionado costumam exigir que os dados sejam adequadamente escalados. Isso é diferente de muitas das técnicas para regressão e classificação nas quais o escalonamento não é importante (uma exceção são os *K*-vizinhos Mais Próximos. Veja "*K*-vizinhos Mais Próximos", no Capítulo 6).

> **Termos-chave para Escalonamento de Dados**
>
> ***Escalonamento***
>
> Comprimir ou expandir dados, geralmente para colocar múltiplas variáveis na mesma escala.
>
> ***Normalização***
>
> Um método de escalonamento — subtraindo a média e dividindo pelo desvio-padrão.
>
> *Sinônimo*
>
> padronização
>
> ***Distância de Gower***
>
> Um algoritmo de escalonamento aplicado a dados numéricos e categóricos combinados para colocar todas as variáveis em uma amplitude de 0–1.

Por exemplo, com os dados de empréstimo pessoal, as variáveis têm unidades e magnitudes muito diferentes. Algumas variáveis têm valores relativamente pequenos (por exemplo, anos no emprego), enquanto outras têm valores muito grandes (ex.: quantia de empréstimo em dólares/reais). Se os dados não forem escalonados, então ACP, *K*-médias e outros métodos de clusterização serão dominados por variáveis com valores altos e irão ignorar as variáveis com valores baixos.

Os dados categóricos podem ser um problema especial para alguns procedimentos de clusterização. Como nos *K*-vizinhos Mais Próximos, as variáveis fatoriais desordenadas são geralmente convertidas em um conjunto de variáveis binárias (0/1) usando a codificação one-hot (veja "Codificação One-hot", no Capítulo 6). Não só as variáveis binárias estão em uma escala diferente dos outros dados, como elas têm apenas dois valores, podendo ser um problema em técnicas como ACP e *K*-médias.

Escalonando as Variáveis

Variáveis com escala e unidades muito diferentes precisam ser adequadamente normalizadas antes da aplicação de um procedimento de clusterização. Por exemplo, aplicaremos `kmeans` a um conjunto de dados de empréstimos inadimplentes sem normalização:

```
defaults <- loan_data[loan_data$outcome=='default',]
df <- defaults[, c('loan_amnt', 'annual_inc', 'revol_bal', 'open_acc',
                   'dti', 'revol_util')]
km <- kmeans(df, centers=4, nstart=10)
centers <- data.frame(size=km$size, km$centers)
round(centers, digits=2)

   size loan_amnt annual_inc revol_bal open_acc   dti revol_util
1    52  22570.19  489783.40  85161.35    13.33  6.91      59.65
2  1192  21856.38  165473.54  38935.88    12.61 13.48      63.67
3 13902  10606.48   42500.30  10280.52     9.59 17.71      58.11
4  7525  18282.25   83458.11  19653.82    11.66 16.77      62.27
```

Veja o código em *Python* correspondente:

```
defaults = loan_data.loc[loan_data['outcome'] == 'default',]
columns = ['loan_amnt', 'annual_inc', 'revol_bal', 'open_acc',
           'dti', 'revol_util']

df = defaults[columns]
kmeans = KMeans(n_clusters=4, random_state=1).fit(df)
counts = Counter(kmeans.labels_)

centers = pd.DataFrame(kmeans.cluster_centers_, columns=columns)
centers['size'] = [counts[i] for i in range(4)]
centers
```

As variáveis annual_inc e revol_bal dominam os clusters, e os clusters têm tamanhos muito diferentes. O cluster 1 tem apenas 52 membros com renda comparativamente alta e bom crédito rotativo.

Uma abordagem comum para escalonar as variáveis é convertê-las em escores *z*, subtraindo a média e dividindo pelo desvio-padrão. Isso é chamado de *padronização* ou *normalização* (veja mais sobre o uso de escores *z* em "Padronização (Normalização, Escores Z)", no Capítulo 6):

$$z = \frac{x - \bar{x}}{s}$$

Veja o que acontece com os clusters quando aplicamos kmeans nos dados normalizados:

```
df0 <- scale(df)
km0 <- kmeans(df0, centers=4, nstart=10)
centers0 <-scale(km0$centers, center=FALSE,
                 scale=1 / attr(df0, 'scaled:scale'))
centers0 <- scale(centers0, center=-attr(df0, 'scaled:center'), scale=FALSE)
centers0 <- data.frame(size=km0$size, centers0)
round(centers0, digits=2)

  size loan_amnt annual_inc revol_bal open_acc dti   revol_util
1 7355 10467.65  51134.87   11523.31  7.48     15.78 77.73
2 5309 10363.43  53523.09   6038.26   8.68     11.32 30.70
3 3713 25894.07  116185.91  32797.67  12.41    16.22 66.14
4 6294 13361.61  55596.65   16375.27  14.25    24.23 59.61
```

Em *Python*, podemos usar StandardScaler de scikit-learn. O método inverse_transform permite converter os centros de clusters de volta na escala original:

```
scaler = preprocessing.StandardScaler()
df0 = scaler.fit_transform(df * 1.0)

kmeans = KMeans(n_clusters=4, random_state=1).fit(df0)
counts = Counter(kmeans.labels_)

centers = pd.DataFrame(scaler.inverse_transform(kmeans.cluster_centers_),
                       columns=columns)

centers['size'] = [counts[i] for i in range(4)]
centers
```

Os tamanhos dos clusters são mais equilibrados e os clusters não são dominados por annual_inc e revol_bal, revelando uma estrutura mais interessante nos dados. Observe que os centros são reescalonados para as unidades originais no código anterior. Se os deixássemos sem escalonamento, os valores resultantes seriam em termos de escores *z* e, portanto, menos interpretáveis.

O escalonamento também é importante para a ACP. Usar escores z é equivalente a usar a matriz de correlação (veja "Correlação", no Capítulo 1), em vez da matriz de covariância, ao calcular os componentes principais. O software para calcular a ACP geralmente tem uma opção para usar a matriz de correlação (em *R*, a função `princomp` tem o argumento `cor`).

Variáveis Dominantes

Mesmo em casos em que as variáveis são medidas na mesma escala e refletem com precisão a importância relativa (por exemplo, movimento nos preços de ações), às vezes pode ser útil reescalonar as variáveis.

Suponha que adicionamos Google (GOOGL) e Amazon (AMZN) à análise em "Interpretando os Componentes Principais", antes neste capítulo.

```
syms <- c('GOOGL', 'AMZN', 'AAPL', 'MSFT', 'CSCO', 'INTC', 'CVX', 'XOM',
          'SLB', 'COP', 'JPM', 'WFC', 'USB', 'AXP', 'WMT', 'TGT', 'HD', 'COST')
top_sp1 <- sp500_px[row.names(sp500_px) >= '2005-01-01', syms]
sp_pca1 <- princomp(top_sp1)
screeplot(sp_pca1)
```

Em *Python*, obtemos screeplot assim:

```
syms = ['GOOGL', 'AMZN', 'AAPL', 'MSFT', 'CSCO', 'INTC', 'CVX', 'XOM',
        'SLB', 'COP', 'JPM', 'WFC', 'USB', 'AXP', 'WMT', 'TGT', 'HD', 'COST']
top_sp1 = sp500_px.loc[sp500_px.index >= '2005-01-01', syms]

sp_pca1 = PCA()
sp_pca1.fit(top_sp1)

explained_variance = pd.DataFrame(sp_pca1.explained_variance_)
ax = explained_variance.head(10).plot.bar(legend=False, figsize=(4, 4))
ax.set_xlabel('Component')
```

O screeplot mostra as variâncias para os primeiros componentes principais. Nesse caso, o screeplot na Figura 7-13 revela que as variâncias do primeiro e do segundo componentes são muito maiores do que as outras. Isso costuma indicar que uma ou duas variáveis dominam as cargas. Na verdade, é o caso neste exemplo:

```
round(sp_pca1$loadings[,1:2], 3)
      Comp.1 Comp.2
GOOGL  0.781  0.609
AMZN   0.593 -0.792
AAPL   0.078  0.004
MSFT   0.029  0.002
CSCO   0.017 -0.001
INTC   0.020 -0.001
CVX    0.068 -0.021
XOM    0.053 -0.005
...
```

Em *Python*, usamos o seguinte:

```
loadings = pd.DataFrame(sp_pca1.components_[0:2, :], columns=top_sp1.columns)
loadings.transpose()
```

Os dois primeiros componentes principais são quase que totalmente dominados por GOOGL e AMZN. Isso acontece porque os movimentos de preços de ações de GOOGL e AMZN dominam a variabilidade.

Para lidar com essa situação, podemos incluí-las como estão, reescalonar as variáveis (veja "Escalonando as Variáveis", antes neste capítulo) ou excluir as variáveis dominantes da análise e tratá-las separadamente. Não existe uma abordagem "correta" e o tratamento depende da aplicação.

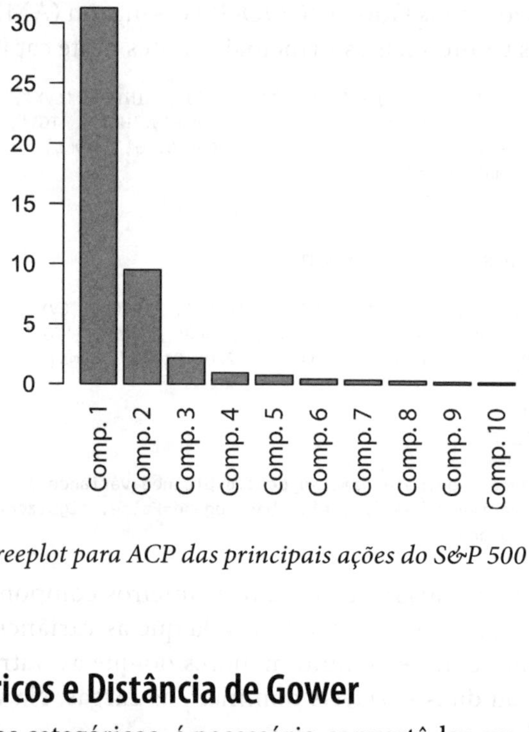

Figura 7-13. Um screeplot para ACP das principais ações do S&P 500 incluindo GOOGL e AMZN

Dados Categóricos e Distância de Gower

No caso dos dados categóricos, é necessário convertê-los em dados numéricos fazendo a classificação (para um fator ordenado) ou a codificação como um conjunto de variáveis binárias (fictícias). Se os dados forem compostos por variáveis contínuas e binárias misturadas, normalmente será melhor escalonar as variáveis de modo que as amplitudes sejam semelhantes; veja "Escalonando as Variáveis", antes neste capítulo. Um método popular é usar a *distância de Gower*.

A ideia básica por trás da distância de Gower é a aplicação de uma métrica de distância diferente para cada variável conforme o tipo dos dados:

- Para variáveis numéricas e fatores ordenados, a distância é calculada como o valor absoluto da diferença entre dois registros (*distância de Manhattan*).
- Para variáveis categóricas, a distância é 1 se as categorias entre dois registros são diferentes e 0 se as categorias são iguais.

A distância de Gower é calculada da seguinte forma:

1. Calcule a distância $d_{i,j}$ para todos os pares de variáveis *i* e *j* de cada registro.
2. Escale cada par $d_{i,j}$ de modo que o mínimo seja 0 e o máximo, 1.
3. Some as distâncias escalonadas em pares entre as variáveis, usando uma média simples ou ponderada, para criar a matriz de distância.

Para ilustrar a distância de Gower, pegue algumas linhas dos dados de empréstimo em *R*:

```
> x = defaults[1:5, c('dti', 'payment_inc_ratio', 'home', 'purpose')]
> x
# Uma tibble: 5 × 4
    dti payment_inc_ratio   home            purpose
  <dbl>             <dbl> <fctr>             <fctr>
1  1.00           2.39320   RENT     major_purchase
2  5.55           4.57170    OWN     small_business
3 18.08           9.71600   RENT              other
4 10.08          12.21520   RENT debt_consolidation
5  7.06           3.90888   RENT              other
```

A função `daisy` no pacote `cluster` pode ser usada para calcular a distância de Gower:

```
> library(cluster)
> daisy(x, metric='gower')
Dissimilarities :
          1         2         3         4
2 0.6220479
3 0.6863877 0.8143398
4 0.6329040 0.7608561 0.4307083
5 0.3772789 0.5389727 0.3091088 0.5056250

Metric : mixed ; Types = I, I, N, N
Number of objects : 5
```

No momento da escrita deste livro, a distância de Gower não estava disponível em nenhum dos pacotes Python populares. No entanto, atividades estão em andamento para incluí-lo no `scikit-learn`. Atualizaremos o código-fonte complementar assim que a implementação for liberada.

Todas as distâncias estão entre 0 e 1. O par de registros com a maior distância é 2 e 3: nenhum tem os mesmos valores em `home` ou `purpose`, e têm níveis muito diferentes de `dti` (débito para renda) e `payment_inc_ratio`. Os registros 3 e 5 têm a menor distância porque têm os mesmos valores em `home` ou `purpose`.

É possível passar a matriz da distância de Gower calculada de `daisy` para `hclust` para fazer a clusterização hierárquica (veja "Clusterização Hierárquica", antes neste capítulo):

```
df <- defaults[sample(nrow(defaults), 250),
               c('dti', 'payment_inc_ratio', 'home', 'purpose')]
d = daisy(df, metric='gower')
hcl <- hclust(d)
dnd <- as.dendrogram(hcl)
plot(dnd, leaflab='none')
```

O dendrograma resultante aparece na Figura 7-14. Os registros individuais não são distinguidos no eixo x, mas podemos cortar o dendrograma na horizontal em 0.5 e examinar os registros em uma das subárvores com este código:

```
dnd_cut <- cut(dnd, h=0.5)
df[labels(dnd_cut$lower[[1]]),]
        dti   payment_inc_ratio home_      purpose_
44532 21.22     8.37694            OWN debt_consolidation
39826 22.59     6.22827            OWN debt_consolidation
13282 31.00     9.64200            OWN debt_consolidation
31510 26.21     11.94380           OWN debt_consolidation
6693  26.96     9.45600            OWN debt_consolidation
7356  25.81     9.39257            OWN debt_consolidation
9278  21.00     14.71850           OWN debt_consolidation
13520 29.00     18.86670           OWN debt_consolidation
14668 25.75     17.53440           OWN debt_consolidation
19975 22.70     17.12170           OWN debt_consolidation
23492 22.68     18.50250           OWN debt_consolidation
```

Essa subárvore é totalmente composta por proprietários com propósito de empréstimo rotulado como "debt_consolidation". Embora a separação estrita não seja real para todas as subárvores, isso ilustra que as variáveis categóricas tendem a ser agrupadas em clusters.

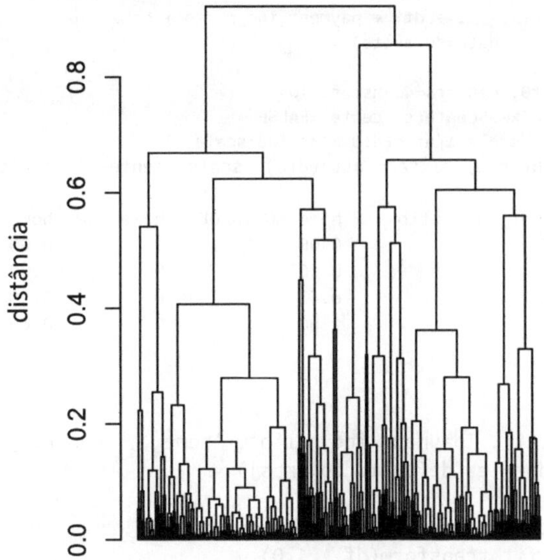

Figura 7-14. Um dendrograma de `hclust` aplicado em uma amostra de dados de empréstimos inadimplentes com tipos de variáveis combinados

Problemas na Clusterização de Dados Combinados

K-médias e ACP são mais adequados para as variáveis contínuas. Para os conjuntos de dados menores, é melhor usar a clusterização hierárquica com a distância de Gower. Em princípio, não existe razão pela qual *K*-médias não possa ser aplicado nos dados binários ou categóricos. Seria mais comum usar a representação de "codificação one-hot" (veja "Codificação One-hot", no Capítulo 6) para converter os dados categóricos em valores numéricos. Na prática, no entanto, usar *K*-médias e ACP com dados binários pode ser difícil.

Se forem usados escores *z* padrão, as variáveis binárias dominarão a definição dos clusters. Isso acontece porque as variáveis 0/1 assumem apenas dois valores e *K*-médias consegue obter apenas uma pequena soma dos quadrados dentro do cluster atribuindo todos os registros com 0 ou 1 a um único cluster. Por exemplo, aplique `kmeans` nos dados de empréstimo inadimplente, incluindo as variáveis fatoriais `home` e `pub_rec_zero`, aqui em *R*:

```
df <- model.matrix(~ -1 + dti + payment_inc_ratio + home + pub_rec_zero,
                   data=defaults)
df0 <- scale(df)
km0 <- kmeans(df0, centers=4, nstart=10)
centers0 <-scale(km0$centers, center=FALSE,
                 scale=1/attr(df0, 'scaled:scale'))
round(scale(centers0, center=-attr(df0, 'scaled:center'), scale=FALSE), 2)

    dti     payment_inc_ratio   home_MORTGAGE  home_OWN  home_RENT pub_rec_zero
1 17.20   9.27                0.00           1         0.00           0.92
2 16.99   9.11                0.00           0         1.00           1.00
3 16.50   8.06                0.52           0         0.48           0.00
4 17.46   8.42                1.00           0         0.00           1.00
```

Em *Python*:

```
columns = ['dti', 'payment_inc_ratio', 'home_', 'pub_rec_zero']
df = pd.get_dummies(defaults[columns])

scaler = preprocessing.StandardScaler()
df0 = scaler.fit_transform(df * 1.0)
kmeans = KMeans(n_clusters=4, random_state=1).fit(df0)
centers = pd.DataFrame(scaler.inverse_transform(kmeans.cluster_centers_),
                       columns=df.columns)
centers
```

Os quatro primeiros clusters são basicamente proxies para os diferentes níveis de variáveis fatoriais. Para evitar esse comportamento, podemos escalar as variáveis binárias para ter uma variância menor do que as outras variáveis. Uma alternativa para os conjuntos de dados muito grandes seria aplicar a clusterização em diferentes subconjuntos de dados assumindo valores categóricos específicos. Por exemplo, podemos aplicar a clusterização separadamente nos empréstimos feitos para alguém que tem uma hipoteca, possui uma casa ou aluga.

Ideias-chave

- As variáveis medidas em diferentes escalas precisam ser transformadas em escalas semelhantes, de modo que seu impacto nos algoritmos não seja determinado principalmente por sua escala.
- Um método de escalonamento comum é a normalização (padronização) — subtrair a média e dividir pelo desvio-padrão.
- Outro método é a distância de Gower, que escalona todas as variáveis para a amplitude 0–1 (costuma ser usada com dados categóricos e numéricos combinados).

Resumo

Para a redução de dimensão dos dados numéricos, as principais ferramentas são a análise de componentes principais ou a clusterização por *K*-médias. Ambos exigem atenção ao escalonamento adequado dos dados para garantir uma redução significativa deles.

Para a clusterização de dados altamente estruturados em que os clusters são bem separados, todos os métodos possivelmente produzirão um resultado semelhante. Cada método tem sua própria vantagem. *K*-médias escala para dados muito grandes e é facilmente compreendido. A clusterização hierárquica pode ser aplicada em tipos combinados de dados — numéricos e categóricos — e se presta a uma exibição intuitiva (o dendrograma). A clusterização baseada em modelos é fundamentada na teoria estatística e oferece uma abordagem mais rigorosa, diferente dos métodos heurísticos. Para os dados muito grandes, no entanto, *K*-médias é o principal método usado.

Com dados ruidosos, como os dados de empréstimo e ações (e a maioria dos dados que um cientista de dados terá que encarar), a escolha é mais difícil. *K*-médias, clusterização hierárquica e especialmente clusterização baseada em modelos produzem soluções muito diferentes. Como um cientista de dados deveria proceder? Infelizmente não existe uma regra de ouro simples para guiar a escolha. No final das contas, o método usado dependerá do tamanho dos dados e do objetivo da aplicação.

Bibliografia

[Baumer-2017] Baumer, Benjamin, Daniel Kaplan e Nicholas Horton. *Modern Data Science with R*. Boca Raton, Fla.: Chapman & Hall/CRC Press, 2017.

[bokeh] Time de desenvolvimento Bokeh. “Bokeh: Python library for interactive visualization” (2014).

[Deng-Wickham-2011] Deng, Henry e Hadley Wickham. “Density estimation in R”, setembro 2011.

[Donoho-2015] Donoho, David. “50 Years of Data Science”, 18 setembro 2015.

[Duong-2001] Duang, Tarn. “An introduction to kernel density estimation”, 2001.

[Few-2007] Few, Stephen. “Save the Pies for Dessert”. *Visual Intelligence Newsletter*, Perceptual Edge, agosto 2007.

[Freedman-2007] Freedman, David, Robert Pisani e Roger Purves. *Statistics*. 4ª ed. Nova York: W. W. Norton, 2007.

[Hintze-Nelson-1998] Hintze, Jerry L. e Ray D. Nelson. “Violin Plots: A Box Plot-Density Trace Synergism”. *The American Statistician* 52, nº 2, maio 1998: 181–184.

[Galton-1886] Galton, Francis. “Regression Towards Mediocrity in Hereditary Stature”. *The Journal of the Anthropological Institute of Great Britain and Ireland*, 15 (1886): 246-263.

[ggplot2] Wickham, Hadley. *ggplot2: Elegant Graphics for Data Analysis*. Nova York: Springer-Verlag New York (2009).

[Hyndman-Fan-1996] Hyndman, Ron J. e Yanan Fan. “Sample Quantiles in Statistical Packages”. *American Statistician* 50, nº 4 (1996): 361–365.

[lattice] Sarkar, Deepayan. *Lattice: Multivariate Data Visualization with R*. Nova York: Springer (2008).

[Legendre] Legendre, Adrien-Marie. *Nouvelle methodes pour la determination des orbites des cometes*. Paris: F. Didot, Paris, 1805.

[NIST-Handbook-2012] “Measures of Skewness and Kurtosis”. Em *NIST/SEMATECH e-Handbook of Statistical Methods*, 2012.

[R-base-2015] Equipe principal em R. “R: A Language and Environment for Statistical Computing”. R Foundation for Statistical Computing, 2015.

[Salsburg-2001] Salsburg, David. *The Lady Tasting Tea: How Statistics Revolutionized Science in the Twentieth Century.* Nova York: W. H. Freeman, 2001.

[seaborn] Wasdom, Michael. "Seaborn: Statistical Data Visualization", 2015.

[Trellis-Graphics] Becker, Richard A., William S. Cleveland, Ming-Jen Shyu e Stephen P. Kaluzny. "A Tour of Trellis Graphics", 15 abril 1996.

[Tukey-1962] Tukey, John W. "The Future of Data Analysis". *The Annals of Mathematical Statistics* 33, nº 1 (1962): 1–67.

[Tukey-1977] Tukey, John W. *Exploratory Data Analysis.* Reading, Mass.: Addison-Wesley, 1977.

[Tukey-1987] Tukey, John W. *The Collected Works of John W. Tukey.* Vol. 4, *Philosophy and Principles of Data Analysis: 1965–1986*, editado por Lyle V. Jones. Boca Raton, Fla.: Chapman & Hall/CRC Press, 1987.

[Zhang-Wang-2007] Zhang, Qi e Wei Wang. "A Fast Algorithm for Approximate Quantiles in High Speed Data Streams". *19 International Conference on Scientific and Statistical Database Management (SSDBM 2007).* Piscataway, NJ: IEEE, 2007.

Índice

A

B

C

H

I

K

L

M

N

O

P

Q

R

S

Sobre os Autores

Peter Bruce fundou e desenvolveu o Instituto de Educação Estatística no Statistics.com, que agora oferece cerca de 100 cursos de estatística, com aproximadamente um terço deles sendo direcionado a cientistas de dados. Ao recrutar grandes autores como instrutores e formar uma estratégia de marketing para atingir cientistas de dados profissionais, Peter desenvolveu, ao mesmo tempo, uma ampla visão do mercado-alvo e os conhecimentos necessários para atingi-lo.

Andrew Bruce tem mais de trinta anos de experiência em estatística e ciência de dados nos meios acadêmico, governamental e corporativo. É doutor em estatística pela Universidade de Washington e publicou inúmeros artigos em revistas especializadas. Desenvolveu soluções baseadas em estatística para inúmeros problemas enfrentados por diversos setores, de empresas financeiras consagradas a startups da internet, e oferece profundo conhecimento sobre a prática da ciência de dados.

Peter Gedeck tem mais de 30 anos de experiência em computação científica e ciência de dados. Após vinte anos como químico computacional na Novartis, ele agora trabalha como cientista de dados sênior na Collaborative Drug Discovery. É especializado no desenvolvimento de algoritmos de aprendizado de máquina para prever propriedades biológicas e físico-químicas de candidatos a fármacos. Coautor de *Data Mining para Business Analytics*, ele fez doutorado em química da Universidade de Erlangen-Nürnberg na Alemanha e estudou matemática na Fernuniversität Hagen, Alemanha.

Colofão

O animal na capa de *Estatística Prática para Cientistas de Dados* é o caranguejo da espécie *Pachygrapsus crassipes*, também conhecido como caranguejo listrado. Encontrado nas costas e nas praias do Oceano Pacífico das Américas do Norte e Central, Coreia e Japão, esse crustáceo vive sob rochas, em poças de maré e dentro de fendas. Passa cerca de um terço de seu tempo na terra, e retorna periodicamente para a água para molhar suas brânquias.

O caranguejo listrado tem esse nome devido às listras verdes em sua carapaça marrom e preta. Ele tem garras vermelhas e pernas roxas, que também são listradas ou manchadas. Geralmente cresce até o tamanho de três a cinco centímetros, e as fêmeas são um pouco menores. Seus olhos possuem hastes flexíveis que podem girar para ter total campo de visão conforme ele anda.

É um animal onívoro, alimentando-se principalmente de algas, mas também de moluscos, larvas, fungos, animais mortos e outros crustáceos (conforme a disponibilidade). Ele faz diversas mudas conforme cresce e se torna adulto, ingerindo água para expandir e rachar sua carapaça antiga, para abri-la. Devido a isso, passa horas difíceis se libertando, para então se esconder até que a nova carapaça endureça.

Muitos dos animais nas capas da O'Reilly estão em risco, e todos são importantes para o mundo.

A imagem da capa é de Karen Montgomery, baseada em uma gravura em preto e branco do *Pictorial Museum of Animated Nature*. As fontes da capa são **Gilroy Semibold** e Guardian Sans. A fonte do texto é a Adobe Minion Pro, a fonte do cabeçalho é a Adobe Myriad Condensed e a fonte dos códigos é `Ubuntu Mono` de Dalton Maag.

ROTAPLAN
GRÁFICA E EDITORA LTDA
Rua Álvaro Seixas, 165
Engenho Novo - Rio de Janeiro
Tels.: (21) 2201-2089 / 8898
E-mail: rotaplanrio@gmail.com